A Marcela Rojas, en testim.

incombustible.

VIDA DE UN MAJADERO:

Testimonios irrelevantes de un tipo nada que ver.

Diego Hernández Morales

Agradecimientos especiales a Clarita Alfaro y Jos Den Bekker,
por su lectura minuciosa y sus sugerencias invaluables.

ISBN: 9 789584 919595

PREFACIO

Para 2003, había escrito algunos textos y quería mostrárselos a alguien. Mauricio Vargas trabajaba en el mismo edificio dónde lo hacía yo, así que decidí abordarlo en el ascensor y pedirle el favor de que los leyera. Mauricio Vargas me parecía la persona correcta para darme su opinión, al fin y al cabo, además de ser un periodista reconocido, es el hijo de Germán Vargas Cantillo, miembro del grupo de Barranquilla junto con Álvaro Cepeda Samudio, Alfonso Fuenmayor y Gabriel García Márquez. A pesar de que se encontraba muy ocupado manejando la revista Cambio, tuvo la gentileza de sacar algo de tiempo para leer lo que le hice llegar. Un par de semanas después me recibió en su oficina y me dio su concepto:

-El estilo me hace recordar un poco a Eduardo Galeano, siendo él un poco más profundo.

Esa fue su manera muy educada, de decirme que, aunque estaba bien escrito, en realidad estaba escribiendo güevonadas. Más que desanimarme, sus palabras gentiles fueron un estímulo para seguir intentándolo, así que hablé con mi suegra de la época y ella me presentó a Gustavo Casadiego, quien era el gerente de Ediciones Gamma, y, a su vez, me consiguió cita con el encargado de la parte editorial, el escritor y periodista Germán Santamaría. Santamaría también tuvo la gentileza de leer mis textos y atenderme en una cita en la que me dijo palabras más, palabras menos, que el formato no era muy comercial, y que, si yo quería que me publicaran en Colombia, tenía que escribir una novela, porque, era muy difícil que alguien tomara el riesgo de publicar textos así, de un escritor desconocido. Le pregunté si no creía que, en un futuro, lo que yo escribía podía interesar a alguna editorial, porque tenía la sensación de que era un formato que se ajustaba bien a las nuevas tendencias en internet, a lo que él me contestó muy sinceramente:

-No creo que eso llegue a suceder en un futuro próximo. Tendría que haber un cambio dramático en nuestro modo de vida, que alterara por completo el mercado.

-¿Algo como la peste negra del siglo XIV? Le dije bromeando.

-Exactamente, me contestó. Si usted quiere que alguien le publique esos textos, tiene que ocurrir una pandemia.

Estas dos entrevistas fueron muy clarificadoras, la conversación con Mauricio Vargas me sirvió para definir el género y el estilo: lo mío no era la literatura seria, sino escribir elegantemente apuntes intrascendentes sobre cualquier majadería. Mi charla con Germán Santamaría me sirvió para establecer la oportunidad: si iba a publicar, tendría que esperar a que ocurriera una pandemia.

Ser paciente se dice fácil, pero a principios de 2004 conocí a un escritor reconocido, célebre por su literatura erótica: Philip Potdevin. Tuve una serie de interesantes conversaciones con él, y recibí muy útiles consejos. Cuando le pregunté qué debería hacer para ser publicado, me aconsejó inscribirme a todos los concursos de novela y de cuento que pudiera encontrar, para ir afinando mi escritura, y con la esperanza de que, tarde o temprano, recibiera algún reconocimiento. Sin embargo, este último consejo no me resultó práctico porque soy incapaz de escribir un cuento medianamente decente, mucho menos una novela. Así que intenté buscar un concurso que se ajustara a mi género, algo así como el Concurso Nacional de la Güevonada Literaria, o el Premio Latinoamericano de Literatura Intrascendente, pero nunca logré encontrar algo por el estilo. Existe una publicación digital llamada 'La bobada literaria', pero contrario a lo que prometen, sus artículos son escritos por gente bastante seria.

Finalmente, aproveché la pandemia para hacer esta recopilación de textos, en los que he podido desplegar toda mi ignorancia enciclopédica en temas tan disímiles como la literatura, la música, el cine, el arte, la sexología, la economía política, la historia de la filosofía y la teología experimental. Algunos pensarían que es una irresponsabilidad de mi parte expresar mis opiniones en temas tan disímiles, pero yo no lo creo así, al fin y al cabo, no inspiro la más mínima credibilidad.

.

VIDA PRIVADA DE UN MAJADERO

DEL SEXO

I

Cuando tenía poco menos de 10 años, estábamos recibiendo la catequesis en el colegio de monjas en el que estudié la primaria; aquel día, pasaban una película sobre la famosa escena en la que José se entera de que María está embarazada y decide repudiarla en secreto. Al terminar la clase, Leonardo Mejía se me acercó y me preguntó si yo habría hecho lo mismo que José. Yo la verdad nunca había entendido por qué José había repudiado a María, y pensaba que si hubiera estado en su lugar la habría aceptado sin mayores reparos.

- ¿Y es que acaso, usted no sabe cómo se hacen los niños?

No lo sabía. En realidad, nunca me lo había preguntado, mi concepción de la sexualidad era bastante simple: las mujeres tienen hijos y sanseacabó. En un entorno donde tantas mujeres tenían y criaban solas a sus hijos, nunca se me habría ocurrido que los hombres tuvieran algo que ver con el embarazo, yo era más bien de la escuela de la generación espontánea. Pero ese día, estaba destinado a perder mi inocencia de una manera un poco inexacta y escatológica, porque Leonardo Mejía me dijo que él sabía de buena fuente que, para quedar embarazada, una mujer tenía que ser penetrada analmente por un hombre.

A pesar de su aire de suficiencia mundana, me pareció que Leonardo Mejía no estaba tan bien informado como creía. Me resistía a creer aquello, no podía imaginar que la vida humana tuviera un inicio intestinal. Así que, le pregunté a mi mamá cuál era el origen de los bebés, y ella se despachó con una clase muy interesante de apicultura, en la que campeaban abejas, flores, polen y semillas, pero en la que no se hacía la más mínima mención a las partes anatómicas femeninas, respecto de las cuales yo estaba completamente en babia, porque no tenía hermanas y jamás en mi vida había visto a una mujer desnuda

En realidad, todo para mí se volvió confusión. ¿Qué tenían que ver las abejas? ¿Debía entender que si a una mujer la picaba una abeja quedaba embarazada? ¿Y el polen, qué tenía que ver el polen? ¿Acaso para embarazar a una mujer los hombres tienen que zambullir su pene en polen? ¿Y qué era todo aquello de la semilla que siembra el hombre en la barriga de la madre? ¿De qué tamaño era la semilla? ¿Era como el fríjol de los semilleros en la clase de Ciencias? ¿O era, más bien, como un maní, o como un maíz? ¿Acaso yo iba a ser un hombre estéril?, porque en el salón de clases a todo el mundo le germinaba el fríjol, menos a mí.

Y lo más grave es que nadie supo explicarme cómo se ponía la semilla en el vientre materno. ¿Acaso se ponía en la superficie abdominal como nuestros fríjoles de semillero se ponían sobre el algodón? ¿O acaso, había que introducirla por alguna parte? Y si esto era así, ¿Cuál era el orificio femenino apropiado para que los hombres tuvieran a bien depositar su carga seminal? ¿Era en realidad un asunto de traseros? Yo sabía que la naturaleza humana era una mierda, pero ¿realmente, éramos hermanos de los pedos?

Lo más incómodo era esa sensación de soledad en mi ignorancia. Todos parecían saber más que yo, y eso me impedía sincerarme con nadie. Además, ¿a quién iba a preguntarle? ¿A la hermana Camila, que nos daba la catequesis? ¿A la hermana Leticia, que dirigía el coro? ¿A la hermana Bernarda, que controlaba las rutas escolares? ¿A mi mamá que creía firmemente en el papel de la entomología en la reproducción humana? ¿A Leonardo Mejía que parecía tan ciegamente convencido del origen recto-posterior de la concepción humana?

No había nada que me diera la respuesta, ni un libro en la biblioteca, ni una lámina en el salón de Ciencias, nada en lo absoluto. Pasé días mortificado por la duda, hasta que finalmente, se me apareció Lourdes Valencia. Lourdes era valiente, habladora, irreverente y libertaria, su presencia me generaba una fresca sensación de alegría, y aunque creo que estaba enamorada de Leonardo Mejía, (o, tal vez, por eso mismo), se burlaba de él constantemente. En un pequeño rato en el que estuvimos solos, decidí contarle mis inquietudes sobre la reproducción, y la certeza que tenía de que Leonardo estaba equivocado. Dejó escapar una risa burlona.

- Ese Leonardo si es bruto.

Y remató con una frase lapidaria y definitiva:

- Claro que no es por el culo. ¡Es por el ombligo!

Y así, por culpa de este equívoco geográfico pasé la mayor parte de mi vida buscando el clítoris y el punto G en una región donde con seguridad no estaban.

II

Durante mi infancia se consideraba fuera de lugar hablar de sexo, hasta el extremo de que yo nunca escuché la palabra embarazo sino hasta que mi mamá quedó embarazada de mi hermano más pequeño, y ni siquiera cuando nació, en mi casa se escuchó la palabra parto, y mucho menos el verbo parir. Si nacía un bebé en la familia o en la casa de algún vecino, mi mamá solía decir que a fulanita le habían regalado un bebé. Como los nacimientos siempre ocurrían en una clínica, yo pensaba que las clínicas eran básicamente lugares, donde entre otras

9

cosas, iban las mamás a que les regalaran bebés. Las clínicas y los conventos, porque en las telenovelas era muy común que en los conventos regalaran bebés. Cuando mi mamá fue a la clínica y le regalaron a mi hermano Germán, yo la verdad estaba esperando a una niña, así que le pedí a mi mamá que fuera a la clínica a cambiar al bebé por otro más agradable, lo cual demuestra que, en el capitalismo los niños aprenden antes sobre derecho del consumidor, que sobre biología. Inexplicablemente mi mamá no quiso ir a cambiar a mi hermano, así que a mí me tocó acostumbrarme al niño que le habían regalado a mi mamá en la clínica.

Hasta muy viejo, yo todavía sentía que decir 'parir' o 'parido' era una grosería, sin importar si la persona en cuestión había sido bien o mal parida. Cuando Lucho Herrera fue campeón de la Vuelta a España de 1987, los españoles que lo acompañaban en el podio empezaron a gritar, 'Viva la madre que lo parió', y las personas que estaban viendo la televisión conmigo se escandalizaban de que el público fuera tan vulgar, y yo, que ya estaba en la universidad, casi me sonrojaba porque sentía que lo estaban insultando. Así era el país donde crecí, un lugar donde parir, el vocablo para generar vida, era una mala palabra, pero en cambio el verbo matar se conjugaba en todos los tiempos y lugares desde la más tierna infancia sin que fuera motivo de escándalo.

III

En la época en que yo nací, el Estado y los padres habían dejado casi que la totalidad de la educación en manos de la iglesia católica. Por ejemplo, como mis papás nunca me hablaron de sexo, toda mi educación sexual se la debo a un cura de Bojacá quien, durante una confesión a mis 13 años, y, seguramente utilizando el cuestionario contenido en el Manual del Confesor escrito por Pedro Galindo en 1680, en vez de dejarme confesar espontáneamente, me hizo tantas preguntas sobre actos sexuales con mujeres, hombres, grupos, animales, elementos de aseo, objetos de arte, adminículos deportivos y extremidades superiores e inferiores, que me abrió los ojos a la vida de manera tal, que aun hoy, casi cuarenta años después, todavía tengo pendiente una larga lista de pecados sexuales que no he tenido oportunidad de cometer. Misteriosamente, aquel amable cura de voz jadeante, y que parecía estar muriendo por mis pecados detrás del confesionario mientras me interrogaba, no me hizo ninguna pregunta acerca de pecados relacionados con los otros nueve mandamientos.

IV

En la adolescencia, mis papás eludieron el tema del sexo, regalándome un libro en el que se decía, entre otras cosas, que el onanismo producía cáncer de próstata. Afortunadamente no le hice caso al texto, porque estudios sucesivos han demostrado que, por el contrario, la masturbación y las relaciones sexuales frecuentes lo previenen. Eso es lo que sucede cuando la moralina se entromete en la ciencia. Lo mismo decían de la cerveza acompañando las comidas, ahora resulta que no solamente no es dañina, sino que previene el infarto.

Ante la ausencia de otros pecados, cada vez que el cura llegaba al colegio a confesar, básicamente no tenía ningún otro pecado del cual hablar. Finalmente llegó un cura que, con base en la historia de Onán que aparecía en el Génesis, había decidido que masturbarse no era pecado a menos que uno se hubiera casado con la esposa de su hermano muerto y derramara su semilla por fuera de ella. Mis hermanos que eran unos niños, ni se habían casado, ni se habían muerto, por lo que pude desmontar de mi conciencia el peso culpable de mis descargas solitarias, y tenía un apartado menos en la lista de pecados que estaba dispuesto a confesar. De modo que yo, que durante la mitad de mi adolescencia creí que era un pecador por culpa de la autosatisfacción, si hubiera sabido lo que sé ahora sobre los efectos profilácticos de la masturbación, cuando mi mamá golpeaba en mi cuarto y me preguntaba por qué había trancado la puerta, por lo menos habría podido contestarle que estaba practicando medicina preventiva.

V

Lina y yo vivimos prácticamente juntos por más de tres años, hasta que terminamos materias en la universidad y la vida nos llevó a cada uno por un camino diferente.

En el edificio de Chapinero donde dormíamos, la ventilación del baño solía ser muy indiscreta y uno podía escuchar lo que decían las parejas en los otros apartamentos. Nuestros vecinos del piso superior eran un arquitecto muy reputado llamado Álvaro y su novio que no sé a qué se dedicaba. En las reuniones que hacíamos con ellos, Álvaro era feliz haciendo juegos con abanicos y cantando cuplés de Sarita Montiel, que yo me sabía de memoria porque en la casa de mis papás vimos no sé cuántas de sus películas y porque cuando mi mamá nos llevaba a las funciones de cine que organizaba el Gobierno para los niños de las escuelas públicas, siempre ponían películas españolas de Joselito o de Sarita Montiel. Un día descubrimos por la ventilación que cuando estaban en la intimidad de su habitación, Álvaro le pedía a Edilberto que lo llamara 'Sandra'.

A mí me parecía un escándalo, porque si yo hubiera tenido la posibilidad de ponerme un nombre de mujer, no habría escogido un nombre como Sandra, que era muy común entre las muchachas de mi edad, yo me habría puesto Verónica o Ágata.

11

VI

El fútbol está lleno de simbolismos de guerra, como Camus ya lo había vislumbrado. Los cantos de la tribuna se entonan en compases de guerra y van desde las hermosas marchas alemanas hasta las sosas y antifónicas canciones argentinas que las barras bravas colombianas imitan servilmente. Sin embargo, en medio de este panorama monótono, destacan los mexicanos que siempre cantan el "Cielito Lindo" en el estadio. Parecería extraño escuchar una canción de amor en un ambiente marcial, de no ser porque los mexicanos tienen una tradición centenaria de ir a la guerra cantando al amor de sus mujeres. De hecho, los revolucionarios de 1910 entraban en combate cantando la "Adelita" y el "Cielito Lindo". También los soldados alemanes oían a "Lili Marleen" mientras eran bombardeados en Stalingrado. Y los guerrilleros sandinistas cantaban las hazañas amatorias de 'María de los Guardias'. Para los freudianos la relación entre el amor y la muerte, entre Eros y Tanatos es fundamental para comprender la vida y el arte. Esta tensión profunda entre el miedo a la muerte y la pasión erótica está presente de manera preponderante en la obra de Dalí. Pero además se personifica en la mujer que marcó su obra durante 50 años, su esposa Gala. El nombre original de Gala era Elena Ivanovna Diákonova y nació en Kazán, la misma ciudad en la que en el mundial de fútbol de 2018, los colombianos entraron al estadio tocando gaitas y cumbias al son de los clarinetes. Dalí tenía una visión andrógina del Universo y creía que la sexualidad era la manera de unir la parte masculina y femenina del Cosmos que habían sido separadas por una divinidad cruel al principio de los tiempos. Así que Gala fue su complemento cósmico para alcanzar la trascendencia y la universalidad artística. Dicen que cuando Dalí se enamoró de Gala le preguntó qué tenía que hacer para demostrarle su amor y ella le contestó fríamente: mátame. Esa historia le gustaba bastante a Lina, quien solía adicionarle detalles sexuales que no estaban en ninguna biografía de Dalí, pero que a ella le permitían fantasear un poco con la idea de que estas palabras las había dicho Gala durante el sexo y que el orgasmo estaba en los linderos de la muerte, por lo que, en los días en que se creía un poco Gala, solía susurrarme al oído de manera perentoria:

-Mátame.

VII

Uno de los recuerdos más poderosos que tengo, es el de mi abuela sentada en la cocina pelando mazorcas para hacer envueltos de maíz. En realidad, en mi casa no les llamábamos envueltos sino bollos, lo cual se presta a confusión, porque para muchas personas los bollos son otra cosa completamente diferente. Por ejemplo, la primera vez que intenté leer 'En busca del tiempo perdido' de Proust, en 1987, el traductor en vez de llamar magdalenas a las

12

famosas madelaines que marcan el famoso momento de Proust, las llamó bollos. En realidad, yo no vine a conocer las magdalenas sino unos veinte años después cuando las probé en París, pero al llamarlas bollos, el traductor evocó en mí automáticamente los envueltos de mazorca que preparaba mi abuela. El otro equívoco alrededor de los bollos de mazorca de mi abuela es que, en mi primer viaje a México descubrí que lo que nosotros llamamos envueltos, los mexicanos los llaman tamales y pueden ser de sal o de dulce, a diferencia de los nuestros que son siempre dulces, y por supuesto, estos tamales mexicanos no tienen nada que ver con los tamales colombianos que son iguales a lo que los venezolanos llaman hallacas.

Lo que para otros sería un trabajo, para mi abuela era un gran placer. En sus últimos años, cuando vivía en el hogar, mi abuela se había hecho amiga de las mujeres de la cocina, y entonces cada vez que había que desgranar maíz, las cocineras la llamaban para que fuera a desgranar con ellas. A veces, yo iba a visitarla unos minutos, después de salir de trabajar y ella me contaba feliz que la mañana de ese día la había pasado desgranando maíz, mientras su rostro se iluminaba con la misma excitación de una enóloga experta que acabara de probar un gran vino.

La imagen más antigua que tengo de ella es precisamente desgranando mazorcas:

Está en la cocina de la casa solariega donde vivíamos hasta que cumplí cuatro años. Yo debo ser muy pequeño, tal vez tenga unos tres años, porque ella se ve enorme y mi hermano todavía no existe. Está sentada en una butaca y detrás de ella está la enorme y alta ventana de la cocina, por donde entran los rayos del sol al atardecer, así que veo su cara a contraluz. Del lado derecho tiene un canasto lleno de mazorcas y del lado izquierdo tiene una enorme olla donde va dejando caer los granos de maíz, todo es en gran número, porque ella piensa que hacer envueltos es un esfuerzo demasiado grande como para solo hacer unos pocos. Me explica que después de desgranar el maíz, tiene que molerlo en un molino de manivela marca Corona, que en esa época está en todas las casas. Se ríe de mí y me dice que los indígenas no usaban esos molinos, sino que usaban molinos de piedra, y me cuenta que, para hacer la chicha, algunos de los granos se molían en la boca, porque la saliva era necesaria para fermentar la chicha. Yo no digo nada, pero me prometo que nunca voy a tomar chicha en mi vida. Mi abuela es una gran maga, una gran alquimista que transforma la materia; la he visto hacer mantequilla, la he visto hacer el kumis que bebemos en la mañana, el arequipe que nos da con el queso, y ahora está a punto de convertir el maíz en envueltos. Para mí ella es una presencia todopoderosa. Pero lo más hermoso de esa escena está a sus pies. Sobre el delantal, entre sus piernas se acumula una cascada verde hecha con las hojas del maíz. "Amero" le dice mi abuela a las hojas que envuelven la mazorca. Son tantas que parecen la falda de una montaña que se acumula hasta el suelo desde las caderas de mi abuela sentada, y eso es lo que es ella para mí, una montaña sólida y eterna, la montaña de dónde vengo. Pero no es eso lo que más me impresiona, lo que más me gusta son los pelos de la mazorca, esos pelos rojos, rizados y suaves que salen de entre las hojas, y que se van acumulando en el suelo. Mi mamá recoge los pelos y empieza a jugar con ellos, hace pelucas y se las pone en la cabeza o me las pone a mí o hace una muñeca con los ameros y les pone en la cabeza los pelos de la mazorca. Al rato, el olor de los envueltos lo cubrirá todo y estará presente durante días, porque comeremos bollos mañana, tarde y noche.

Cuando dejamos de vivir en casa y nos pasamos a un apartamento, mi abuela dejó de preparar envueltos, el encanto de la huerta en el patio de atrás había desaparecido, y ya nunca podríamos comer mazorcas de nuestro propio maizal. Para cuando tenía 22 años, hacía mucho tiempo de la última tracalada de envueltos preparados por mi abuela, y además prácticamente no vivía en mi casa, hasta que repentinamente, Lina me dejó por otro y me vi forzado a volver. Fue por esa época que conocí a Vreni.

Vreni vivía con mi amiga Adriana Vargas, que tenía una casa enorme, con muchos cuartos, donde la mamá recibía estudiantes de intercambio, y era un lugar acogedor que me servía de refugio en mis momentos de mayor soledad. Vreni no era una estudiante, sino una ciudadana suiza que había viajado a Colombia a hacer voluntariado en una de las zonas más deprimidas del centro de Bogotá. No recuerdo claramente en qué momento comencé a salir con ella, pero si recuerdo que estaba divorciada, y luego de su divorcio había decidido viajar a Colombia a pasar un año sabático allí, no sabía si tenía hijos o no, y aunque a mí me parecía que debía tener unos 26 años, mi mamá decía que debía tener más de cuarenta. Lo que si recuerdo es que podíamos charlar interminablemente durante horas, además recuerdo su pelo corto, que ella lavaba todos los días con jabón de tocador, por lo que su cabeza siempre tenía un olor a manos frescas. Recuerdo también que su piel era muy suave y de una blancura rosada muy tenue, y que yo estaba haciendo un gran esfuerzo por enamorarme de ella porque era una buena mujer y tenía un buen corazón.

La primera vez que la vi sin camisa, me causó una gran impresión su hermoso cuello que se deslizaba como una catarata desde los mechones al rapé de su pelo corto, y sus hombros luminosos que parecían estar todo el tiempo a la expectativa, pero lo que más me llamó la atención fue que no se afeitaba las axilas como acostumbraban las mujeres colombianas, así que en la comisura que se forma entre el sobaco y el comienzo del pecho, se asomaban unos largos mechones rojos, rizados y suaves que se me antojaron de una gran belleza, y que de repente, en una bocanada de evocación me hicieron recordar los mechones de pelo que salían del amero y las pelucas de pelo de maíz, y las mazorcas desgranadas y recordé las entrañables jornadas de hacer envueltos, y el olor a mazorcas de los bollos hirviendo en el fuego, y todo se volvió una vorágine en la que no parecía poder distinguir las imágenes presentes de los recuerdos. Por un fugaz instante sentí que estaba enamorado de ella como nunca antes o después habría de estarlo, y esas axilas desmechadas fueron mis magdalenas de Combray por lo que, embriagado por esa repentina epifanía, sentí brevemente que había tenido mi momento de Proust, aunque, a decir verdad, a un nivel bastante más modesto.

VIII

Los antiguos creían que los nombres de las cosas y de las personas se asociaban al destino. Incluso mi mamá era muy cuidadosa con los nombres, porque, como maestra, sabía el difícil destino de un niño en la escuela cuando tiene el nombre incorrecto. Cuando éramos niños jugábamos a buscar rimas desagradables para los nombres de todos. Alguna vez nuestra vecina del lado, doña Elvira, contaba la historia de otra vecina a quien le habían diagnosticado que no podía tener hijos. ¿Como se llama?, preguntó mi mamá. Sarai, contesto doña Elvira. ¿Pero a quien se le ocurre ponerle a una hija el nombre de la esposa de Abraham cuando era estéril?, dijo mi mamá, y todos los que estábamos allí, escuchando ese pequeño chismecito de barrio, sentimos que aquellos padres habían mal marcado el destino de la pobre mujer desde su nacimiento. Por eso, cuando Luisa, me dijo que al día siguiente me tocaba conocer a la tía Pava, supe que no iba a tener un día fácil. Según el diccionario de colombianismos del Instituto Caro y Cuervo, pava significa mala suerte, y tener pava o estar empavado es traer la mala suerte, sobre todo en el Caribe colombiano y venezolano, aunque en algunas regiones de la costa, estar empavado también significa estar aburrido. No llevaría más que unas pocas semanas saliendo con Luisa, cuando me invitaron a un almuerzo familiar, en el que iba a estar la tía Pava.

-Ella es un poco difícil, me dijo Luisa, así que vas a tener que disculparla.

La tía Pava llevaba con ella un constante semblante de desagrado que, en Colombia, tan clasista, mucha gente confunde con presunción aristocrática. 'Tiene una cara muy respetable de agriera', decía mi amiga María Teresa. Perteneciente a una familia que pregonaba orígenes nobiliarios y castellanos que se remontaban hasta los primeros encomenderos del altiplano, el sentido de su propia importancia era tan acendrado que se vanagloriaba de la pertinaz endogamia de su pretendido linaje: "somos como los Habsburgo", decía sin falsa modestia la tía Pava.

"Al parecer los pocos nobles que viajaron a América eran de la pequeña nobleza y solo recalaron en Lima o en México", dijo en una visita alguien que posaba de genealogista, para escándalo y censura de la tía Pava; "el origen de los encomenderos no era tan noble, tía Pava", se atrevía alguien a contradecir de vez en cuando, con lo que se ganaba el disgusto de la simpática matrona de gesto despectivo, durante varios meses. "El nuestro sí", reclamaba ofendida en lo más profundo de su ser, enfatizando su cara de acritud, para que quedara constancia de que llevar a la espalda tantos blasones resultaba una carga pesada. La tía Pava era tan consciente de su dignidad, que al no encontrar ningún primo disponible para consumar la unión endogámica que por derecho le correspondía, decidió que nadie era lo suficientemente digno para compartir oficialmente su lecho y sus genes, por lo que simplemente no se casó y se graduó de tía, como suele ocurrir en algunas familias.

La casualidad o mi suegra, vaya uno a saber, hizo que en aquel primer almuerzo terminara sentado al lado de la tía Pava. Ella, con ese ojo tan entrenado que tiene el colombiano para estratificar al vecino, no necesitó más de un instante para comprender que lo mío no eran los antepasados conectados con la casa de Austria, ni la herencia jugosa esperando a la vuelta de un par de funerales. Es más, debo reconocer que antes de conocer a la tía Pava, no tenía la más mínima idea de para qué servían cada uno de los treinta y dos cubiertos que no deben faltar en la mesa de una casa respetable. Por supuesto, era de esperar que no fuera recibido por ella con los brazos abiertos, y mis pergaminos como descendiente directo de la princesa Guatavita no parecieron impresionarla, así que, desde el primer momento, la tía Pava me hizo saber lo lejos que estaba del material genético y la mandíbula prognática de los Habsburgo que ella tanto añoraba en los cráneos de su familia. Mi conversación con ella en aquel almuerzo era bastante incómoda, y en algunos casos llegaba a un alto grado de tensión hasta que, de modo inusitado ella decidió hacerme una confesión íntima que me tomó por sorpresa:

-Mire Diego, quiero dejarle en claro que mi sobrina Luisa, al igual que yo, es una señorita virgen.

Afortunadamente, habíamos terminado de comer, porque seguramente habría dejado caer de mi boca cualquier cosa que estuviera masticando. Luego, y antes de que tuviera tiempo de reaccionar, la tía Pava me hizo prometerle que me abstendría de llevar a cabo cualquier comercio ilícito con su sobrina Luisa, a lo cual no puse ningún reparo, porque en mi cabeza, la idea de comercio ilícito se limitaba a cosas como el tráfico de órganos o la trata de personas. Mientras la tía Pava desarrollaba su idea acerca de su propia virginidad y la virginidad de sus sobrinas, no pude más que compadecerla, pensando en lo decepcionada que debió haberse sentido cuando tuvo su primera menstruación y se llevó el disgusto de descubrir que no era de sangre azul, como le habían dicho siempre.

Supongo que yo quedé con cara de estupor, ante la confesión virginal de la tía Pava, porque a los pocos minutos se me acercó Luisa muy alarmada y me preguntó de qué estábamos hablando, a lo que yo contesté con la mayor candidez:

- Pues la verdad, estábamos hablando de la cuca de tu tía.

IX

María Lucía era muy bella, y yo estaba enamorado de ella como nunca, aunque los envidiosos dirán que estaba enamorado como siempre. Tenía una figura longilínea, con unas piernas firmes y largas, unas caderas prominentes que hacían un estupendo contraste con su cintura estrecha y su vientre plano, y una hermosa cara achinada cuyos ojos se cerraban cada vez que una sonrisa la iluminaba. Era fisioterapeuta y trabajaba en un laboratorio de marcha con niños que tenían parálisis cerebral, así que además de ser muy sensual, me despertaba una gran admiración. Llevábamos varias semanas saliendo, y realmente la pasábamos muy bien, era una mujer muy inteligente con una conversación bastante interesante, y mi entusiasmo se hacía cada vez más grande. Tras un par de meses, para mí era claro que había llegado el momento de intimar un poco más, pero la encontraba un poco reticente y yo estaba empezando a temer que nunca llegaríamos a tener sexo; hasta que llegó el momento que tanto había esperado.

María Lucía acababa de hacer pintar su apartamento, y había dejado libre una pared de color azul rey en la mitad de la sala que resaltaba. Pensaba colgar un cuadro en aquel muro que hiciera un profundo contraste con el tono que había escogido. En pocas semanas sería su cumpleaños y quería invitar a varias personas para celebrar y poder lucir los resultados de un largo proceso de remodelación, que había incluido mobiliario y pinturas.

Fue entonces cuando escuché las palabras que tanto había esperado:

- Oye, ¿tú tienes un taladro, para que me perfores un chazo y podamos colgar el cuadro en la pared azul?

El que tenga oídos que oiga, dice el evangelio, y pues, no se necesitaba ser freudiano para entender. El taladro era claramente un símbolo fálico, todo aquello no era más que una dulce metáfora del acto sexual.

"Me perfores un chazo". "Me perfores un chazo". Dulces palabras que resonaban en mis oídos constantemente.

Mi destino erótico dependía de mi buen desempeño como ayudante de albañilería, en la sencilla labor de poner un chazo. Ni siquiera era algo medianamente difícil. Había visto poner miles de chazos a lo largo de toda mi

17

vida. Era verdad que yo nunca había puesto ninguno, pero la gestión era supremamente simple: se perfora en la pared, se empuja el chazo con el martillo, se mete el clavo o el tornillo. Esto parecía educación sexual, primer curso.

Por supuesto, yo no tenía un taladro, pero mi hermano que es como un afiche de ferretería, tenía una caja de herramientas con todos los adminículos que usted necesita en su hogar. Así que le pedí prestado el taladro y unos chazos, él me indicó cuál debía ser el calibre de la broca, me instruyó acerca de cómo debía tomar el taladro, y partí feliz a la casa de María Lucía, no sin antes comprar una botella de vino y unos quesos, para lo que debían ser una jornada de pasión vespertina y un atardecer memorables.

Cuando llegué, María Lucía me estaba esperando muy emocionada; nos besamos apasionadamente mientras yo dejaba la caja de herramientas en el piso, y un rato después ella se sentaba en el sofá a contemplar aquella metáfora de mi desempeño amatorio en que se había convertido el sencillo expediente de colgar un cuadro.

Yo, por mi parte, instalé la broca, apreté bien las tuercas para evitar que saliera a volar, tal como me había dicho mi hermano, enchufé el taladro, y puse la broca justo sobre el punto negro a lápiz con el que habíamos marcado con María Lucía el lugar exacto donde debía clavar la puntilla. Todo estaba saliendo maravillosamente, y yo ya vislumbraba las caricias aprobatorias de María Lucía que prontamente premiarían mi talento para taladrar con una tarde llena de embriagueces.

Lamentablemente, nadie me explicó, ni mi hermano que me prestó la herramienta, ni mi mamá que era experta en poner chazos, que era necesario sostener con fuerza la punta del taladro, para controlar la reacción del aparato cuando se encuentra con la superficie dura del ladrillo, razón por la cual, no estaba preparado para los culatazos que empezó a dar el taladro una vez entró en contacto con el muro. En una fracción de segundo, el taladro tomó vida propia, y sin que yo tuviera tiempo de liberar el gatillo, que seguía apretando con entusiasmo suicida, la broca recorrió la pared en todas direcciones, dejando largas marcas que se superponían las unas a las otras, y que parecían largos arañazos de un tigre paleolítico, como si la pared se hubiera descascarado en prolongados escurrimientos de cemento y arena y trozos de pintura seca, algunos pertenecientes a capas de colores anteriores. Un segundo después, cuando todo terminó, el muro estaba lleno de chorreones arenosos de estuco y goteos secos de escombros, en una alegre danza multicromática sobre el pañete raspado. Aquella pared arruinada, por un instante alcanzó a parecerme de una belleza salvaje, de modo que, antes de voltear a ver la cara ofuscada de María Lucía, todavía tuve la osada estupidez de comentar:

-¡Guau! Parece como si Jackson Pollock hubiera manejado el taladro.

18

Alguna vez en una noche de tragos, estaba en casa de algún conocido. Allí, sobre el mueble del comedor había una Biblia de gran formato, de esas que venden en las tiendas religiosas junto a un atril, para que adornen las casas. En estas Biblias ornamentales, lo de menos es el texto escrito, nadie se pregunta mucho de quien es la traducción, ni siquiera parece muy importante la calidad pictórica de las láminas que en ellas aparecen, la cual suele ser bastante kitsch, porque lo que importa es el objeto en el atril, más que otra cosa. En medio de mi ebriedad, por alguna razón recordé el gusto que me producía leer El cantar de los cantares, con sus versos llenos de erotismo sublime, y que lo convierten en el libro más especial de toda la Biblia. Cuando dije que era un libro erótico, la conversación dejó de ser cordial, y una de las amigas que estaba conmigo me pidió respeto por el libro que, según la visión de los cristianos de toda afiliación, es un libro alegórico al amor de Cristo por su Iglesia. Esta supuesta alegoría le permitió a san Juan de la Cruz, a santa Teresa de Ávila y a sor Juana Inés de la Cruz escribir maravillosas páginas de erotismo barroco, que todavía me conmueven, sin que pudieran ser calificados como herejes. La religiosidad tiende a negar verdades evidentes a favor de los dogmas, así que me vi obligado a contar a todos los presentes lo que para mí era la exacta historia alrededor de la composición de El cantar de los cantares y me cito de manera literal:

El rey Salomón, que escribió El cantar de los cantares en el siglo X a.c., no era una perita en dulce, por el contrario, era un mujeriego antológico que, según el libro de los Reyes, tuvo 700 esposas y más de 300 concubinas. Lo curioso es que los escritores bíblicos no lo critican por ser un polígamo multitudinario, sino por casarse con mujeres extranjeras, por lo cual, en una sola frase, el o los autores del libro de los Reyes, inspirados por Dios, logran ser a la vez machistas y xenófobos, algo difícil de lograr aun en estos tiempos de atarvanes en las redes sociales. No contento con su batallón de esposas, Salomón se enamoró de la reina de Saba, y para conquistar su amor, le escribió este poema, lleno de erotismo y calidad literaria. Pero, por supuesto, en una casa con más de 1000 compañeras maritales no debía ser muy fácil guardar un secreto, así que una o más de las setecientas esposas originales de Salomón se pusieron celosas y seguramente empezaron a reclamarle esta nueva infidelidad. Salomón probablemente empezó a titubear en sus respuestas, pero siendo como era un hombre legendariamente sabio, se le ocurrió una genialidad y les dijo:

- Miren ustedes que este libro no dice lo que dice de manera literal, es un libro alegórico.

- ¿Cómo así que alegórico?, le debieron contestar suspicaces la multitud de esposas recelosas. Y con toda la razón porque en aquella época esa palabra no existía en hebreo, sino que adquirió su sentido actual varios siglos después en el idioma griego.

- Ustedes no tienen que saberlo, pero esta mañana hablé con Yahvé. Dijo Salomón con toda naturalidad, porque en esa época Dios era joven y le gustaba hablar con la gente. Y luego continuó:

- Yahvé me dijo que dentro de 1100 años se van a reunir 70 sabios judíos en Alejandría, una ciudad que va a fundar Alejandro Magno dentro de 600 años, y se van a dar cuenta de que este libro es una alegoría a la relación amorosa entre el hombre y la Hagia Sophia, es decir la sabiduría de Dios, y entonces lo van a meter en el canon bíblico. Y luego dentro de 1300 años, Constantino, que gobernó sobre una ciudad y un imperio que se van a fundar dentro de 300 años, va a constituir la iglesia romana y va a convocar el Concilio de Nicea, y ahí unos viejitos que se van a llamar obispos, porque obispo en griego significa viejito, van a decir que no, que los 70 sabios de Alejandría se equivocaron, que la alegoría no tiene nada que ver con la Hagia Sophia, sino con la relación entre la iglesia como esposa, y Cristo como esposo y buen pastor. Cristo, les voy adelantando, es un muchacho que va a nacer dentro de 1000 años, y que va a ser declarado mesías, que es un concepto judío que se va a inventar dentro de 400 años. Mesías, no para nosotros los judíos, sino para otro grupo de gente que se van a hacer llamar cristianos y van a tomar el poder en Roma, la ciudad de la que les hablé hace un rato. Así que no se crean que yo soy un promiscuo irredento y mujeriego, sino lo que pasa es que soy un sabio visionario. Y de una vez les voy anticipando que lo de la alegoría es el futuro, van a ver como todas las matazones y las encamadas que se van a describir en las sagradas escrituras se van a interpretar alegóricamente, porque la ciencia del futuro va a ser la hermenéutica bíblica.

Finalmente, las esposas de Salomón se calmaron ante su elaborado discurso, pero solo por un tiempo, porque al ratico no más, Salomón terminó por casarse con la reina de Saba, y ahí se armó la de padre y señor mío, porque a su muerte tenía más herederos que estrellas en una noche clara, de modo que el reino de Israel estaba condenado a una división irremediable, y por ahí de contera a que se perdieran las famosas 10 tribus, y toda una serie de vicisitudes, lo cual explica por qué, ante tanta improvidencia, Jean Carbonier declaró en su libro treinta siglos después, que a Salomón no lo llamaron sabio en la Biblia para alabarlo, sino simplemente para ser sarcásticos.

XI

Contaba Ricardo Palma que Pachacútec, el gran Inca, se enamoró de una mujer de la región desértica de Ica, donde se encuentran unas famosas dunas. La muchacha, que no gustaba del Inca, no encontró mejor fórmula para rechazarlo que decirle que solo tendría sexo con él, el día en que floreciera el valle de Ica. Acicateado Pachacútec por el deseo y el desafío, hizo construir un acueducto de 40 kilómetros para bajar el agua de la sierra, fertilizar el valle de Ica y convertir un desierto en una huerta, tal como pidiera la muchacha.

Mientras el guía del viñedo nos contaba esta historia, me acordé mucho de cuando leímos Yerma de García Lorca en el colegio, porque compartía los mismos simbolismos del agua fertilizadora y la arena como signo de la esterilidad, e inmediatamente mi cerebro saltó a mis años de adolescente, cuando cualquier mención ligeramente ambigua, desataba entre nosotros todo tipo de metáforas obscenas, de modo que no pude sino imaginarme a Pachacútec diciéndole a la muchacha algo así como: "venga mi amor, le riego ese pedregal".

-La ingeniería al servicio del amor. Dijo el guía poéticamente para cerrar su historia.

A mí me pareció más bien el poder al servicio del sexo.

XII

Creo que tengo pocas posibilidades de morir de cáncer de testículos: llevo toda mi vida practicándome el autoexamen varias veces al día.

***

"La masturbación es un acto intrínseca y gravemente desordenado", reitera la Santa Sede. Yo estoy de acuerdo, después de un cierto tiempo no está bien masturbarse en desorden. Hay alternativas como masturbarse en orden alfabético o en orden cronológico o en orden de estatura, depende de la memoria de cada uno.

***

Cuando paso mucho tiempo sin tener sexo, me veo obligado a bastarme por mí mismo. Cuando me basto por mí mismo, descubro que no soy un gran compañero sexual. Cuando descubro que no soy un gran compañero sexual, entiendo por qué paso mucho tiempo sin tener sexo.

***

Descubres que llevas mucho tiempo de abstinencia sexual si un día confundes la derecha y la izquierda, y con el fin de orientarte te miras las manos, y en vez de preguntar con qué mano escribes, te preguntas con que mano haces otras cosas.

***

Las probabilidades de tener un accidente automovilístico son directamente proporcionales al tiempo que lleves de abstinencia, esto es, porque la testosterona que no gastes en el sexo, tarde o temprano la vas a gastar manejando.

***

El atractivo sexual de las mujeres que conoces aumenta de forma directamente proporcional al tiempo que lleves de abstinencia.

***

El pene erecto de un gorila mide en promedio 5 centímetros, no obstante lo cual, puede atender divinamente un harem de 6 o 7 hembras. Esto demuestra científicamente que el tamaño no es lo importante. Por lo menos, para las hembras de los gorilas.

***

El hombre necio busca una mujer con senos grandes, el hombre sabio busca una mujer con manos pequeñas.

***

Los ingleses del renacimiento eran gente tan sabia, que usaban la misma palabra para mentir (lie) que para acostarse (lie) con alguien.

***

Por alguna razón los sacerdotes antiguos pensaban que el mejor sacrificio que podían hacerles a los dioses era ofrendarles una mujer virgen y obligada. Si yo hubiera sido un dios despiadado y colérico, la verdad habría preferido una mujer experimentada y ojalá bien dispuesta.

***

Hay personas que se quejan de que sus parejas se duerman justo después de tener sexo, me parecen peores las parejas que se duermen justo antes.

***

Woody Allen que es un freudiano, decía que en el sexo es más importante la calidad que la cantidad, pero que, si la cantidad era una vez cada ocho meses, habría que pensarlo mejor. Stalin que era un marxista decía que los soldados alemanes eran de mejor calidad que los soldados soviéticos, pero cuando tienes doce millones de soldados, la cantidad es una calidad en sí misma. Yo que soy un freudiano marxista, pienso que en el sexo la calidad es más importante que la cantidad, pero que al final de cuentas, muchos polvos tienen más calidad que uno solo.

***

De soltero mis prioridades sexuales iban en este orden: tener mucho sexo con una mujer que me importara mucho. De no ser posible, tener un poco de sexo con una mujer que me importara mucho. Aunque me habría conformado con tener mucho sexo con una mujer que me importara poco, o tener sexo casual con una mujer desconocida, o tener sexo desconocido con una mujer casual. ¡Qué diablos!

***

De acuerdo con la ley, la libertad sexual consiste en la posibilidad de elegir cuándo, cómo y con quién tener relaciones sexuales. Pero si eres feo y pobre, normalmente tienes menos libertad sexual que un hombre rico y bello.

DE LA BELLEZA

I

Aunque no recuerdo el nombre, en una de las tantas series para televisión que dirigió Jorge Alí Triana, un personaje le decía a otro: *'Compadre no la vaya a embarrar, solo los tontos confunden juventud con belleza.'* Algo parecido a un famoso verso de Compay Segundo: *'Óigame compay, no deje el camino por coger la vereda'.* En el mismo sentido iban las palabras que mi mamá solía repetir: *'uno no sabe qué tan hermosa es una persona hasta que la ve con la cara sucia'.* De modo que, para mí, barro y belleza tenían que ir de la mano. Esa fue la manera en que mi mamá me enseñó a ser superficial, atisbando la suciedad en las mujeres que amaba, disfrutando de sus momentos menos decorosos, cuando estaban sucias, o sudorosas o sin depilar, sabiendo que la belleza se superpone a la inmundicia, como las flores de arrabal que aparecen en los tangos, y que tienen la desfachatez descuidada y majestuosa de una pirámide maya cubierta de moho en medio de la selva.

Mi mamá, que siempre llevaba el pelo corto y nunca se maquillaba, ha sido una mujer tan bella toda su vida, y ha cultivado un tan discreto sentido de la estética, que por su culpa terminé acostumbrado a estar rodeado de belleza, a encontrarla en lo cotidiano y a concebir la belleza como una obviedad. Estando en el kínder, había una reunión de padres de familia. Los niños estábamos todos reunidos en una tarima, y las mamás estaban todas abajo, mirándonos. Mi amigo Jorge Enrique a quien nunca volví a ver, me preguntó cuál era mi mamá, y yo le contesté con una perogrullada:

- Fácil, la más bonita.

II

En la antigua Roma algunos días eran fastos y otros eran considerados nefastos. En los primeros era lícito celebrar contratos o celebrar juicios o casarse o realizar ciertas ceremonias, pero en los nefastos era contrario a la religión realizar cualquier tipo de estos actos. Todavía cuando hablamos de un mal día hablamos de un día nefasto. Esta clasificación romana de los días fue sustituida en el medioevo por el calendario de días no propicios para el sexo que había sido impuesto por la iglesia católica, según el cual era ilícito el sexo los días jueves, viernes y domingo, lo que dejaba libres solo 209 días para el sexo entre esposos, pero a estos había que restarle los cuarenta días de la cuaresma, los cuarenta días antes de pentecostés (lo cual explica por qué la semana de pascua era de desafuero, porque era la única semana lícita entre estas dos cuarentenas) y los 35 días antes de la Navidad, eliminando con ello otros 65 días; pero si a esto se añade que los días de la menstruación tampoco eran lícitos, podía suceder que en un año una pareja de casados no tuviera más de 40 o 50 días para dedicar al sexo, y eso sin contar dolores de cabeza y disgustos. Este terrible apremio, alrededor de los días fastos y nefastos explica por qué somos tan dados a clasificar los días de acuerdo con lo propicios que puedan ser.

Cuando rompí con una novia que amaba mucho, las personas me preguntaban cuál había sido el día más feliz que habíamos pasado juntos. Esa era una pregunta extraña, porque cuando uno se está separando prefiere recordar los días nefastos. Pensar en los momentos alegres normalmente profundiza la tristeza. Yo siempre contestaba lo mismo, que mi día más feliz con mi novia había sido recién comenzamos a salir juntos, cuando estuvimos viendo por televisión el partido de fútbol en que Colombia empató con Alemania. Citar ese momento era una forma humorística de achacarle mi felicidad a otros, y despojarla a ella de lo bueno que me había dado, era mi manera nada sutil de ser injusto con ella. Pero, aunque aquella fecha había sido un momento de embriaguez colectiva, y ella y yo nos habíamos dejado llevar por la euforia, no había sido el mejor momento que habíamos vivido juntos.

En cambio, el día que más me venía a la mente cuando me hacían esa pregunta, era la mañana de un sábado, cuando todavía no vivíamos juntos y no había nadie en su casa. Los papás estaban de viaje, la hermana estaba estudiando y ella me llamó para que fuera a visitarla. La suya era una presencia poderosa, avasallante. La encontré metida entre las cobijas de la cama de los padres, recostada, con una sonrisa amplia, mirándome con más amor del que jamás volvería a ver en su cara. Las cortinas estaban cerradas para evitar las miradas indiscretas de los vecinos, así que la luz del día entraba a través de unos ventanales altos que miraban al cielo, en picado, como en una pintura de Vermeer. Sus cejas negras se hacían más intensas en esa atmósfera de maestro holandés, y ella estaba feliz, festiva, retozando como una niña traviesa que chapotea bajo la lluvia, mientras yo me embriagaba en un mosaico de colores morenos, chocolate, malva, berenjena, que se arremolinaban todos, navegando en su piel que era del tono suave y dulce del arequipe. Todavía la recuerdo vívidamente, sentada en la cama, con su pelo negro cayendo sobre sus omóplatos morenos, y la línea de la espina dorsal deslizándose suavemente a lo largo de la espalda, mientras su cintura se expandía suavemente para tomar la forma sinuosa de sus caderas que parecían huir de camino hacia sus piernas. Ahora ya no era un Vermeer, era una bañista de Degas, mirándome de reojo, invitándome a seguirla. Recuerdo que en ese momento pensé que justamente así, como ese instante, quería que fuera el resto de mi vida. Neciamente inconsciente de la brevedad de los momentos humanos creí que esa vista sublime iba a ser mi nueva cotidianidad, mi nuevo siempre.

Quisiera decirle desde el futuro a ese hombre joven que está así de embelesado con su novia hierática, bajo la luz que cae sobre ella como en una pintura flamenca, que no se vaya de allí, que no permita que termine ese momento, que hay instantes tan absolutamente cimeros, que lo único que queda después de ellos es iniciar el descenso; pero él es joven y es un poco pendejo, todavía cree que la vida es una fuente infinita. Todavía piensa que le queda mucho tiempo.

III

Los pantalones son algo antinatural. Aunque en oriente se los conoce desde hace milenios, en la cultura occidental clásica los pantalones eran desconocidos, los egipcios no usaban pantalones, los griegos no usaban pantalones, y los romanos no usaban pantalones. Como si fuera poco, en América ni los aztecas, ni los muiscas usaban pantalones. Los pantalones fueron introducidos a la cultura occidental por los bárbaros nórdicos que entraron de saco en el mundo mediterráneo en el siglo IV. Cuando hacía frío o estaban en campaña en tierras germánicas, los soldados romanos, en vez de pantalones, usaban unas bandas de lana que se enrollaban en cada pierna como una bufanda debajo de la falda.

Por mi parte, y seguramente por respeto a la antigüedad clásica, nunca le he tenido mayor estimación a usar pantalones. Cuando era un adolescente mi abuela se burlaba de mí, porque cuando estaba en la casa andaba siempre con una pantaloneta muy corta, de la que se escurrían mis piernas largas y flacas. "Parece un avestruz", decía mi abuela divertida. Algo parecido, pero menos gentil había dicho el papá de una medio novia mía cuando me vio con ella saliendo casi desnudo del cuarto de sauna: "su amigo parece un pollo hervido saliendo de la sopa". Cuando me quedé sin trabajo y sin esposa, después de mi segundo divorcio, ya ni siquiera tenía que preocuparme de ponerme nada encima, porque todo el trabajo lo hacía desde mi casa, de modo, que literalmente hablando he pasado más tiempo de mi vida con las piernas al aire que con los pantalones puestos. Hace un par de años, mi esposa me puso a sacarme una prueba de ADN, y entre los muchos misterios que dejaron entrever los resultados, estaba la posibilidad de que hubiera tenido un abuelo o un bisabuelo escocés. Eso lo explicaba todo, entre mi sangre aborigen y mi ancestro de las tierras altas, resultaba perfectamente explicable mi disgusto hacia los pantalones.

Por eso, cuando me sugirieron ponerme un vestido de mujer para la noche de Halloween de 2005, no pude resistirme a la idea. La sola posibilidad de andar por la calle impunemente sin pantalones resultaba demasiado tentadora y a eso debe sumársele que después de un poco de trabajo de maquillaje y peluca debo decir que quedé convertido en una mujer decentemente atractiva. En aquella fiesta, me sentaron al lado de la única otra persona sola. La pobre Ximena Llanos no tuvo más remedio que soportar mi conversación durante toda la noche, y cuando digo toda la noche, estoy siendo absolutamente literal, porque, mi yo de falda resultó ser una conversadora diestra, que se dejó llevar por las palabras y la charla incisiva e inteligente de aquella mujer de hermosos rasgos afilados, que casualmente tenía esa noche un vestido igualito al mío. Cuando se acabó la fiesta, no pudimos más que terminar la conversación en su casa, donde las palabras se extendieron sin control, hasta que, a eso de las nueve de la mañana, comprendí que no me quería ir más de allí por el resto de mi vida, porque sentía que esa incapacidad para callar que nos invadió a los dos era simplemente la expresión de una noche perfecta.

Después de aquel día nos vimos no sé cuántas veces, tal vez diez o tal vez cinco, pero después de que se tiene una conversación mágica así a la primera, lo más probable es que las citas que sigan no puedan colmar las expectativas que surgieron del primer encuentro No sé si fue que yo, despojado de mi vestido de organza y otra vez enfundado en mis tristes pantalones, simplemente no pude ser tan ingenioso y arrebatador, como creí haber sido el primer día, o si simplemente, yo andaba muy ocupado en aquella época, explorando y conjurando mis demonios, como para ser una buena compañía para nadie; lo cierto es que así de repente, no nos vimos nunca más, y su imagen se fue perdiendo en la niebla espesa que se come los recuerdos.

-Te acuerdas de Ximena Llanos, me decía una amiga, tenía unos ojos violetas como los de Liz Taylor.

Pero yo no podía recordar con precisión el color de sus ojos, y la verdad dudaba de que Liz Taylor tuviera los ojos violetas. Cuando trataba de recordar su figura, me venía más bien a la memoria una imagen más vieja, de cuando la había visto por primera vez casi veinte años antes, sin tener ni idea de cuál era su nombre, y me había parecido una bella aparición fugaz e inolvidable. Intenté adivinar el color de sus ojos en un par de fotos que me quedaron de ella, pero el color se perdía en medio del reflejo de la luz en lo que ahora era un iris lleno de misterio. Aunque, en realidad, lo que más me interesaba no olvidar, no eran sus ojos, sino principalmente su voz, estentórea y diáfana como una caída de agua en un viejo camino de montaña. Afortunadamente la memoria sonora es más leal que la visual, y me bastaba cerrar los ojos para escucharla repicar en mi memoria, con los mismos matices que me habían hechizado en aquella noche infinita. A veces, con el pasar de los años, me entraba el secreto temor de olvidar el tono, o la modulación o los énfasis que ponía en ciertos sonidos, con el vigor de una pianista, como si cabalgara en traje de amazona sobre cada palabra. Entonces, esperaba con paciencia el día de su cumpleaños, para tener un pretexto y llamar a saludarla, y si tenía suerte y estaba al otro lado de la línea, podía alimentar mi memoria con los sonidos de su habla tectónica.

Hace poco, ese engaño del corazón que es Facebook, que nos hace creer que estamos compartiendo la cotidianidad de las personas, sin que las veamos y sin que les hablemos, me trajo a la memoria el recuerdo inextinguible de Ximena Llanos, porque escribió en su muro que su mamá había muerto hacía un par de meses. A su mamá nunca la conocí, ni siquiera conozco su nombre, pero saltó a mi memoria, porque una de esas noches, en la época en que nos veíamos, Ximena me invitó a tomar algo en un viejo bar que se llamaba El Bulín, y que quedaba cerca de su casa. El lugar tenía la belleza de la vetustez, pero más que eso, tenía el encanto de la nostalgia, porque estaba lleno de recuerdos de mi época universitaria. La iluminación con velas le daba siempre un tono claroscuro al ambiente, como en un cuadro de Rembrandt, aunque, algunos de los rostros, a veces parecían más bien de Caravaggio. Me parece estar viendo a Ximena bañada por la luz del candil, con sus hermosos rasgos pronunciados por las sombras, con una risa de picardía infantil, contarme que su mamá la había regañado por haberme llevado a ese bar, "¿qué pensará ese señor?", le había dicho. Pero ese señor estaba completamente fascinado, y habría de atesorar para siempre ese momento, porque, aunque no tenía cómo saberlo, esa noche llena de canciones nostálgicas, de imágenes casi espectrales que reverberaban a la luz de las velas y bailaban en un teatro de sombras sobre las paredes blancas, sería la última vez en que entraría a El Bulín, y sería la última vez que vería a Ximena Llanos.

Así que ahora estoy aquí, lamentando en silencio la muerte de una mujer que nunca conocí, solamente porque en mi corazón está ligada de manera indeleble a un momento que es la quintaesencia de lo que, para mí, ha sido una vida rodeada de belleza.

IV

Todavía no entiendo por qué las personas postean emocionadas en sus redes sociales, fotos de atardeceres arrebolados, señalando que se trata de un milagro extraordinario, hasta el extremo de que los creyentes los identifican como una prueba única de la existencia de Dios. Sin embargo, el atardecer es un fenómeno bastante ordinario. La densidad de la atmósfera en el horizonte hace que los fotones de la luz solar cambien su longitud de onda y *voilà* que la luz parece adquirir esos tonos encarnados. Lo único que se necesita para tener un atardecer rosa, es que no abunden las nubes. Ahora bien, el Universo tiene un trillón de galaxias, cada una de ellas con billones de estrellas. La mayoría de ellas tienen planetas que orbitan a su alrededor y muchos de ellos tienen atmósferas y giran sobre sí mismos. Eso implica que los atardeceres, son un fenómeno de lo más corriente en el Universo. Cada instante, millones de atardeceres están teniendo lugar a todo lo ancho del Cosmos. En cambio, lo que sí es extraordinario y único es el hecho de que la evolución haya logrado que las hembras humanas posean algo tan hermoso como un par de senos. Que sean dos, que sean redondos, que acunen, que alimenten, que calmen el sueño de los niños, que inviten al amor y al ensueño, esto sí probablemente sea milagrosamente exclusivo de nuestro planeta, y quizás no exista en ningún otro lugar del universo. Así que la próxima vez que quieran emocionarse con las maravillas extraordinarias de la naturaleza, les ruego que por favor se guarden las imágenes ordinarias de atardeceres rosados tan comunes en el Universo, y por favor publiquen la foto de un seno.

DE LA CURIOSIDAD

I

Según Cioran, mientras le preparaban la cicuta para ejecutarlo, Sócrates se dedicaba a aprender un aria para flauta. Sus amigos le preguntaron de qué le iba a servir ese aprendizaje a esas alturas y él contestó: "para saberla antes de morir".

Cuando uno es nerd, esencialmente es un chismoso, tiene una permanente necesidad de saber, porque, entre otras cosas, la curiosidad es el único pasaporte para llegar al asombro. Por eso lo que más me preocupa de morirme es no saber cómo va a terminar el libro que esté leyendo en ese momento. Cuando mi abuela estaba muriendo, John Jairo, nuestro primo médico experto en el buen morir, le preguntó qué era lo que más le dolía de abandonar la vida y ella nos miró mientras le contestaba: "No saber qué va a pasar con ellos."

La curiosidad tal vez sea una forma del amor, y su amor era tan grande que no quería perderse el final de nuestra historia.

Se entiende entonces mi predilección por el personaje de Eva, que no se aguanta las ganas de saber, que ama más el conocimiento que la inmortalidad, y que no se contenta con ello, sino que tiene que entregarle a Adán ese conocimiento. Eva amaba del mismo modo en que nos amaba mi abuela.

DEL ASOMBRO

I

Mi papá no tenía ningún bien material. Lo único que cargaba con él era una litografía que tenía pintado el sagrado rostro de la Verónica en tinta negra sobre fondo verde oliva. Nunca volví a ver una litografía semejante. Era muy sencilla, y no solo era muy kitsch, sino que era profundamente inquietante. La leyenda de la Verónica decía que, de camino al calvario, la santa se acercó a aquel hombre torturado para limpiarle la sangre y el sudor con un paño, y sobre el paño quedó impresa de forma milagrosa la cara de Jesús. Aunque muchos la confunden, esta reliquia no tenía nada que ver con el sudario de Turín que pretendía ser la tela con la que envolvieron a Jesús después de muerto. Aunque tenía los ojos cerrados, el Divino Rostro de mi papá parecía abrirlos todo el tiempo, y siempre sentía uno que su mirada lo perseguía. Delante de ese cuadro nunca nos portábamos mal, eran como los ojos acusadores de Dios, mirándonos todo el tiempo. Cuando mi abuela Helena, la mamá de mi papá, iba a visitarnos a la casa, siempre pasaba a saludar el cuadro.

Según la historia que contaba ella, cuando mi papá tenía doce años, al despertar una mañana, el Divino Rostro de la sala estaba llorando. Lo que siguió fue lo que normalmente se debe hacer cuando ocurre un milagro. Mi papá que era monaguillo fue a llamar al cura y el cura se encargó de organizar una romería a la casa de mi abuela viuda para que las almas piadosas pudieran contemplar el fenómeno. Según contaba mi abuela, en poco tiempo todo estaba un poco salido de madre, así que tuvieron que llamar a la policía montada para que controlara el flujo de curiosos, entre los que estaban mi mamá y mi abuela Lola, aunque ellas no recordaban haber visto nada distinto al mismo cuadro aterrador que después estuvo tanto tiempo en nuestra casa. El cura debió recoger unas buenas limosnas que no compartió con mi abuela, aunque se quedó con las ganas de que algún funcionario de la curia certificara el milagro.

Cuando terminó todo el alboroto de la imagen plañidera, a mi abuela Helena no le quedaron sino unos recortes con la noticia en los periódicos, que un buen día se perdieron, y que mi papá se prometía recuperar haciendo una visita que nunca hizo a la hemeroteca, para buscar un periódico cuyo nombre no recordaba y que había circulado en una fecha que no sabía cuál era con certeza. Lo único que él recordaba del cubrimiento de prensa era que alguien había dicho por la radio que el milagro del Divino Rostro quizás era una señal de que se acercaba pronto el fin de la violencia. Pero el cuadro milagroso no había servido para eso, porque había llorado en 1957 y cuando en 1997, mi papá se fue de la casa y se llevó su cuadro, la violencia estaba cada vez peor y nosotros estábamos tan viejos que el Divino Rostro ya ni siquiera servía para asustarnos.

A diferencia de mi papá, el cuadro no me hacía pensar en ningún milagro, sino en una iniquidad de la que mi papá no solía hablar porque era tal vez lo único que le daba verdadera tristeza. Poco después del incidente del cuadro llorón, el Ministerio de Educación, en desarrollo de un convenio con el Gobierno de Venezuela, estaba entregando dos becas completas para estudiar música en la Escuela Superior de Música José Ángel Lamas de Caracas, a los ganadores de un concurso nacional de canto entre niños de las escuelas. Mi papá que debía tener trece o catorce años escogió dos canciones de Alfredo Sadel, participó en el concurso que se celebró en el Teatro Colombia y se ganó una de las becas.

A mí me cuesta trabajo imaginarlo, porque nunca lo oímos cantar una canción completa. Por el contrario, cuando se quejaba de sus frustraciones musicales, no pensaba en sí mismo, sino en el recuerdo borroso que tenía de mi abuelo tocando el tiple, poco antes de morir de una reacción alérgica a la penicilina cuando mi papá tenía siete años. Lo cierto es que la carrera lírica de mi papá duró poco, porque como ya estaba en edad de trabajar para sostener la casa, mi abuela Helena renunció a la beca, y mi papá solamente recibió un pequeño premio en efectivo.

Esa imagen me perturba, porque parece tan desconectada de lo que fue su vida después, que para mí es lo más parecido a un expolio. Al pobre y al feo, todo se les va en deseo, decía mi abuela. Y eso es más o menos lo que yo puedo vislumbrar de mi papá en ese concurso de canto. Lo imagino todavía un niño, seguro de sí mismo, proyectando su voz en el escenario y cautivando a ochocientas personas en el Teatro Colombia con su voz de tenor adolescente, lo imagino ganando el concurso, sintiendo que tiene una puerta de salida hacia una vida distinta. Lo imagino allí, sintiendo que tiene el mundo en sus manos porque ha ganado el concurso, y de repente, unos momentos después se ha quedado sin nada, más vacío que antes, porque ahora ya ni siquiera tiene una falsa esperanza. Hay una comedia malísima llamada 'Rules of Engagement', en la que David Spade es un desalmado millonario que decide doblarle el salario a un operario de su empresa y con el nuevo sueldo, lo induce a comer risotto todos los días. Un mes después, sin previo aviso, decide rebajarle el sueldo a su valor original, de modo que el operario, que ha descubierto el risotto, ya no puede volver a costearse un plato. Mientras el operario llora desconsoladamente porque siente que ya no podrá vivir sin risotto, el millonario les comenta a sus amigos, que esa es la razón por la que no se puede ser generoso con los pobres, por compasión, porque una vez regresan a su vida habitual pierden la inocencia y descubren que no eran felices. Según él, los bajos salarios son una manera de conservar en los pobres la felicidad que nace de la ignorancia de que un mundo diferente es posible. Así, de esa misma manera, mi papá perdió la inocencia el día que le despojaron de su beca en Caracas, alguien le mostró cuan diferente habría podido ser su vida, y luego le cerró la puerta en las narices, como si el príncipe encantador hubiera decidido mejor no casarse, después de que Cenicienta ya se hubiera probado el zapato.

Me cuesta trabajo relacionar al hombre bromista y derrochador que fue nuestro padre y que sin embargo todo el tiempo tenía miedo de tantas cosas, con el niño extraordinario que ganó el concurso. De alguna forma, cuando le quitaron la beca, le quitaron también la confianza que necesitaba para torcer su propio destino, porque unos meses después ya no era más que un funcionario de banco, que nunca más estaría entre reflectores, sino solo iluminado por la pálida luz de los tubos fluorescentes. Y así pasó toda su vida, esperando que en algún momento alguien le devolviera la redención que le habían quitado cuando era niño, y que solo pudo alcanzar muchos años después, cuando muy cerca del final de su vida, nació mi hermanita.

La última vez que vi el Divino Rostro en la casa de mi papá, poco antes de su muerte, el cuadro seguía siendo tan sombrío como siempre, pero por primera vez comprendí por quién había llorado Jesús en aquella mañana de mil novecientos cincuenta y siete.

II

Mis papás formaban el perfecto equilibrio entre la austeridad y el derroche. De niño, mi mamá repetía hasta la saciedad la necesidad de evitar los gastos innecesarios: cada peso que gastan los pobres es un peso que pierden para sobrevivir en la vejez. Mi papá, por el contrario, era un gran derrochador. Todo lo que mi mamá ahorraba en un bolsillo, mi papá se lo gastaba en el otro, y no solo eso, mientras que a mi mamá le resultaba impensable hacer un gasto que no fuera esencial, mi papá no podía concebir un gasto que no fuera superfluo.

Cuando tenía siete años, los fines de semana mi papá solía llevarme a visitar los museos del centro, luego caminábamos hasta la ciudad de hierro en el Parque Nacional o en el Parque el Salitre, y cuando ya estábamos embriagados de vértigo, recogíamos a mi mamá, y a mi abuela y a mi hermano pequeño y nos íbamos a comer a algún restaurante. No importaba lo que yo comiera, siempre me decía lo mismo: "éste es un plato de reyes". En aquella época pasaban una serie sobre Enrique VIII en la televisión, y yo trataba de sentarme a comer con la misma actitud regia de gran tragaldabas con que lo representan en la serie, con ese aire despreocupado que parecía decir, bueno ahora almuerzo un faisán y por la tarde decapito alguna esposa para que no me entré el aburrimiento. En el "Ladrón de Bicicletas" de Vittorio de Sica, hay una escena en la que Antonio recién conseguido su nuevo empleo, decide irse a comer pasta a un restaurante con su hijo Bruno. Los dos se sienten llenos de orgullo, porque ese plato de pasta es un símbolo de los buenos tiempos que les esperan, antes de saber que su buena fortuna será efímera. Esa escena de la pasta me hace pensar precisamente en la sensación que me generaba el contraste entre mi mamá y mi papá. Cuando salíamos a comer con mi papá, éramos esos pobres con ínfulas, que se sienten ricos mientras dura la cena.

Aun ahora, no he podido desprenderme de esa paradoja, por lo que me siento culpable cuando compro ropa, así sea ropa barata, pero en cambio no siento ningún remordimiento cuando salimos de vacaciones o vamos a comer o me compro un libro más caro de lo que sería prudente. Porque son realmente los libros mi debilidad, los que me llevaron a aprender a leer por mi cuenta con la ayuda de mi mamá maestra. Leer era la gran exploración y el gran escape, eran los tiempos en que mi papá y mi abuela eran lectores asiduos, y yo soñaba con que el tiempo se detuviera para mí, como se detenía para ellos. Aún recuerdo la sensación de exclusión cuando no sabía leer, es la misma percepción de aislamiento que me persigue cuando encuentro letreros en holandés que no soy capaz de entender. Así que, a la vuelta de unas pocas semanas, yo ya estaba adentro, y empecé a leer las tiras cómicas por mi cuenta, y un libro muy viejito que tenía mi mamá con una recopilación de cuentos de las mil y una noches y de los hermanos Grimm. Pero la lectura abre las puertas no solo de lo sublime, sino también de lo aterrador, cuando tenía siete años, en la prensa eran omnipresentes las noticias sobre una severa ola de secuestros urbanos. A decir verdad, era un fenómeno mundial, era la misma época de los secuestros de la Fracción del Ejército Rojo en Alemania, del secuestro del dueño de Heineken en Holanda y del secuestro y muerte de Aldo Moro en Italia por parte de las Brigadas Rojas.

Cuando le pregunté a mi mamá por qué raptaban a la gente, mi mamá me contestó que principalmente los secuestraban para obtener un rescate, así que secuestraban a los que tenían plata. Recuerdo que respiré aliviado. Mientras fuéramos pobres, estaríamos a salvo. Eran los tiempos en que la pobreza estaba romantizada en todas partes, en las telenovelas mexicanas y venezolanas, en los melodramas del cine mexicano, en las comedias de Cantinflas, en el Chavo del Ocho, en las tiras cómicas de Condorito, y en la catequesis de la hermana Camila: ¿De qué le sirve al hombre ganar el mundo entero, si pierde su alma? Había algo de contradictorio en esta idea telenovelesca de que la pobreza era más virtuosa que la riqueza, porque normalmente el premio que recibía el o la protagonista pobre por su superioridad moral, era precisamente volverse rico por la vía de algún matrimonio ventajoso o de alguna herencia desconocida.

De modo que saberse un niño pobre tenía dos ventajas importantes: la tranquilidad de no ser secuestrado, y la superioridad moral de los protagonistas de los melodramas que constituyeron la educación sentimental de mi infancia. Pero un día empezó una promoción en televisión de una colección de libros para niños con artículos científicos, históricos y geográficos que era promovida por la caricatura de un pingüino. Convencido de que estaban por fuera de nuestro modesto presupuesto, ni siquiera imaginé que podía pedirle el libro a mi mamá. El día del lanzamiento de la colección de libros llegué al colegio y

34

me encontré con que casi todos los niños tenían el primer fascículo. Todos ellos lo comparaban, lo leían, lo intercambiaban, lo presumían, así que busqué un par de niños que tampoco lo tenían y me fui con ellos a jugar fútbol, para tratar de olvidar mi despecho de niño pobre. Pero como el fútbol es bálsamo que hace olvidar las dolencias, al poco rato había decidido que al día siguiente le pediría el fascículo prestado a alguien y lo leería a la hora del recreo. De camino a la casa, recuerdo haber visto una niña que jugaba con el fascículo descuidadamente, y a esas horas de la tarde lo tenía completamente destrozado, y en lo único que pensaba era en que, si yo hubiera tenido la suerte de tenerlo, lo habría cuidado como un tesoro, lo habría paladeado como un vino. Y aquí llegó a mi mente otro episodio de mi educación sentimental, aquel capítulo de La familia Ingalls en que Mary Ingalls desea con tanto ardor leer un libro, que termina pidiéndolo prestado a la maestra, con tan mala suerte que lo quema por accidente, y tiene que trabajar todo el verano para pagar el libro que ni siquiera pudo acabar de leer. Cuando llegué a la casa, saludé a mi mamá y a mi abuela sin decir mayor cosa, y subí lentamente las escaleras hasta llegar al cuarto. Estaba a punto de tirarme sobre la cama cuando vi en la cabecera, justo encima de la almohada, un ejemplar reluciente del primer fascículo. Me acerqué despacio y lo miré fascinado a la luz que entraba desde la ventana, repasé las hojas con las yemas de mis dedos, me dejé encandilar por los colores que brotaban de los gráficos y me embriagué con el olor penetrante de la tinta fresca y el papel nuevo. Con la garganta reseca por la emoción, apenas tuve voz para decirme a mí mismo:

- ¡Dios mío, somos ricos!

Y luego de unos segundos, tuve una constatación inquietante:

- ¡Ay no! ¿Y si me secuestran?

III

Todos los días mi mujer se despierta antes que yo, se quita la ropa, la veo caminar desnuda, se mira al espejo y entra a la ducha.

Mientras ella se baña, me levanto a despertar a mis hijas. Primero a la pequeña, que duerme plácida, abrazada a un muñeco, con sus largas pestañas negras que cubren su hermoso rostro moreno como si fueran un jihab, y ella, una princesa de las mil y una noches.

Después despierto a la mayor. Ella siempre está entregada al sueño con determinación, con un abandono trascendente que parece hacerla flotar, y siempre me hace acordar de ese esclavo moribundo que talló Miguel Ángel y que está en un corredor del Museo del Louvre.

35

Luego abro las cortinas y veo las montañas que se ven a lo lejos al oriente; y descubro que todos los días amanece diferente. A veces las montañas se perfilan negras sobre el alba, pero a veces ya ha asomado la aurora jaspeada de rosado y violeta, a veces las nubes bajan lentas por las laderas como ovejas perezosas, a veces la niebla lo envuelve todo como una pollera de organza, y a veces las nubes son negras como en una tormenta en un cuadro de Turner.

Finalmente, pienso en mi hija ausente, la que vive en Medellín, y recuerdo su mirada inteligente y su inquietud vivaz, y sé que nunca va a venir conmigo, que nunca va a despertar en esta casa, y comprendo que ella es mi poema al amor imposible, que nunca dejaré de estar de paso en su vida, que yo seré su Penélope, que estaré aquí tejiendo su recuerdo para siempre, en el evento improbable de que venga.

Así es todos los días, es que la belleza es una fuente inagotable de asombro.

IV

Cuando salí de Colombia tuve que dejar mis libros. Los libros son la única posesión material que realmente me interesa. Hace años, una novia que tenía cometió la imprudencia de preguntarme si tuviera que escoger entre salvarla a ella o salvar a mis libros, qué decisión tomaría. Yo me ofendí por la pregunta, aunque ella se ofendió más por la respuesta.

Al avión solo pude subir un par de libros que me podrían servir para el trabajo de investigación, y una edición vieja de Cien Años de Soledad de 1968. Por supuesto, no era una edición con el Galeón en la carátula, esas se agotaron en Argentina, mucho antes de que Editorial Suramericana las llevara a Colombia, pero de todas formas es una edición icónica, además de que al llevarla conmigo puedo sentir esa conexión tan difícil de hallar entre el yo y el cosmos, ya que, para mí, no hay nada que sea más colombiano y universal a la vez que la novela de Gabito.

Esa tensión entre la identidad y el cosmopolitismo es algo muy viejo en muchas culturas y forma parte de la experiencia de todo el que en algún momento ha sido expatriado. Para no ir muy lejos, hace unos días tuve una de esas experiencias de intensa interculturalidad.

Después de una noche más bien fría, llevé a Valeria a la escuela, y luego de dejarla adentro, salí al patio de recreo y me encontré con la desagradable visión de una botella rota justo en el lugar donde los niños juegan. Esto para mí fue una sorpresa, pero rápidamente comprendí que tenía bastante que ver con esa visión un poco cándida que tienen los neerlandeses acerca de su propia sociedad, están tan acostumbrados a que toda la gente cumpla las normas a su manera todo el tiempo (excepto el día de año nuevo y el día del rey) que no tienen esa prevención nuestra que nos permite precaver las posibles transgresiones de algún desadaptado. Están tan acostumbrados a que la gente diga la verdad, y a que hagan lo que prometen que no tienen esa malicia tan nuestra que nos sirve para sobrevivir frente a los pillos. Su preocupación frente a la seguridad es tan marginal que el patio de juegos de la escuela, a duras penas tiene una cerca de un metro de altura que cualquiera puede saltar sin mayor esfuerzo. Así que yo inmediatamente pude imaginar la escena, seguramente algunos adolescentes la noche anterior habían saltado la barda de la escuela y se habían tomado sus buenas botellas de ron o de vodka, y descuidadamente habían dejado caer una, quebrándose estrepitosamente en el suelo, dejando peligrosas, puntiagudas y amenazantes esquirlas como testimonio de tan deplorable comportamiento y ahora todos nuestros niños estaban en peligro de cortarse. Afortunadamente, había un colombiano como yo, entrenado en siglos de desconfianza, con la capacidad de comprender que no siempre las cosas funcionan como un reloj suizo, o en este caso, neerlandés. Mi maravillosa malicia en la supervivencia me permitió advertir tan grave peligro, y raudamente, como corresponde a un padre preocupado me dirigí nuevamente a la escuela donde encontré un maestro a quien comuniqué tan grave y peligroso hecho.

El maestro me miró con aire sorprendido, como queriendo decir, no puede ser posible que algo tan ominosamente horrible pase en nuestro hermoso país, y yo le contesté con una mirada de suficiencia, como queriendo decir, mi querido amigo, quinientos años de sufrir colonialidad y extractivismo y la experiencia acumulada de mis antepasados provenientes de Asia, de África, de Europa, de lo más profundo de los Andes y los valles, me han enseñado a conocer el corazón humano mejor de lo que tú jamás podrás hacerlo con tu visión parcial y eurocentrista. En realidad, fue un gran momento, como una especie de reivindicación cultural largamente aplazada. Así que salimos los dos al patio de juegos y él, muy acucioso se agachó para recoger delicadamente los trozos de vidrio. Luego de examinarlos concienzudamente, me pidió que tomara uno de ellos en mis manos y haciendo uso de un correctísimo inglés, (en general todos los neerlandeses hacen uso de un correctísimo inglés, que me hace sentir un poco avergonzado de mi inglés chapucero) me dijo con tono condescendiente:

- Déjelo un rato en su mano y verá cómo se derrite, es hielo.

Mi expresión cambio de manera inmediata y de la sabiduría ancestral, pasé inmediatamente al más maravillado asombro. Mientras yo todavía no salía de mi estupor, el profesor me dio las gracias por haber avisado de tan inminente peligro y me invitó a seguir estando siempre tan comprometido con el bienestar de los niños y la seguridad de la escuela.

Cuando le conté esta historia a Andrés Zapata, me dijo que me parecía a José Arcadio Buendía cuando llevó a sus hijos a conocer el hielo, y entonces todo pareció volver al principio.

V

El Haagse Bos es un pequeño bosque que queda a tres cuadras de mi casa, y por el que paso de camino a la universidad. La vista es bastante hermosa, pero hace bastante frío desde hace una semana. Como me compré una bicicleta de carreras, recorro los 5 kilómetros en unos decorosos, entre 13 y 15 minutos. Hay un frente frío que viene de Rusia y tiene las temperaturas entre 0 y 2 grados. El problema con el frío y la bicicleta es que, a esa velocidad, la nariz empieza a drenar constantemente, afortunadamente ya aprendí a manejar el problema como hacen los ciclistas profesionales, para no tener que soltarme del manubrio, lo que hago es que cuando la nariz está escurriendo mucho, saco la lengua y me voy limpiando de a poquitos, así como las vacas. Esto me permite verme menos mocoso y además no me deja deshidratar. Ayer sin embargo venía un fuerte viento desde el mar del Norte, y de regreso a la casa, el ventarrón me daba de frente. Los que tienen bicicleta urbana sufrieron mucho, porque el tronco está muy derecho y hace mucha resistencia al viento, pero la posición aerodinámica en la cicla y el casco, me ayudaron a sortear sin mayores problemas este casi vendaval, pero lo más interesante fue que no tuve necesidad de limpiarme, porque el viento era tan fuerte que se llevaba para atrás lo que drenaba la nariz, antes de que siquiera alcanzara a llegar a la lengua. Hacía tanto frío que las gotitas chorreaban para atrás y casi se congelaban. Era un espectáculo lindo de ver, y me acordé de un cuento de García Márquez: 'El rastro de tu sangre en la nieve'. Eso viví yo, algo así como un pintoresco rastro de granizo mocoso por las ciclorrutas de La Haya.

DE LA CORDILLERA

I

Cuando era un niño, mis papás tenían un enorme libro. En la portada había un hombre musculoso que sostenía un globo terráqueo, era Atlas, un titán condenado por Zeus a cargar el mundo sobre sus hombros. Los muiscas tenían un mito parecido: Chibchacum el dios de las lluvias había sido condenado por Bochica a cargar la Tierra sobre sus hombros. Mi abuela Lola, que había nacido en las entrañas del país de los muiscas, todavía podía contar que la Tierra temblaba cuando Chibchacum se cansaba y cambiaba de hombro para sostener la Tierra.

Sobra decir que, en mi infancia, esta historia me parecía un poco estúpida, pero era culpa de mi abuela. Mi abuela era masiva y poderosa, una presencia tectónica capaz de transformar el agua en vino, el arroz en masato y la leche en mantequilla o arequipe con solo el dictado de su voluntad férrea.

Cómo iba yo a creer que Atlas o Chibchacum cargaban al Universo, cuando era evidente que las piernas de mi abuela sostenían la cordillera. Así crecí yo, como en un video de 'Calle 13', creyendo que las mujeres de mi vida eran las vértebras de la madre Tierra.

II

En la mitología muisca, todo el universo es creado, cuando Bagüe, la gran abuela, la mamá señora del cosmos, comienza a cantar, y al compás de su canto, se despiertan los espíritus creadores, siempre al ritmo del tambor de la danza entre la abuela Bagüe y Chiminigagua. He vivido sabiendo que las manos de mi mamá y las de mi abuela lo creaban y lo renovaban todo. Ahora veo esa misma fuerza generatriz en las manos de mis hijas, de mi esposa, de mis amigas, de las mujeres todas; ellas ejercen sobre mí, una atracción irresistible, cuando me adentré en el mundo de la feminidad, ya nunca quise dar la vuelta.

III

La laguna de Guatavita está a 3000 metros sobre el nivel del mar, normalmente el color del agua refleja el verde intenso de la vegetación circundante y desde arriba parece una enorme esmeralda, los muiscas creían que este lugar era un portal de paso entre el cielo, la Tierra y el inframundo, aquí confluyen los mitos de la creación y los mitos civilizadores. Para los muiscas aquí nacieron la palabra, y la belleza. En este lugar nació la leyenda de El Dorado en el siglo

XVI, que luego se expandió por Europa en una multiplicación de fantasías, que dieron forma a los sueños colonialistas de quienes emigraron hacia lo que decidieron que eran tierras vírgenes. Cuatrocientos años después, mi abuela nació también allí, a escasos quinientos metros de esa laguna. En las laderas que caen en abrupta pendiente sobre la laguna, formando lo que probablemente sea la cicatriz de un cráter meteórico, Lina, mi primera novia, me tomó de la mano para enseñarme por primera vez los secretos de la Tierra, como en la famosa escena de 'Excalibur', cuando Merlín le enseña a Morgana el secreto de la creación.

Ahora la laguna está organizada para la visita de los turistas en una muy agradable experiencia, pero no deja de ser para mí, lo mismo: el útero de la madre Tierra, el cordón umbilical con mis ancestros, la huella de sus pasos sobre la tierra negra, el espejo lacustre donde el sol baña sus lágrimas, el abrazo tectónico de mi poderosa abuela, el Panteón de mis dioses derrotados, el soplo vital de mi alma muisca, la chica de la perla de los Andes, el portal cósmico de mi herencia despojada, el oráculo de la Creación que brota del espinazo del planeta.

IV

El 21 de febrero de 2001, a las nueve de la noche, ya había parado de llover. Mis dos hermanos y yo, estábamos sentados en fila recibiendo un viento helado que venía de las montañas.

No teníamos que hablarnos para saberlo. Nos invadía una tristeza extensa y desapacible como una noche en vela. A cien cuadras de allí, nuestra abuela estaba muriendo. No le quedaban ni diez días de vida. A las siete de la noche se había dormido con dificultad, y nosotros habíamos salido disparados, en un vuelo a otro mundo, y en medio de un chubasco, para llegar a tiempo al estadio. Las gradas estaban semivacías, pero sentíamos que compartíamos con otras veinte mil personas, un raro sentimiento de agonía y éxtasis. Todos los que estábamos ahí dirigíamos nuestras miradas hacia una cabeza dorada de pelos ensortijados que no dejaba de maravillarnos. No pude resistir la tentación de decirles a mis hermanos que me sentía en medio de algún antiguo culto solar, como si el carruaje del sol estuviera atravesando la cancha, en una alegoría que ha maravillado durante siglos a los hombres. Mis hermanos hicieron una mueca, indicando que no era el momento de empezar a divagar, y yo callé, pero, por ese mismo gesto suyo de seriedad ritual, no pude quitarme esta sensación de estar asistiendo a algo sacro. Unos metros abajo, sobre la grama, de la cima de un empeine, seguramente calloso, nacía en oleadas, en movimientos, a veces rítmicos, a veces intempestivos, la belleza.

40

Fue en ese momento en que la belleza, irradiada desde la cancha, subía como un ventarrón hacia el rincón de nuestra grada, que comprendí la razón por la que nos habíamos refugiado en este estadio, justo cuando llegaba a su cenit nuestra tristeza. Veníamos a buscar la esperanza y el consuelo, que siempre exhalan la gloria y la belleza. Ahí estábamos nosotros, que nos creíamos tan posmodernos, igual de desconcertados ante la muerte que el primer hombre, y como los antiguos, estábamos buscando ser confortados por los ritos que nos recuerdan el inexorable triunfo del sol sobre la noche cada vez que amanece, como lo hicieron los mayas, o los egipcios, o los persas, o como mi propia abuela lo hiciera los domingos de pascua. Estábamos alimentándonos de esperanza a pesar de la más cruda de las realidades. Y allí abajo, el sacerdote de nuestro agridulce regocijo, con la iridiscencia de un cometa, recreaba en cada pase, la esperanza y la luz y la belleza otra vez. En un momento inesperado, ese eje dorado alrededor del cual girábamos todos, mediante un movimiento de hombros, hizo correr a toda la defensa del equipo contrario hacia el lado izquierdo como en un paso de baile, y sin mirar, con la pierna cambiada, mandó un pase preciso al espacio vacío que él mismo había creado en el lado derecho. El receptor había quedado solo en un fugaz instante y anotó el gol. Como si toda la desazón de veinte mil almas se hubiera desvanecido en un instante, la tribuna estalló en un grito que nos estremeció. La gente comenzó a corear el mote, que tantas veces le había dado la vuelta al mundo, y en medio de la algarabía, y mientras yo mismo gritaba desde lo más profundo, las lágrimas empezaron a correr sin freno, por nuestras seis mejillas.

Parado allí, aterido de emoción, embebido por el huracán que sacudía las tribunas, pensé en mi abuela, en sus manos ásperas debido al trabajo, en la magia transformadora que se escondía en sus dedos, y se me vino encima la imagen suya, cuando la leche escueta se convertía en kumis o en arequipe o en helado o en galletas, o cuando el maíz se transformaba en bollos, o cuando las natas se volvían torta, o cuando la paila llena de esas mismas natas se volvían un torbellino en sus manos que conjuraban la mantequilla. Mi abuela convertía las piedras en lentejas dignas de sobornar a Esaú, y en sus manos, el fuego era un oráculo que convertía en suculentas, las raíces más humildes y oscuras. Entendí que de esas manos callosas surgía a cada instante la belleza transformada, como si al abrir los dedos salieran a volar nubes de mariposas.

Y ese hombre, el que estaba en la cancha, el que veníamos a despedir, porque sabíamos que tal vez nunca más lo volveríamos a ver jugar, ese hombre más bien maduro, era el demiurgo que andábamos buscando. Ese hombre, como las manos de mi abuela, convertía lo grosero en sublime. La conjunción entre un esférico de cuero y unas piernas torcidas era el sortilegio mágico, que lograba que en todos nuestros pechos estallara la sublime revelación de la belleza. En ese momento, entendí por qué lo habíamos amado tanto durante los últimos catorce años: porque sus pies de alfarero creaban nuevos mundos en nuestro imaginario, porque los demás jugadores, y nosotros, nos entregábamos a él,

41

como se abandona un niño en los brazos de una madre o de una abuela. No, con él, el fútbol no era un mero espectáculo para olvidar las penas de los miserables, era más bien, una liturgia para mantener viva la esperanza, para renovar nuestra ilusión de que superaremos el inevitable perecimiento de nuestros seres. Ahora entiendo por qué los niños de Tucumán, cuando no tienen qué comer, se abrazan a un retrato de Maradona, o por qué los desarraigados de la Argentina le prenden velas a su retrato.

Cuando el Pibe Valderrama salió de la cancha, faltando cinco minutos para terminar el partido, mientras toda la gente gritaba su nombre, mientras se despedía para siempre de este estadio, fuimos conscientes de que estábamos en un momento especial, como si Gauguin hubiera trazado la última pincelada de su vida, como el día en que Rimbaud dejó de escribir, como la tarde luminosa en que mi abuela batió su última mantequilla. Nos quedamos callados mis hermanos y yo, sin saber si a la mañana siguiente habría alguien que se levantara para invocar la salida del sol detrás de las montañas. No importaba. Valderrama nos había traído la belleza, y la gloria, y la esperanza, en aquella noche aciaga.

V

Los griegos identificaban el alma con el último aliento que expiraba quien moría. Como un vino, el alma podía tener aroma y cuerpo. Si existiera el alma, la de mi abuela olería a torta de natas, a puré, a torta de pan, a croquetas de papá, a torrejas de arroz, a lentejas del Magreb, a mantequilla batida, a torta de papa, a pollo al vino, a ajiaco, a machuco, a toda la magia ancestral que se pierde cuando muere una abuela.

VI

Mi abuela nunca nos dejaba entrar a la cocina: "Los hombres en la cocina huelen a caca de gallina," solía decir. Yo solo entraba a robar comida de las ollas todavía calientes.

Cuando tenía cuatro o cinco años, jugaba con unas ollitas de juguete que había guardado mi mamá, tratando de aprender a cocinar, pero mi abuela nunca intentó enseñarme. La cocina era su reducto mágico, y mi mamá que siempre odió cocinar, la dejaba enseñorearse en el lugar donde todo se transformaba magistralmente. En la cocina mi abuela se convertía en un ser prometeico, ella se adueñaba de los poderes transformadores del fuego y todo lo que entraba allí lo convertía en sabores y olores arrebatadores que impregnaban mi existencia, y que aun hoy me persiguen como las magdalenas de Proust. Mi mamá para mí era la luz del pensamiento, pero mi abuela era la solidez de la roca, la columna que sostenía las cuatro esquinas del suelo. Cuando mi abuela murió, toda la sabiduría ancestral de su cocina murió con ella, nadie, ni mi mamá, ni mi tía abuela conocían sus recetas arcanas que mezclaban recetas muiscas con los sabores árabes y judíos y franceses que recogió cuando viajó en su juventud. En materia culinaria, mi abuela era la única dueña de su propio conocimiento, ella sola era una episteme en sí misma.

Pasé casi 50 años de mi vida sin cocinar, ni siquiera cuando vivía solo, cocinaba, en Colombia es tan fácil que alguien cocine para uno, y es tan fácil ir donde la mamá o donde la mamá de un amigo o donde la suegra y pasar un buen rato comiendo. Cuando me separé de mi segunda esposa, por ejemplo, no tenía que preocuparme de la comida. Todas las noches aparecía en la casa de María Teresa Vargas o en la casa de Germán Salas, y me daba el lujo de comer las delicias que preparaban sus mamás. Durante meses y meses, me dejé llevar por esa vida de hijo postizo, ese comensal no invitado, pero siempre esperado, que se sabe feliz y aceptado en una mesa ajena.

Cuando llegue a La Haya, entendí que era el momento de aprender a cocinar. Soñaba con preparar las delicias de mi abuela, pero como era imposible, empecé a cocinar las recetas que encontraba al azar, sin embargo, como soy muy malo para seguir instrucciones al pie de la letra, siempre cambiaba un ingrediente por otro, de acuerdo con lo que me inspirara el momento. Por tal razón nunca he logrado que dos comidas me queden igual. Ya de viejo, entendí que la cocina me producía un profundo placer, una experiencia creativa. Lo peor de los prejuicios patriarcales como el que me arrancó de la cocina, no es solo que ofuscan la razón, sino sobre todo que reprimen el gozo.

VII

De pequeños, mi mamá nos decía que en la casa nada era de nadie, y todo era de todos. Mis hermanos y yo compartíamos los juguetes y la bicicleta, los postres y el balón de fútbol. La ropa se heredaba de mayor a menor, y cuando crecimos lo suficiente, nos poníamos los vestidos de mi papá para ir a las fiestas de quince. Cuando nos compraban ropa, mi mamá nos vestía igual a los tres, y salíamos de uniforme como si fuéramos miembros de alguna milicia. Cómo solo había un televisor en blanco y negro, teníamos que reunirnos todos, en una especie de soviet y decidir de común acuerdo qué programa queríamos ver. Como el calentador era de tanque, mi mamá nos contabilizaba el tiempo en la ducha, para evitar que el último se quedara sin agua caliente, como si nos entregaran una tarjeta de racionamiento. En mi casa, mi mamá lo que más duro castigaba era el individualismo, la incapacidad para pensar en el otro. Una vez nos compraron tres pollitos amarillos, y como los pollitos de mis hermanos se murieron, a mí me tocó compartir mi pollito con ellos. A este régimen de colectivismo extremo, mi mamá lo llamaba familia. Así de comunistas nos crio mi mamá, y ahora se lamenta de que no nos guste hacer plata.

VIII

Cuando pienso en Antioquia, pienso en los yarumos. Desde el avión se ven como pinceladas grises en medio del verde intenso del bosque. Me hacen recordar los brochazos rápidos de rojo que Velásquez le puso a las meninas, solo que de color plata. Me gustan los yarumos, me gusta como reflejan el cielo cuando el avión atraviesa la cordillera, como saludan al sol, brillantes y emotivos, así como los ojos de mi hija Isabel, cuando me abre la puerta.

IX

Hay una paz que no te puede dar ninguna religión, una plenitud espiritual que no te puede dar ningún mantra del yoga, una fe en el universo que no te puede dar ninguna cosmogonía, una placidez que no te puede dar ningún spa. Ocurre los fines de semana en la madrugada, después de un sueño ligero, cuando tu hija entra a la casa y te dice: ya llegué.

X

La palabra papa viene del quechua y hace referencia a la papa andina, sin embargo, un tubérculo dulce de aspecto parecido era llamado batata por los tainos de la isla La Española. Como los europeos no distinguían la una de la otra, terminaron mezclando los términos y diciéndoles patatas a las papas. En muisca, la palabra para papa es turma, aun en algunas partes del altiplano, les dicen turmas a las papas y a otro par de partes masculinas que se les parecen.

Cuando era niño y el mundo era más frío, lo que más temían los paperos de Colombia era a las heladas de febrero, cuando las temperaturas al amanecer caían por debajo del punto de congelación. Antes de llegar al colegio que en esa época quedaba en el campo, había un enorme termómetro del Banco de Colombia que marcaba -1 o -2 grados cuando el bus pasaba. La gente no le ponía mucho cuidado al frío y nosotros llegábamos con el mismo saquito y la misma camisa de siempre, al fin y al cabo, a las 10 de la mañana la temperatura ya había subido a 20 grados. Cuando llegábamos, a las 7 de la mañana, la cancha de fútbol estaba blanca por la escarcha, y nos poníamos a jugar hasta que los zapatos y las medias nos quedaban cubiertos de hielo, por lo que, dos horas después cuando la temperatura había subido, siempre teníamos mojados los pies.

La Haya, que es tan húmeda, todos los días amanece cubierta de rocío, y en estos dos días que hizo frío en la madrugada, heló sobre los campos y los techos de los carros, por lo que una fina capa de escarcha lo cubría todo. Así que recordé los buenos tiempos de las madrugadas heladas en Bogotá y, al subir a la bicicleta, recibí la vivificante sensación del viento helado en la cara como en tiempos de mi infancia. Eso sí, toca abrigarse bien, para que no me pase lo de los campesinos colombianos y se me congelen las turmas.

XI

Cuando llegamos a los Campos Elíseos, ya había una marea amarilla a los dos lados de la avenida, muy cerca del podio. El sol picaba un poco, y todavía faltaban por lo menos tres horas para que empezaran a pasar los ciclistas. Nos paramos junto a unos amigos colombianos, y Valeria se sentó en una sillita que alguien había puesto, para que la gente tuviera donde sentarse mientras pasaba el rato. Casi una hora después, empezó a pasar la caravana publicitaria y poco a poco se nos fue volando el tiempo, mientras hacíamos amigos y yo estaba atento por si mis hijas mostraban algún signo de cansancio. Cuando empezó a pasar el lote, ya después de las 8 de la tarde, entendimos todos la fugacidad del placer y su contraste con la larga espera. Esa mancha multicolor serpenteaba a 60 kilómetros por hora, pero para nosotros solo existía la camiseta amarilla que pasaba en los puestos de adelante protegida por su equipo. Ocho veces pasaron de subida hacia el Arco del Triunfo, y ocho veces pasaron de bajada a la Place de la Concorde. Dieciséis veces en que nuestro corazón se aceleró hasta el infinito, dieciséis veces en que escuché la vocecita de Valeria gritando muy quedo, en un grito emocionado que solo escuchaban sus propios oídos: "Egan Bernal, Egan Bernal". Cuando terminó la etapa y todo estaba consumado, nos dejamos llevar por la emoción de los miles que nos rodeaban, y sentimos una embriaguez muy vieja, como si viniera desde el fondo de los tiempos. Desde donde estábamos, el podio se veía muy poco, y se oía aún menos, pero no importaba, estábamos allí solamente para poder contarlo, porque la soledad panóptica de la tecnología que nos permite verlo todo sin participar, no se compara con la emoción del que está ahí metido entre la masa, sin ver casi nada distinto a lo que su corazón le muestra, allí, justo en esa esquina que 75 años antes vio desfilar a los republicanos españoles que liberaron a París, o que 51 años atrás, vio a los jóvenes de mayo, reclamar para el mundo todas las utopías. Allí en ese lugar, estábamos viviendo nosotros, la gente de amarillo, nuestra pequeña utopía. Allí, justo después de llorar el himno, ese que nos promete que algún día cesará la horrible noche, justo después de que nosotros, tercos, volvimos a pensar que sí, que algún día la vida va a ganarle la partida al odio, allí después de casi seis horas de espera, mi pequeña hija se me acercó al oído y susurrando me preguntó si estaba feliz, a lo cual yo le respondí que sí.

- Que bien, me contestó, porque todos vinimos aquí contigo para cumplir tu sueño.

En ese momento, lo comprendí todo: en qué lugar estaban mi podio y mi Tour de Francia.

DE SENECTUTE

I

El barrio Laureles en Medellín es un lugar de andenes amplios y grandes casas solariegas de mediados del siglo pasado, que poco a poco han sido reemplazadas por grandes torres de apartamentos. Sus calles se alinean en hermosas alamedas de frondosos árboles, por entre cuyas hojas se filtran haces de luz solar que lastiman menos gracias a la sombra bienhechora de la vegetación. Si a mí me lo preguntan diría que es el lugar más hermoso de toda la ciudad y el sector más agradable para caminar.

Hace unos 7 u 8 años estaba yo caminando por allí, al mediodía. Iba bastante relajado y en mi mochila cargaba el computador con toda la información de mi trabajo, así como mi información personal sin back up, incluyendo las fotos y videos de mis hijas. Era un mediodía de esos en los que da gusto caminar por la ciudad, y mientras disfrutaba de la caminata por una calle solitaria, me distraje lo suficiente como para no darme cuenta de que un muchacho muy alto y acuerpado cruzó la calle con paso firme y decidido a cortarme el paso. Cuando me percaté de que estaba a punto de ser atracado, ya no tenía escapatoria, era muy tarde para devolverme o para huir, o para tratar de meterme en algún edificio. En cuestión de segundos iba a estar a merced del joven atracador que se dirigía a mí, amenazante y mal encarado. Así que lo único que se me ocurrió hacer fue saludarlo.

-Buenas tardes, señor, le dije con una amplia sonrisa.

El hombre se mostró sorprendido. Aparentemente nunca se había topado con una víctima tan amable, lo cual me hizo pensar que el clima laboral cuando uno se desempeña como atracador no debe ser el más agradable. Me hizo pensar en esas entrevistas de trabajo a las que iba cuando quería trabajar en una firma de abogados, en las cuales me preguntaban si estaba dispuesto a trabajar en un ambiente hostil y bajo altos niveles de estrés. Probablemente, así de dura era la vida laboral del muchacho que estaba a punto de atracarme, aunque quizás le asaltaban menos dilemas morales que a un abogado.

Por un momento, el atracador no supo que hacer, se quedó callado, mirándome con una sonrisa dibujada en los labios, y de repente me dijo:

-¿Sabe qué cucho? Usted me cayó bien, hagamos una cosa, deme dos mil pesos para el almuerzo y dejemos así.

La verdad, pensé que el hombre estaba haciendo un mal negocio, porque con dos mil pesos no le iba a alcanzar para almorzar, pero tampoco era cosa de irle

47

abriendo los ojos a la contraparte en una negociación, eso está en el abc de la profesión de abogado. Una vez le entregué los dos mil pesos, me despedí de él deseándole muy buena tarde.

-Gracias cucho, le deseo lo mismo, me dijo el atracador con una sonrisa amplia.

"Más cucha será su madre", le dije mentalmente, mientras le devolvía la sonrisa y lo miraba desaparecer a paso veloz por entre los árboles.

II

Algunas conclusiones después de mi primer examen de próstata:

1. He estado buscando la felicidad del lado de mi anatomía que me gusta más.

2. Cuando un médico dice "una leve incomodidad", significa un dolor ni el hijueputa. Aunque tal vez el médico dijo la verdad, creo que él sintió una leve incomodidad.

3. Si de verdad el mundo fuera fruto de un Diseño Inteligente, seguramente Dios habría creado los dedos de los urólogos un poco más delgados.

4. Creo que nos faltó comunicación, si me hubiera preguntado antes, yo le habría dicho dónde estaba mi próstata y así él no habría tenido que escarbar tanto.

5. Me pregunto si él quedó pensando en mí, tanto como yo quedé pensando en él.

III

Mi papá era un viejo bigotón. Entonces, cada vez que paso unos días sin afeitarme y me miro al espejo no veo mi cara, sino la de mi papá con las mismas canas y arrugas. Verme al espejo así, es como si mi papá viniera a saludarme de ultratumba. Soy el espectro de mi propio padre.

DE SENECTUTE Y DE AMICITIA

I

Un día, después de viejo, entendí que el ángel de la guarda son los amigos.

DEL AMOR

I

A las personas les gustan esas historias de amor tortuosas, donde los amantes dan la vuelta mil veces y después se encuentran. 'El amor en los tiempos del cólera' es, en buena medida, el melodrama latinoamericano llevado hasta sus últimas consecuencias. Entonces, el amor verdadero es el amor de cierre, el que junta a los dos protagonistas de la telenovela. No importa que, en realidad sea un amor casi siempre machista y bastante miserable, tampoco importa que la protagonista haya sido más feliz o haya estado más en paz con un fulano bastante más respetuoso de su individualidad que el cafre machista al que está predestinada. Docenas de veces me pregunté por qué Topacio no se casó con el doctorcito, y en cambio terminó con el atorrante de Jorge Luis o por qué Betty prefirió a un inepto de comportamiento delincuencial como don Armando, en vez de quedarse con el francés que la amaba genuinamente.

Tal vez por eso, durante muchos años, pensábamos que mi papá era el amor de la vida de mi mamá. Al fin y al cabo, mi papá era un hombre machista pero detallista, mujeriego pero buen bailarín, irresponsable pero divertido. Habría sido un buen galán de telenovelas. Sin embargo, ahora que han pasado los años, hemos descubierto que el amor de la vida de mi mamá es Benjamín el novio anterior a mi papá, y que mis hermanos y yo nacimos por culpa de una serie de circunstancias desafortunadas que los separaron antes de nacer nosotros, pero que después de sus respectivos divorcios, volvieron a estar juntos, y ahora son una pareja más estable que muchos matrimonios.

Cuando mi mamá empezó a salir con Benjamín, nos dijo que era experto en artes marciales, así que nos imaginábamos a Benjamín como una especie de Bruce Lee, frenético e invencible, o como Jackie Chan, atlético, acrobático y cómico, o tal vez era Kwai Chang Caine, letal pero sabio y lleno de proverbios, quizás cuando se dirigiera a nosotros nos llamaría 'pequeños saltamontes', o acaso sería como el señor Miyagi, y nos pondría a lavarle el carro para aprender karate. Finalmente, un día mi mamá nos llevó a una exhibición de Benjamín y sus compañeros de clase en el parque, y resultó que practicaban Tai Chi Chuán, que es una especie de arte marcial en cámara lenta, y qué seguramente sería muy útil para defenderse si un día los humanos entráramos en guerra con un ejército de osos perezosos. Así es Benjamín, un tipo parsimonioso, predecible, responsable y bueno del que nunca se enamoraría la muchacha de la telenovela, pero es el que uno quiere como padrastro.

50

II

Cuando conocí a Jana estaba un poco averiado. La mamá de mi hija Isabel se la había llevado para Medellín, y me encontraba en tal estado de estupor y de orfandad, que yo trataba de conjurarlo viajando por carretera a visitarla con tanta frecuencia, que los paramilitares que hacían retén en Puerto Boyacá, ya me saludaban por el nombre.

Cuando empezó mi relación con Jana, adquirimos la costumbre de que todos los sábados a las 8 de la mañana, Camila, que apenas iba a cumplir once años, timbraba en mi casa y yo la llevaba a su clase de Teatro. Llevaríamos cinco o seis semanas en esta rutina, cuando un viernes Jana y yo tuvimos una pelea épica. Fue una discusión prolongada, tediosa y absurda, con largas escenas en cámara lenta, como en esas luchas propias de las series animadas japonesas, interminables como una carrera de Oliver Atom en Supercampeones, tan larga que se puede vislumbrar la curvatura de la Tierra. Después de una interminable e infructuosa discusión, nos fuimos a dormir bravos, como se estila entre los novios.

Yo, que era joven e inexperto, asumí que al día siguiente no tendría que despertarme temprano, y que Jana, haciendo gala del mismo orgullo indoblegable de la noche anterior, ese sábado llevaría a Camila a su clase de Teatro. Así que, al día siguiente, el timbre me tomó por sorpresa mientras todavía dormía. Me levanté confuso y aturdido, y en tanto que caminaba hacia la puerta, no entendía nada. ¿No se suponía que estábamos bravos? ¿Acaso no estábamos prácticamente terminados? ¿Acaso no había oído bien y Jana no se había ido por su lado? Cuando abrí, estaba allí Camila, menuda y hermosa, con esa sonrisa amplia con la que después descubrí que siempre se despierta, con esa mirada que calma todas mis pesadumbres, y en ese momento de epifanía lo comprendí todo. Comprendí para qué estaba yo en este mundo, comprendí cómo funcionaba el universo, comprendí por qué carajos el sol es tan terco de iluminar nuestros días todas las mañanas, comprendí por qué la vida se empecina en quebrar la soberana tiranía que imponen las tinieblas, comprendí por qué el amor siempre es más fuerte que la rabia. Estaba allí, con su mochilita colgada a las espaldas, la hija que esperaba por mí, para enseñarme a ser padre.

III

Yo no soy un amante de los perros, sin embargo, terminé viviendo con Tommy. Tommy vivía con mi esposa, antes de casarnos y al final terminó pasando más tiempo conmigo que con ella. La verdad no era un buen perro de esos que salen en los videos virales acometiendo hazañas. Por el contrario, era molesto y gruñón, y mordió a varios vecinos, y nunca supo hacer ningún truco; a pesar de años de educación y de miles de pesos de escuela, tenía la mala costumbre

51

de orinarse por todas partes, en las patas de las camas, en las bibliotecas, en las mesas, en los libros. Finalmente, el veterinario recomendó castrarlo.

La castración no fue muy efectiva en cuanto a la agresividad del perro, siguió mordiendo a los vecinos, y a mi hija pequeña la mordía por lo menos una vez a la semana; pero, de otro lado, ya no se orinaba en todas partes, y ya podía uno tener la tranquilidad de que, si se quedaba una revista en el suelo, no la iba a encontrar convertida en un caldo de tinta corrida y desechos mingitorios.

La cirugía me tenía indiferente, hasta que llegó el día de la intervención. La veterinaria, que debía caparlo, nos miró y nos dijo: -Tienen que pensar que esto que están haciendo es un acto de amor.

En ese momento, fui consciente de lo que le iban a hacer al pobre Tommy y empecé a sentir un fuerte dolor en los testículos. ¿Cómo es posible que alguien realmente piense que castrar a alguien sea un acto de amor?

Solo espero que mi mujer nunca llegue a quererme tanto como quiere a mi perro.

IV

Siendo adolescente, quería ser un escritor viajero y aventurero como Hemingway. Pero con el tiempo ya no fui escritor, y terminé viajando desde mi biblioteca como Verne, en un viaje más geográfico que intelectual, porque nunca podré tener la erudición de Borges, que viajaba en el tiempo y en el espacio de biblioteca en biblioteca. Pero después descubrí que los libros no me hacían viajar, sino que eran más bien, una anticipación, una promesa de viaje. Cuando después de viejo pude hacer algunos viajes, descubrí, además, que necesitaba haber leído de un lugar antes de conocerlo, porque la sensibilidad de mi corazón estaba sujeta a la sensibilidad de mi cerebro, de modo que sin anticipación no podía conocer el asombro.

Esto quiere decir que, en el fondo soy perfectamente vulgar, como esos turistas que hacen la excursión para conocer 25 ciudades en 14 días, para sacarse la misma foto que aparece en todas las revistas de viajes y que se emocionan con los libros de Dan Brown, porque las locaciones para sus tramas parecen el catálogo de un operador de turismo. Así que me imagino que no soy el único que ha establecido esa relación entre el leer y el querer ir.

En una entrevista que le hicieron a García Márquez, una periodista le preguntó qué era lo que más deseaba y él le contestó que no quería morir nunca. La periodista le replicó con un cliché, diciéndole que él seguiría viviendo eternamente a través de sus libros, a lo que Gabo le contestó: "- Eso es como querer viajar a Europa y solo poder mandar las maletas".

Después de ver esa entrevista entendí porque es tan común la relación metafórica que existe entre el viaje y la trascendencia. Por eso para mí, al viajar, mi objetivo no era conocer, sino reconocer, porque al reconocer el lugar tantas veces imaginado, lo estoy entendiendo en toda la dimensión humana de quienes lo construyeron y de quienes lo habitaron antes de que yo pasara por allí. Y fue con la metáfora del viaje que también pude comprender el alcance de la trascendencia que tiene el amor de un padre. Cuando en 2015, Camila viajó a Montpellier para empezar a estudiar, entendí entonces que había otra forma de viajar: de la mano de nuestros hijos, los emisarios que mandamos a ese futuro que no veremos.

V

Empezando el semestre apareció un ladrón en la cocina. La Universidad tiene una cocina con una nevera en la que la gente puede guardar su almuerzo, y un enorme microondas para calentarlo. Pero la gente empezó a encontrar que alguien se estaba comiendo sus almuerzos. En algunos casos, incluso la coca del almuerzo desaparecía. La maldición es un patrimonio del género humano, así que, en el chat de la universidad, el ladrón empezó a ser denostado por todos sin distingo de religión o creencias políticas. Lo maldijeron los hindúes, y los budistas, y los cristianos y los musulmanes y hasta los marxistas. Que el karma existe y algún día te va a alcanzar, decían los unos, que recibirás el castigo de Dios, decían los otros, que estas son actitudes lumpen proletarias que no contribuyen al desarrollo dialéctico del proceso histórico, decían los de más acá. En la cocina pusieron un tablero, en el cual la gente podía expresar lo que pensaban sobre el particular. Que el que no cocina que no coma, escribieron. La comida para el que la trabaje, pusieron. La propiedad es el robo, como decía Rousseau, expresó algún otro. Exigimos la colectivización de los medios de cocción, escribió un cuarto. Alguien propuso poner cámaras de vigilancia en la cocina y una cámara oculta en el bombillo de la nevera, seguramente algún hermano mayor. Jon, el conserje holandés de la Universidad decidió que lo más práctico era cerrar la cocina si continuaban los robos. Pareces un marido cornudo que quiere vender el sofá, Jon. Le escribió alguien sabio. A estas alturas, tantas maldiciones y gritos no habían impedido que continuaran los robos.

Finalmente, Fizza, nuestra compañera paquistaní escribió que ella había decidido creer de todo corazón en la buena fe del ladrón. "Creo que si roba es porque tiene hambre y no tiene qué comer", así que se ofreció a dejar todos los días en la nevera, una porción de comida, para que la persona pudiera comer, sin tener que robarle a nadie. Varios siguieron su ejemplo y empezaron a dejar voluntariamente porciones de comida en la nevera, para los que no hubieran podido almorzar por falta de plata o de tiempo. En algunos casos, lo que hay en el banco de comida se ve tan bien, que dan ganas de no comerse lo que uno trajo. Sobra decir que, desde que Fizza puso la primera comida en la nevera, desaparecieron los robos. Hay gente así, como Fizza, que no celebra la Navidad, pero cree que la Navidad debería ser todos los días.

VI

Mi mamá me enseñó a leer cuando tenía 5 años. Al hacerlo me enseñó también que amar a alguien es entregarle una llave para que abra todas las puertas.

***

Camila tenía diez años cuando me enseñó que los hijos no vienen de París, vienen de las profundas pulsiones del espíritu.

***

Me pregunta el médico ayer: señor, ¿tiene usted una pareja estable? Pues a veces, porque cuando está de mal genio me parece que mi pareja es bastante inestable.

***

Es verdad que casarse y, sobre todo, tener hijos termina aislándolo a uno. Yo, por ejemplo, estoy convertido en una isla, algo así como un trozo de felicidad, rodeado de belleza por todas partes.

***

Hace un par de años, una pareja muy querida estuvo comiendo con nosotros. Llevaban más de 40 años de casados, y de repente uno de ellos dijo: Me demoré más de 30 años en entender que el secreto de mi propia felicidad, radicaba en no joder.

DEL AMOR DE DIOS

I

En 1978, un niño de tercero murió. No lo conocí, ni lo vi nunca, pero no se hablaba de nada más en el colegio. Al parecer, Plauto dijo que los amados de los dioses mueren jóvenes. No sé si la hermana Camila había leído a Plauto, pero cuando le preguntamos por qué si Dios era infinitamente bueno, había permitido que aquel niño muriera, nos respondió con algo parecido:

- Cuando Dios ama mucho a un niño, lo llama pronto a estar con Él y lo convierte en angelito.

Algunos hicieron preguntas adicionales que no recuerdo, y luego la hermana Camila nos pidió que rezáramos en silencio, en memoria del niño muerto. Lourdes Valencia que se encontraba a mi lado, y que siempre tenía problemas para permanecer callada o quieta, se me acercó y me preguntó susurrando qué le estaba pidiendo a Dios en ese momento. Yo le contesté un poco avergonzado:

-Le estoy pidiendo que no me quiera tanto.

II

Nuestro vecino de al lado era el doctor Pinilla. Cuando hablaba, sus manos gruesas se cruzaban sobre su abdomen henchido, y parecía estar a punto de dictar los versos de algún oráculo. El doctor Pinilla se sentía atraído hacia la abundancia, compensando con ello las privaciones que había sufrido en la universidad, y por eso se había enamorado de nuestra vecina doña Elvira que era abundante en carnes y emociones y que llenaba con su escandalera los recintos por los que entraba, generalmente sin permiso, como si viviera en un mundo de puertas abiertas. La historia de sus padecimientos era una que le agradaba contar. Es cierto que cada vez que la narraba solía soltar algunas lágrimas, pero era evidente que cada día que había pasado de ayuno era como una medalla, como un galón que se ponía en el pecho, para recordarnos a todos que su férrea voluntad lo había forjado solo, y que nadie podía venir a prohibirle ahora que se atosigara de banquetes diarios, ni siquiera otro médico que le había diagnosticado una diabetes, porque al fin y al cabo, se había ganado el derecho de comer lo que quisiera y cuanto quisiera. Pobre y de origen campesino, había vivido en casa de una prima que pronto lo sacó a la calle para siempre, y él empezó a estudiar y dormir en un billar sin probar un solo trozo de comida, hasta que después de unos días no pudo hacer nada más que desmayarse, por lo que los amigos decidieron turnarse diariamente la invitación a almorzar, arreglando con ello la comida de lunes a viernes, pero dejando en entredicho el sábado y el domingo, hasta que un amigo, simplemente se lo llevó a su casa y lo acomodó en un cuarto por el resto de la carrera y le regaló vestidos y comida hasta que por fin pudo terminar sus estudios y valerse por sí mismo, y crecer en sabiduría, dignidad y volumen, hasta llegar a ser ese grueso médico medio retirado que más sabía por viejo que por diablo, y que en últimas terminó siendo el médico domiciliario de ese barrio de gente más pobre que acomodada donde pasé mi infancia.

Era común verlo entrar a mi casa a la medianoche con su pequeño maletín médico, a veces incluso en pantuflas y bata, dirigiéndose al cuarto de mis hermanos, o de mi abuela, o de mi mamá, o algunas veces al cuarto mío, para revisarnos y recetarnos ampolletas que su mujer enfermera nos aplicaba en las nalgas con placer en medio de una risa expansiva, que ocultaba nuestros gemidos de niños inyectados en la madrugada. Llegó un momento en el que nos conocía tanto que nos diagnosticaba por teléfono, de modo que lo único que había que hacer era toser un poco por el auricular para que él supiera exactamente lo que tenía que recetar.

Un día el doctor Pinilla decidió que no le bastaba con curar los cuerpos, y empezó a preocuparse por las almas, y al pequeño maletín de visitas le añadió una Biblia negra de bolsillo que se acomodaba mal al lado del estetoscopio, y luego de la revisión, justo y antes de la receta, empezó a intercalar grandes peroratas acerca de la salvación, y el sacrificio de Cristo, y la gracia, y la iluminación, y la condenación eterna para los pecadores. En poco tiempo, nos habíamos acostumbrado a su prédica y a sus oraciones, y las recibíamos con la misma naturalidad y resignación con la que los pacientes de la antigüedad solían recibir de sus médicos una receta de rezos al lado de la fórmula de yerbas y menjurjes que tenían que consumir.

Con el paso del tiempo se cansó del ateísmo católico de mi mamá y su prédica se fue acortando hasta un lacónico que Dios los bendiga. Sin embargo, cuando llegué a la pubertad, y me empezaron a atacar las fiebres reumáticas y las migrañas, el buen doctor en cada consulta trataba de convencerme de que abandonara el vicio de la masturbación adolescente, que según él tenía un carácter pecaminoso y debilitador, y al cual atribuía mis padecimientos.

Su prédica más memorable fue la primera, justo después de su conversión religiosa. Aunque no la recuerdo, debía parecerse en algo a las 95 tesis que Lutero colgó en la puerta de la iglesia de Wittenberg, porque cuando años después las leí en la universidad, me pareció que eran un recalentado de algo que yo ya había oído en alguna parte. A los ocho años, me tenían sin cuidado la compraventa de indulgencias del papa León X, y el nepotismo eclesiástico y la idolatría de los santos, lo único que viene a mi mente es que los minutos empezaron a volverse pesados, y que, por alguna razón que no comprendo, mi mamá nos impidió huir del lugar, así que las horas nos fueron cayendo lentamente en una especie de letargo vigilante que nos torturaba a mis hermanos y a mí.

La cosa se puso interesante cuando el doctor Pinilla sacó unos casetes de su maletín, los puso en el equipo de sonido, y empezamos a oír en claro acento puertorriqueño, las historias impresionantes de docenas de personas que habían cruzado el umbral de la muerte y habían vuelto para contarlo.

Los ángeles luchando contra los demonios por el alma del difunto, el triunfo final de los ángeles cuando el finado había sido un buen cristiano, y su derrota, cuando no su abandono, cuando el óbito había sido un pecador contumaz, de esos que se pierden entre las perdiciones del mundo. Escenas éstas que son perfectamente reconocibles para cualquiera que haya visto 'Ghost', un bodrio de película con Patrick Swaize y Demi Moore. Ese casete me arruinó la infancia y muchas noches las pasé adivinando si los demonios estaban esperando mi muerte debajo de mi cama o si los ángeles iban a venir por mí a través del techo, lo cual tampoco era muy tranquilizador porque de lo que menos tenía intención era de ser un muerto niño, de esos que enterraban en horribles cajones blancos de pésimo gusto.

Pero el broche final de aquella tarde fue la primicia que traía el Doctor Pinilla. Él, de buena fuente, había podido saber que se acercaba el fin de los tiempos, qué tan cerca estaba preguntó mi abuela, que de pronto había pasado del escepticismo a la risa, es probable que sea a más tardar el próximo 25 de octubre de 1977, según el reverendo William R. Branham, le contestó el doctor sin inmutarse, de la misma manera autorizada con la que nos despachaba sus inyecciones de antibióticos.

Eso no nos daba mucho tiempo, algunas semanas, podría ser mañana o el próximo sábado, de hecho, él había sacado sus propios cálculos y tenía la impresión de que sería unas dos o tres semanas antes de la fecha indicada, no es que quisiera poner en duda la autoridad del pastor, pero un médico tiene experiencia en eso de saber cuánto tiempo le queda a un moribundo, y había que decir que este mundo creado por Dios, parecía estar ya en las etapas últimas de su agonía. A continuación, el doctor Pinilla hizo una vívida descripción de las últimas horas del mundo, los rayos, las bolas de fuego, los terremotos, los abismos abiertos, las llagas, las epidemias, la ceniza, el humo, los cuatro jinetes, los siete ángeles, el arcángel Miguel solazado despanzurrando incrédulos y sodomitas que se veían finalmente alcanzados por la ira divina. En fin, una visión nada tranquilizadora para un infante que no tenía ni idea de lo que era un sodomita. El doctor Pinilla advirtió nuestra cara de terror, porque acto seguido, empezó a contarnos acerca del milenio de los justos, y de cómo, antes de que todo este estropicio tuviera lugar, Dios se encargaría de arrebatar a los suyos, desapareciéndolos de la faz de la Tierra, para que su ira cayera solamente sobre la piel de los pecadores. Ese pedazo no lo entendí bien, así que le pedí al doctor Pinilla que me lo explicara en detalle. Muy sencillo, la señal de que todo va a empezar será el arrebatamiento, es decir, Dios, por medio de sus ángeles, levantará en cuerpo y alma de la faz de la Tierra, a las personas justas para que no tengan que sufrir los tormentos del juicio final. El doctor Pinilla se fue de nuestra casa aquella tarde y me dejó una inquietud terrorífica que se fue disipando o escondiendo a lo largo de los siguientes días.

Unas pocas tardes después, ocurrió lo impensado. Mi mamá se había ido con mis hermanos al dentista, y me había quedado yo solo con mi abuela. A eso de las cinco de la tarde, la televisión dejó de funcionar. Abruptamente el canal se llenó de estrellas, y fue imposible captar ninguna señal, así que apagué el televisor, al instante la luz también se había ido, y vi por la ventana que unas nubes negras amenazadoras de tormenta se asomaban desde los cerros. Bajé al primer piso a comer algo y no encontré a mi abuela, por ninguna parte. De pronto el pánico se apoderó de mí. Me asomé a la calle, y la encontré vacía, ni un alma que la recorriera, ni un carro que pasara a lo lejos, ni una cara asomándose por las ventanas. Me dirigí hacia las ventanas traseras del segundo piso, desde donde se podían ver todos los patios de las casas de la manzana. Tampoco se veía a nadie, ni se oían los gritos o las risas de los niños, solamente podía escucharse el sonido de las sábanas agitándose al viento, como las velas de un gran navío que va a la deriva sin marineros, tal como había visto que pasaba en los barcos fantasmas de las series inglesas de aventuras para niños. En ese momento, no pude sino recapitularlo todo y sacar mis conclusiones. Dios se había llevado a mi abuela, y a mi mamá, y a mis hermanos, y a los señores de la televisión, y a los trabajadores de la Empresa de Energía, y a los que paseaban en la calle, y a los conductores de los carros, y a los que se asomaban por las ventanas, y a las mujeres que tendían la ropa, y a los niños que jugaban en la calle, y a la esposa del doctor Pinilla, ya que yo la había llamado desesperadamente varias veces sin recibir respuesta, y a todo ser viviente a mi alrededor. El arcángel Miguel había decidido que yo no era digno de caminar al lado de Dios durante los siguientes mil años, y ahora estaba solo, esperando que el cielo acabara de cubrirse de nubes, aguardando que empezará del todo el final que se había adelantado algunos días al 25 de octubre de 1977. Quise llorar, pensé en hacerlo, pero decidí que era mejor guardar mis lágrimas para cuando se abriera el abismo. Sin embargo, tenía miedo. Me instalé al frente de una ventana que daba a la calle en el segundo piso, y seguí estupefacto viendo como nada se movía en la calle, y pensé que hubiera preferido no saber nada del fin del mundo. Si nadie me hubiera contado lo que estaba a punto de suceder seguramente no estaría mirando a la calle con tanto terror, como el que seguramente había ahora en mis ojos. Pasó un rato que parecía interminable y comprendí que la eternidad era aterradora. La oscuridad se estaba volviendo casi plena, cuando por la calle vacía apareció el carro del doctor Pinilla que llegaba a su casa. Por un segundo me sentí aliviado. Si el doctor Pinilla andaba por ahí pisando el suelo, era porque el arcángel Miguel no había bajado a la Tierra a llevarse a los suyos, al fin y al cabo, mi vecino era un predicador del evangelio y él tenía derecho a ser uno de los primeros arrebatados. Pero mi tranquilidad desapareció rápidamente, cuando entendí que el arcángel Miguel simplemente no había querido llevarse al doctor Pinilla, para castigarlo por el pecado de haber sembrado en mí este terror, esta opresión en el pecho, esta certeza de que el mundo estaba muriendo.

III

En 1998, el día de difuntos me encontraba en un pueblito mejicano que se llama Mitla. Un niño había muerto, y los deudos celebraban un carnaval triste, tapados con máscaras, bailando unas melodías melancólicas, que querían ser alegres, mientras cargaban el pequeño ataúd blanco. El desfile, mucho más patético de lo que hubieran querido sus protagonistas disfrazados, se demoró un par de minutos en pasar por el frente del café donde estábamos descansando, y siguió su camino rumbo al cementerio, mientras nos seguía llegando el sonido de los cobres que soplaban unos músicos enmascarados que seguían en el cortejo.

Un italiano que estaban con nosotros le preguntó a la guía mexicana por qué cantaban y bailaban con el cadáver del niño y ella le contestó que estaban celebrando porque la virgen y dios estaban felices de recibir a un angelito en el cielo. Yo recordé las palabras de la hermana Camila, y a pesar de que me había vuelto ateo desde hacía más de una década, no pude dejar de susurrarle a Dios:

-Espero que cada vez me quieras menos.

IV

Cuando cumplí 33 años, parece ser que Dios empezó a quererme otra vez, porque me encontraron un tumor en el estómago.

DEL MIEDO A LA MUERTE

I

Mi abuela pasó los últimos años de su vida en un ancianato. Hogar, le decían eufemísticamente las monjas que lo regentaban. El primer piso era un geriátrico para viejitos desprotegidos que se subsidiaba con la pensión que pagaban los viejitos acomodados del segundo piso. Mi abuela fue bastante feliz en ese lugar, que para los pensionistas funcionaba como un resort: viajaban, visitaban museos, tenían terapia ocupacional, sembraban la huerta, y las viejitas católicas como mi abuela iban a misa todos los días.

Una mañana, en que ni mi mamá ni mis hermanos estaban en Bogotá, el médico del hogar me llamó a la oficina y me pidió que fuera con urgencia. El médico me contó que mi abuela había amanecido con ictericia, y que teniendo en cuenta su edad, él no se hacía ninguna ilusión, lo más probable es que tuviera un tumor canceroso en el hígado. El doctor fue muy sincero conmigo y me recomendó que la sacáramos del geriátrico para llevarla a pasar con nosotros sus últimas semanas de vida. Le pregunté si valía la pena que le dijéramos que iba a morir, pero él me dijo que la enfermedad era tan fulminante que probablemente no iba a experimentar ningún sufrimiento, así que lo mejor era dejarla morir sin ningún sobresalto.

Al instante llamé a John Jairo, el marido de mi prima, que en aquella época era dueño de una máquina de resonancia magnética en el Hospital San José y quedamos de vernos al día siguiente para que le hicieran los exámenes de rigor a mi abuela y confirmar el diagnóstico que el médico del geriátrico había hecho, solamente con base en su experiencia de años.

Cuando estuvimos en el hospital, le dijimos a mi abuela que queríamos descartar algo grave, y el radiólogo nos contó que un cálculo renal que había sido asintomático durante años, simplemente había degenerado en un adenocarcinoma, que había bloqueado las vías biliares y había causado la ictericia.

Mi primo y yo le dijimos que lo único que tenía era un cálculo y que la obstrucción de las vías biliares no tenía por qué afectarla más allá de la incomodidad de lucir amarilla como una tira cómica de los Simpson. Antes de aquel día, mi abuela había pasado casi 5 años caminando con la ayuda de un bastón, por lo que se movía y se incorporaba pesadamente, normalmente con la ayuda de alguien. Sin embargo, alguna sospecha debió quedarle de que no le estábamos diciendo la verdad, porque desde ese día abandonó el bastón y caminaba con la soltura y la gracilidad de una mujer mucho más joven, como queriendo dar a entender que no se la iba poner tan fácil a la muerte.

II

Casi un año después de que mi abuela murió de cáncer de hígado, mi tío abuelo fue diagnosticado con cáncer de páncreas. Al igual que mi abuela, su tránsito fue breve y sosegado, de la mano de John Jairo, el esposo de mi prima, aquel Caronte que ni siquiera te pedía una moneda para subir a su barca. El mismo día en que estábamos enterrando a mi tío abuelo, todos extrañamos en el cementerio a Josefina Gómez, la prima amada de mi mamá. Cuando pregunté a uno de sus hermanos donde estaba, me dijo que no había podido venir porque había amanecido con ictericia. Inmediatamente recordé el primer síntoma sufrido por mi abuela, y comprendí que Josefina también iba a morir.

Al igual que mi mamá, Josefina también era maestra, pero había empezado su carrera como monja. Josefina tenía una gran curiosidad intelectual y era una lectora ávida, así que no tenía nada de raro que se enamorara de Noel Olaya, un cura estudioso y rebelde que fue uno de los filólogos más importantes de la historia de Colombia y era una especie de Champollion criollo dedicado a preservar y estudiar las lenguas de los pueblos originarios de la Sierra Nevada de Santa Marta. Cuando la iglesia católica no quiso darles la dispensa para casarse, abandonaron sus hábitos y se instalaron en una hermosa casita que más bien parecía una biblioteca con dormitorio. Durante por lo menos dos años, todos los viernes de 4 a 8, pasé las que tal vez fueron las tardes más productivas de mi vida. Noel, que dominaba 17 idiomas, pero se defendía decentemente en 22, tenía además una cultura enciclopédica, por lo que nunca en mi vida aprendí tanto como en esas tardes que empezaban con mis lecciones de latín y griego, y terminaban con una larga merienda en la que Josefina y Noel, conversaban conmigo hasta que mi curiosidad se agotaba. Todavía tengo presente la voz y la figura de ambos, a pesar de que dejé de verlos hace más de treinta años.

Cuando veo a Angélica Aparicio, la profesora asistente en nuestra clase de Análisis del Discurso, no puedo dejar de pensar en Josefina. Angélica tiene la misma estampa, los mismos ojos, la misma forma serena de hablar. Cuando se expresa, anhelo tener su claridad conceptual, aunque sé que lo de mi cerebro es más la opacidad que otra cosa. Cuando veo y oigo a Angélica, siento que la parte del universo que desapareció cuando Josefina murió, nuevamente está completa, y me invade una especie de placidez triste, como si de verdad el tiempo fuera recobrable.

Mi mamá había querido que fuera a visitarla antes de morir, pero nunca me sentí capaz, quería guardar el recuerdo de la Josefina alegre que creía que iba a vivir por mucho tiempo. Ocho días antes de morir, hablé con ella por teléfono, le dije que la quería mucho, pero nunca le dije que la iba a extrañar, porque me imagino que esas cosas no se le dicen a un moribundo. El día en que el médico me informó de mi propio tumor, fue el mismo día en que Josefina murió, me pareció una desagradable coincidencia y me hizo recordar lo que le había pasado

61

a ella cuando murió mi tío abuelo. Al día siguiente y luego de una conversación con John Jairo había llegado a la conclusión errada de que tenían cáncer linfático, así que cuando llegué a la funeraria, creí que existía una verdadera posibilidad de que yo fuera el siguiente. Estuve no más de 5 o 10 minutos en la funeraria y no tuve el valor de estar más tiempo, ni de volver al día siguiente para acompañar el sepelio. Mi mamá me llamó para preguntarme por qué no me había aparecido en el cortejo, pero yo le oculté la ordalía por la que estaba pasando, y solamente le pude decir que no había ido, porque me sentía un poco pendejo.

III

El médico me explicó que se trataba de un linfoma malt de bajo grado ocasionado por una bacteria, la helicobacter pylori, y que, si todo salía bien, podrían erradicarlo de mi estómago solo con antibióticos. No obstante, para confirmar el diagnóstico y descartar un cáncer linfático, tenían que hacerme una serie de exámenes, incluyendo una tomografía de cuerpo entero, exámenes de sangre y una biopsia de medula ósea. Ese mismo viernes el médico me entregó unas muestras del tumor para que las llevara a la ventanilla de patología del Hospital San Ignacio, con el fin de que el patólogo confirmara detalladamente la naturaleza del tumor y excluyera algo más grave. El laboratorio de patología quedaba en un lugar recóndito, y a él se llegaba después de recorrer un laberinto de corredores y puertas. Al llegar, descubrí que la ventanilla de patología donde tenía que entregar las muestras quedaba en el mismo corredor estrecho donde al final del pasillo estaba la puerta de entrada a la morgue.

Era la tercera vez que descubría que en los hospitales el camino a la morgue es el más lejano a los lugares donde hay un alto flujo de público. Cuando se visita el Asclepeión de Pérgamo, el sanatorio donde se educó Galeno, se descubre que la muerte estaba oculta por completo de la vista de los pacientes, los que morían no eran declarados muertos sino curados, y se les retiraba discretamente de la vista de los otros enfermos. Lo mismo pasa en los hospitales. Cuando murió la abuela de mi primera esposa nos encerraron con el cadáver en un salón frío en un semisótano lejos de la vista de todo el mundo, por no hablar de cuando murió mi abuela, y la morgue quedaba en un sótano en el parqueadero de los médicos, bien apartada de la vista de los visitantes. Cuando muere alguien en un hospital, los familiares del difunto son apartados discretamente, en una especie de división dantesca. Algo así del tipo, venid vosotros, los que perdéis toda esperanza. Por favor no permanezcan en el pasillo con los que todavía tienen alguna ilusión, por acá, por favor, desaparezcan ustedes por este ascensor, les presento a Caronte, nuestro ascensorista, él los acompañará en los trámites que siguen. He estado cuatro veces en esta situación, en hospitales distintos, y en todos ellos, sucede lo mismo, nadie quiere hacer público el hecho de que llega un momento en que el conocimiento médico encuentra sus límites, la muerte del paciente es la derrota inapelable de la razón.

Digamos que resulta natural que en un hospital universitario el laboratorio de patología quede justo al lado de la morgue, pero no era muy halagüeño para aquellos que, como yo, estábamos recién notificados de la presencia de un tumor, ese pequeño portal a la muerte. La ventanilla para entregar las muestras del tumor estaba escondida en un pequeño nicho de unos cuarenta centímetros de profundidad que se abría a la derecha del corredor, justo donde empezaba el estrecho acceso que daba directo a la morgue. Como no quería ver le puerta de la morgue con el ominoso aviso fluorescente sobre el marco, decidí meterme lo más que pude en aquel nicho, y entregarle mis muestras al funcionario que allí atendía. Este recogió las muestras y me pidió que lo esperara un poco mientras tramitaba el tubo de ensayo. Así que se retiró y me dejó solo allí, mientras yo me atrincheraba lo más posible en el nicho para no tener que volver a ver el aviso del depósito de cadáveres, mientras me preguntaba si estaría construido como un anfiteatro, con los asientos de los estudiantes rodeando la mesa del cadáver, y el profesor haciendo la disección pública como en las lecciones de anatomía de la pintura holandesa.

Mientras estaba allí, oculto, pude oír el ruido de las ruedas de una camilla que se acercaba, y desde mi trinchera pude ver los pies cubiertos por una sábana de un cuerpo que alguien conducía hacia la morgue. El camillero no podía verme, pero yo sí podía ver la camilla; cuando el difunto estuvo a la altura del nicho en el que yo estaba agazapado, el camillero al parecer recordó algo que había olvidado porque emitió un chillido de contrariedad, abandonó la camilla justo en ese lugar y escuché sus pasos que daban la vuelta y se alejaban. Así que quedé atrapado en mi pequeño nicho, entre la ventanilla de patología y la camilla con el cadáver que cubría la salida y me cortaba el paso.

Durante varios minutos, dos o cinco, no puedo saberlo, estuvimos allí los dos, el difunto o la difunta y yo, el uno al lado del otro, preguntándome, si pronto sería mi turno de estar en esa camilla. El momento fue más incómodo y absurdo que aterrador, pero en ese lugar, por primera vez, a mis 33 años, había descubierto la certeza de mi propia mortalidad. Cuando volvió el camillero, me miró sin decirme nada, y siguió su camino con el cuerpo, y entonces me distraje con el dependiente de patología que volvió para entregarme una constancia con la que podía reclamar el resultado una semana después.

Pensé que, si Dios existiera, quizás me habría preparado una broma macabra con ese cadáver desconocido que me había trancado el paso y era el heraldo de mi propio futuro. Hubiera querido hablar con Él como hacen los creyentes para poder decirle:

-¡No güevón, sea serio!

IV

En el museo del Banco de la República en Bogotá, hay un célebre pabellón que es el salón de las monjas muertas. Allí se encuentran los retratos al óleo de las madres superioras de la Inmaculada Concepción que eran retratadas justo al momento de su muerte, coronadas de rosas. La costumbre era pintarlas luego de fallecer, porque se creía que pintarlas en vida era exceso de vanidad, y además porque el momento más feliz de un mortal era el momento en que iba a encontrarse con su creador. Crecí en un país y en un entorno barroco, y por eso, aun me sigue impresionando la relación del barroco hispánico con la muerte, esa obsesión, por ejemplo, de Zurbarán con el martirio o ese gusto suyo por los monjes pálidos y las calaveras que acompañan los retratos de vanidades, interpelando a la muerte como momento supremo de la vida humana, al fin y al cabo, el barroco hispánico era un mundo donde las vidas estaban pensadas para morir, no para ser vividas. Los libros del *ars moriendi*, tan propios del barroco español, convierten al buen morir en un arte, lleno de rituales y significados.

A partir del siglo XX, el clérigo fue sustituido por el médico junto al moribundo en el arte del buen morir. John Jairo Hernández, el esposo de mi prima, era uno de esos médicos que asumieron la tarea de asegurar el buen morir de los moribundos como un apostolado. Experto en dolor y medicina paliativa, su misión era la de acompañar a los enfermos terminales en el tránsito hacia la muerte. Yo siempre me pregunté, en qué medida podía verse afectada su visión del mundo, al convertirse en uno de los pocos médicos que tenían la certeza de que ninguno de sus pacientes iba a sobrevivir. Él fue quien acompañó a mi abuela y a mi papá en sus últimos momentos y al verlo con ellos sentí que llevaba a cabo un enorme sacrificio personal al hacer su trabajo. ¿Qué tan sombría se puede volver la esperanza de un hombre cuya misión es acompañar a los otros a que mueran de la manera más humana?

El mismo viernes en que me informaron del tumor y luego de estar un poco más calmado, decidí llamarlo por la noche, para contarle lo que me había pasado. Y más que el tumor mismo, fueron sus palabras las que convirtieron mi experiencia en algo digno de recordar. Cuando yo le comenté que mi tumor podía ser erradicado con antibióticos, su voz adquirió un aire escéptico y me dijo que no conocía de ningún tumor que pudiera ser vencido con el simple efecto de unos antibióticos, por lo que él conjeturaba que el médico que me estaba tratando, estaba intentando prepararme poco a poco para una verdad mucho más incómoda. De hecho, me dijo que lo mejor era empezar a asumir lo que sería un largo e incierto proceso de quimioterapia y me deseó la mejor de las suertes, mientras lo lamentaba mucho.

Cuando colgué, mi ánimo había cambiado diametralmente. De la relativa tranquilidad que me había dado el gastroenterólogo, pasé a la certeza de que me encontraba en una situación de vida o muerte. El fin de semana se me hizo largo y denso. Como no quería alarmar a nadie más, sin tener una certeza mayor, la única persona que sabía de aquello era mi segunda esposa. Durante esas tres noches, no pude conciliar el sueño, el cansancio me vencía apenas cuando llegaba la madrugada. Luisa, alternativamente, me acompañaba y dormía por raticos.

El tiempo se arrastraba y lo único que me salvaba de una angustia tediosa era el mundial de fútbol en Japón y Corea, cuyos partidos transmitían entre la 1 y las 6 de la mañana. El lunes llegué temprano a la oficina, completamente trasnochado y lo primero que hice fue llamar al gastroenterólogo y preguntarle si lo que me había insinuado mi primo era verdad y me estaba endulzando el oído para después darme le peor de las noticias. Visiblemente molesto, el doctor Rodríguez Varón me preguntó si sabía leer en inglés y me citó 30 minutos después en su consultorio de la universidad. Allí me encerró en una biblioteca con tres artículos científicos recientemente publicados y me puso a leerlos durante una hora. Cuando volvió, yo ya había confirmado lo que él me había dicho el viernes anterior. Se sentó, me dijo que la próxima vez que no confiara en su criterio se negaría a seguir siendo mi médico y como notó que las matemáticas me tranquilizaban, compartió conmigo una serie de estadísticas sobre la epidemiología del tumor, así como acerca de los tumores linfáticos más severos.

En el siguiente mes, no era capaz de dormir en las noches, así que pude ver en directo todos los partidos del mundial de fútbol, fueron semanas en las que mi cuerpo tomó absoluto control de mi vida, y los médicos, a su vez, tomaron absoluto control de mi cuerpo: me pincharon, me tomaron, me sobijaron, me filmaron, me introdujeron tubos por la boca, me pusieron de ratón de laboratorio ante un grupo de estudiantes, me punzaron, me sacaron un pedazo de hueso, y me hicieron comprender que los seres humanos tienen una infinita capacidad de adaptarse el sufrimiento. Luego de seis semanas, un cóctel de antibióticos y tres endoscopias, mi tumor estaba erradicado y no había rastros de cáncer linfático. Nunca supe si a lo que tuve se le puede llamar cáncer, si era una especie de cáncer benigno o algo distinto, pero lo cierto es que cada vez que iba a control a donde el doctor Rodríguez durante los 15 siguientes años, se ponía de pie y me felicitaba por mi buena suerte, porque mi tumor se había descubierto a tiempo, y además había terminado en el consultorio del único médico en Bogotá que, en aquella época, sabía qué hacer con él, sin extirparme el estómago.

Al final de las seis semanas, estaba agotado y feliz, pero la ilusión vana de la inmortalidad con la que todos nacemos había desaparecido para siempre. Por primera vez tuve la certeza tangible de que estaba muriendo y de que mi cuerpo, en alianza con el tiempo, eran mis mayores asesinos. No sabía cuánto podría durar esa agonía, si dos días o sesenta años, pero a diferencia de muchos, todos los días del resto de mi vida, despertaría sabiendo que mi cerebro era una casualidad efímera, que mi corazón tan dado a los excesos amorosos no era más que un fuego fatuo y que, sin importar si era culpable o inocente, estaba condenado a muerte.

V

Saber que estás condenado a muerte, te quita todos los miedos, o te los reacomoda, o simplemente te demuestra que todos los demás miedos, salvo el miedo a perder a tus hijos, son de poca monta.

DE LA COBARDÍA O EL VALOR, NO SABRÍA DECIRLO

I

Creo que desde que era muy pequeño, se hizo evidente que mi miedo al dolor y a la muerte eran más fuertes que mi amor por la vida. No en vano, en mi vida de abogado, siempre he buscado con más ahínco la tranquilidad y la paz, que la justicia.

Cuando recién era un párvulo y entré a estudiar al kínder, venía de una vida llena de mimos de primas y abuelas, sin que jamás por mi cabeza hubiera imaginado la existencia de las relaciones violentas que suelen tener los niños entre sí. Mi aproximación mayor a la violencia la encontraba en las películas que pasaban en la televisión, pero, a decir verdad, no le prestaba mucha atención, ya que prefería la vida galana de los mujeriegos empedernidos de las series policiacas. De hecho, la primera vez que vi una niña de cerca, a eso de las ocho de la mañana del primer día de clases, mi primer impulso fue saltar sobre ella y besuquearla con la torpeza propia de mis cuatro años. En aquellos tiempos debía tener un secreto encanto que hoy he perdido, porque recuerdo que, en mi inocente promiscuidad del kindergarten, no sufrí mayores rechazos y recorrí alegremente los labios azucarados de casi todas las niñas de mi salón de clases.

Mi pequeño edén infantil terminó, cuando la monja que nos hacía incursionar en los severos caminos de Dios me llamó aparte un día, me puso de presente las implicaciones de mi desenfreno y me resaltó la importancia de la responsabilidad, en cuestiones de amor. Convencido entonces, de que, a tan temprana edad, no podía yo cargar con el pesado fardo de amar a tantas niñas, decidí postergar por unos quince años, el desarrollo de mi carrera como Casanova, que con tan prometedor talento había empezado.

Desafortunadamente, mis primeras incursiones en el mundo masculino no fueron tan placenteras y promisorias. En efecto, por alguna razón atávica que nunca pude conocer, en aquél lugar se acostumbraba a efectuar una interesante ceremonia de iniciación, en virtud de la cual los niños de transición apaleaban rutinariamente a los niños del kínder a manera de bienvenida, una bienvenida tan cálida que al parecer duraba todo el año, porque en el curso de las dos primeras semanas sufrí una serie de palizas constantes que representaban un doloroso contraste frente a las agresiones besuconas del lado femenino de mi pequeño mundo.

A pesar de que, por razones obvias, desconocía los meandros del darwinismo social, que tan en boga estuvo en el mundo decimonónico del que hacían parte las monjas del colegio, desarrollé un interesante proceso adaptativo que me permitió evitar la violencia a partir de la tercera semana de clases. Fue así como descubrí que los pequeños monstruos de transición, tan dados a la violencia cuando andaban en grupo, podían ser amistosos e incluso agradables cuando se encontraban solos. Así, tuve la buena fortuna de conseguir un par de amigos del curso más alto, con quienes compartía las horas del recreo, que desde entonces se volvieron tranquilas. Lo primero que hacía al comenzar el recreo, era abandonar a mis amigos del kínder y correr a encontrarme con mis amigos de transición que me servía a la vez de compañía y parapeto.

Debo reconocer que tuve que pagar un precio moral por aquel sosiego, y era que ocasionalmente me veía obligado a acompañar a mis nuevos amigos en sus ataques contra mis compañeros de curso. Por supuesto, nunca participé en aquellas refriegas, aunque debo reconocer que me asaltaban profundos remordimientos de conciencia, los cuales desaparecían con rapidez ante la autocontemplación de mis propias carnes indemnes y ajenas a cualquier tipo de golpes y magulladuras.

Un "statu quo" cómodo es el paraíso de los débiles, los cobardes, y los abogados. No obstante, el mundo del preescolar, lleno de niños descubriendo cosas, tiende a ser inestable y cambiante. De modo que cuando los débiles niños del kínder descubrieron las ventajas del principio de asociación, sin más ni más un día decidieron agruparse para la defensa. La consigna era clara, nadie de kínder iba a salir a recreo solo, todos en grupo, sin separarse, y una vez aparecieran uno o dos niños de transición, se armaría una turbamulta de puños y patadas en contra de ellos. Consciente de mi precaria situación, decidí apersonarme de mi papel de doble agente y observar con cierta distancia el desarrollo de los acontecimientos, no sin antes entregar a mis amigos de transición que me habían mantenido a salvo, la valiosa información de la suerte ignominiosa que les habría de esperar si se dejaban sorprender por la banda de los niños de kínder. Así pues, me situé discretamente confundido entre la multitud de los oprimidos, y emprendimos una ronda de seguridad alrededor del patio de recreo, en medio de la cual los desprevenidos niños de transición que se encontraban con la turba eran alevosamente masacrados, mientras yo trataba de hacerme lo menos conspicuo posible frente a los agredidos, con el fin de evitar futuras represalias.

El lance terminó un par de horas después, cuando la demostración de fuerza de mis compañeros del kínder generó el respeto suficiente entre los agresores de transición como para que acabaran las palizas por el resto del año. Así, tuvo su origen mi promisoria carrera en el campo de la contemporización y el evitamiento de toda confrontación, o lo que algunos envidiosos llamarían, en el campo de la cobardía.

II

En su representación de Patton, George C. Scott, en medio de un bombardeo nazi, se para a descubierto en un balcón, o encima de un jeep, no lo recuerdo bien, y empieza a dispararle a los aviones alemanes que ametrallan a las tropas norteamericanas en el norte de África, mientras todos los demás soldados se refugian dónde pueden. Se supone que el Patton real llevó a cabo esta exhibición histriónica y absurda de valor sin límites, para infundir mística en sus hombres. Durante toda mi infancia me pregunté, cuál habría sido mi reacción si yo hubiera estado en el campo de batalla en aquel momento, y en lo más profundo de mí, sabía que la demostración de desprecio a la muerte de un general solo infundiría en mí un mayor temor, ante la certeza de que nunca lograría alcanzar esa especie de valor sobrehumano. En verdad, no necesitaba estar en una guerra real, me bastaba ver esa escena de la película para saber que yo era un gran cobarde. No podía sentirme capaz de desafiar tan abiertamente a la muerte. Toda la vida supe que yo no podría ser el general que danzaba entre las balas con aire de invulnerabilidad, sino que habría sido más bien el soldado cobarde abofeteado por Patton en la famosa escena del hospital de campaña.

Por el contrario, siempre me identifique con la escena de una película francesa, cuyo nombre no he podido recobrar, y que trata sobre la vida de un hombre declaradamente cobarde, descendiente de toda una estirpe de cobardes, que mientras parqueaba su carro en París, en pleno mayo del 68, se encontró con una muchedumbre enardecida, y, en lugar de enfrentarse a ella para preservar su vehículo, optó por ayudar a la turba a apedrear y a quemar su propio Citroën para salvar el pellejo. Su cobardía era tal, que incapaz de enfrentar a su mujer que, desde la ventana de su apartamento, lo vio incinerar su propio carro, decidió huir con los revoltosos a una comuna hippie. En este sentido, la cobardía es una especie de valentía: el cobarde tiene el valor de huir de lo que se espera de él.

III

A mediados de los setentas, mi mamá me llevó a un par de manifestaciones y reuniones del sindicato de maestros. Los discursos me aburrían, pero en cambio me encantaban las arengas. Era la época en que llegué a creer que el pueblo unido jamás sería vencido. Cierta vez, saliendo del sindicato me entregaron un periódico en el que se presentaba al candidato que algunos maestros proponían para las elecciones presidenciales de 1978. Recuerdo que en el colegio de monjas donde estudiaba, la maestra nos pidió que contáramos por quien votaríamos si pudiéramos. Entonces levantaron la mano los que iban a votar por los conservadores y los que iban a votar por los liberales, y de éstos los que iban a votar por Lleras y los que iban a votar por Turbay. Como yo no me levantaba, la maestra preguntó por quién votaría si pudiera y yo contesté: "por Piedrahita, el único candidato que representa legítimamente los intereses del pueblo y que cuenta con el apoyo de la Unión Nacional de Oposición". Años después le pregunté a mi mamá quién era Piedrahita y resultaba que mi mamá nunca había leído ese periódico y no tenía ni idea de quién era el tal fulano. Sobra decir que Piedrahita ni siquiera aparece en los libros de historia, y alguna vez que estaba aburrido consulté en la hemeroteca los periódicos de la época sin poder encontrar ninguna mención a él. Al parecer recibió 67 votos en total, en todo el país, bastante menos que un político ficticio de la televisión llamado Clímaco Urrutia que recibió más de 300. Nunca he podido saber quién era el mentado Piedrahita, pero seguramente habría hecho un mejor gobierno que Turbay.

En el gobierno Turbay, salir a las manifestaciones de los maestros era peligroso, a veces la policía militar se llevaba a los maestros, y los sometía a la hospitalidad de las caballerizas de Usaquén o simplemente se desaparecían de camino a la cárcel. Algunos maestros iban a las marchas con sus hijos pequeños para que no los capturaran, pero a veces no funcionaba: a nuestra vecina se la llevaron con hija y todo, y el marido tuvo que ir a buscarla a los calabozos de la escuela de caballería y llorarle a alguien para que las devolvieran a ambas. Las malas lenguas decían que un par de años después el mismo marido había perdido a nuestra vecina, pero esta vez no en manos del aparato militar del Estado, sino en una partida de cartas con un narcotraficante, y que el pobre señor había tenido que rogarle al hombre para poder pagar la deuda, sustituyendo a la esposa por la casa, razón por la cual les tocó trastear de afanes un sábado por la mañana, sin que tuvieran ni siquiera tiempo para despedirse.

Aunque a mí me gustaban las manifestaciones, mi mamá casi nunca me llevaba, y durante el gobierno de Turbay, menos. Sin embargo, ella siempre iba, aunque se muriera del miedo. La valentía de los miedosos tiene más mérito que la de los temerarios, aunque se note menos. En una ocasión hubo una manifestación enorme, con cientos de miles de maestros que llegaron caminando o en buses desde todas partes de Colombia. Mi mamá había madrugado ese día y cuando empezaron las tomas de los noticieros, estaba en primera fila en una Plaza de Bolívar repleta de gente. Al ver que las cámaras la estaban ponchando para la televisión nacional y temerosa de quedar registrada en algún archivo de inteligencia, se acobardó y se embozó con un papel que llevaba en la mano, como un asaltante de trenes en una película del oeste. Sin embargo, mi mamá tenía los ojos tan grandes, que relumbraban como dos cacerolas en medio de la multitud, y nosotros que la estábamos viendo por televisión no parábamos de reír, porque era tan reconocible, que parecía uno de esos niños pequeños que cierran los ojos convencidos de que ya nadie los está viendo.

III

Cuando estaba en el quinto grado, había un par de días al bimestre en el que los profesores se ausentaban y nos dejaban solos en el salón de clase. Las monjas habían establecido un sistema de vigilancia, en el cual asignaban a la niña de más edad o a la más juiciosa, la tarea ingrata de anotar en un papel, el nombre de los que se habían portado mal durante la ausencia del maestro. Todo aquello era muy inquisitorial y católico o muy estalinista, todavía no lo he definido claramente, al fin y al cabo, eso de poner a una compañera como delatora oficial lo hace a uno pensar en los familiares de la inquisición o en los comisarios políticos de la era soviética.

Generalmente, la niña que llevaba la lista, la mantenía oculta y secreta, no era posible saber si uno estaba en ella o no, aunque uno podía suponerlo. Así que buena parte del final de la hora sin maestros uno podía gastarla rogándole a la comisaria política que por favor lo sacara de la lista. Yo nunca aparecí en la lista final, y no sé si esto se debía a que no había nada que reportar, o simplemente a que tenía una irresistible poder de disuasión y al final siempre me sacaban de la lista.

El colegio, que era un hermoso conjunto de edificios con una iglesia neogótica en el centro, tenía unas criptas donde se encontraban las tumbas de varias generaciones de monjas. La leyenda decía que pocos años atrás, el castigo para los mal portados consistía en encerrarlos en las catacumbas para ser atormentados por los espíritus chocarreros de las monjas muertas, pero cuando yo estaba en el quinto grado los castigos eran bastante más pedestres, como hacer fila en el medio del patio al rayo del sol o escuchar de pie una larga perorata de Consuelo Villamizar, la prefecta de disciplina, que era la quintaescencia de la maestra opresora, con su incapacidad vital para reír y su entusiasmo de carcelera en la regencia de su pequeño Gulag.

El sacramento de la confesión en el universo católico es la expresión más sofisticada del control social, nadie más que el propio pecador se arrepiente y pide perdón de manera espontánea, algo parecido a lo que pasaba en el universo estaliniano o maoísta cuando los miembros del partido comunista hacían expresión pública de su propio desviacionismo o revisionismo y pedían perdón por él. Muchas veces estas confesiones eran formuladas de manera entusiasta, para dejar en claro que se estaba en vías de volver por el buen camino. En alguna ocasión, las monjas decidieron que en lugar de encomendar a una delatora profesional la lista de los nombres de los transgresores, lo mejor era que los pecadores hicieran un acto de contrición. Así que, después de habernos dejado solos durante un par de horas, las maestras pusieron una hoja en el escritorio del salón y pidieron que aquellos que consideraran que su comportamiento había sido inadecuado durante el lapso de su ausencia, pasaran al frente y escribieran su nombre en el papel.

71

De cuarenta que éramos, pasaron quince al frente a escribir su nombre y confesar sus culpas. Yo, por supuesto me abstuve de pasar al frente. Una vez terminada la oportunidad, las maestras se llevaron la lista con los nombres de los confesos, y una vez nos quedamos solos, los quince que se habían declarado culpables se volvieron contra mí y me increparon por no haber incluido mi nombre en la lista.

-Yo no hice nada malo, les dije.

-¿Que no hizo nada malo? Replicó Marcela Hurtado –¿Acaso no se acuerda que andaba gritando por todo el salón: "Napoleón Bonaparte se pegó en Malaparte"?

Era cierto, yo había gritado varias veces este sencillo verso, y también es verdad que, para un niño de diez años, esto sonaba como una falta terrible. El apellido Malaparte era solamente una de las tantas formas eufemísticas que tenía mi mamá de nombrar a los genitales masculinos. Aun hoy en día, mi mamá tiene problemas para darle nombre a los genitales de ambos sexos, y cuando éramos niños decía cosas como 'lávese bien el pipicito', o 'se pegó en mala parte', cada vez que uno se daba un tramacazo en las güevas.

Así que, probablemente para un niño católico, haber usado la expresión Malaparte y, por ende, haber nombrado en público la pudibunda verga de Napoleón Bonaparte era un verdadero pecado de confesión. Lo cierto es que los quince me consideraron un traidor, por no haberme delatado junto con ellos, y por no estar dispuesto a recibir con ellos el castigo. Es más, me exigieron que alcanzara a las maestras y les dijera que yo quería ser incluido en la lista, a lo cual me negué. Y me negué porque realmente no consideraba que hubiera hecho nada que mereciera punición, y porque quería evadir a toda costa ese castigo, en resumidas cuentas, porque era un cobarde.

Hoy en día, me produce escozor la sola idea de que los seres humanos sean tan manipulables como para que haya algunos que confiesen alegremente sus transgresiones a la moralidad hegemónica, que se auto conduzcan voluntariamente al castigo y que consideren un traidor, justo al único que se negó a delatarse o a delatar a nadie, sobre todo porque esto no ocurrió solamente en el salón de clases de un colegio católico, ocurrió durante las persecuciones religiosas de los siglos XVI y XVII en Europa, ocurrió durante el nazismo y durante el totalitarismo soviético y chino. Millones de personas murieron por cuenta de esa propensión a la autoinmolación y al puritanismo doctrinal. Así que, al día de hoy, creo que lo éticamente correcto era exactamente lo que hice, negarme a auto inculparme, negarme a ofrecerme voluntariamente al castigo. A veces la cobardía es un buen camino para hacer heroicamente lo que es correcto.

IV

En La Haya hay una antigua prisión que hoy es un museo, el Gevangenpoort.
Como todas las prisiones anteriores a la ilustración, no era un lugar para cumplir
una condena, sino un centro de interrogatorio, con unas pocas celdas, ya que el
castigo normalmente era la ejecución o la amputación o la marca al hierro, o
cualquiera de esas imaginativas formas del terror con las que se castigaba a los
transgresores. El Museo de la Inquisición en Cartagena alguna vez fue un lugar
parecido, pero definitivamente el Museo Gevangenpoort es mucho más
macabro y conserva una buena colección de instrumentos de tortura originales.
El lugar más inquietante es la sala del interrogatorio, donde todavía quedan
restos de los aparatos con los que se buscaba la confesión del reo, ya que sin
confesión no podía haber condena. Allí se puede percibir todavía la atmósfera
opresiva a la que se veían sometidos los acusados, así como los azulejos
pintados de Delft con los que se cubrían las paredes, para poder lavar más
fácilmente la sangre. Era costumbre en la época que antes que nada se le
mostraran los aparatos de tormento al reo, con la esperanza de que, ante su sola
visión aterradora, el acusado o acusada confesara. No sorprende que, frente a
un porvenir tan espantoso, muchas personas confesaran los crímenes más
inimaginables con tal de escapar al tormento.

Pero lo que resulta verdaderamente sorprendente, es que la mayoría de los
hombres y las mujeres acusados, preferían la tortura antes que la confesión. Es
decir, preferían extender su agonía durante días o meses, con la esperanza de
superar el tormento y poder salvar la vida. Aquí la ambigüedad entre el valor y
la cobardía también se pone de presente: ¿Eran tan valientes que estaban
dispuestos a sufrir el tormento para probar su inocencia? o ¿eran tan cobardes
que preferían la tortura, para aplazar una muerte segura?

Alguna vez escuché un pedazo de una versión libre de un paramilitar
colombiano ante un tribunal especial, y cuándo le preguntaron cómo lograban
que sus víctimas se dejaran torturar durante días, a sabiendas de que al final de
tanto sufrimiento de todas formas los iban a matar, el hombre simplemente
contestó que el instinto de supervivencia era más fuerte que el miedo al dolor:
"Bastaba con darles una mínima esperanza de que al final tal vez sobrevivirían,
para que se dejaran hacer lo que quisiéramos". Así, los verdugos se
aprovechaban de que el miedo a la muerte era más fuerte que el miedo al
tormento.

Cuando mi papá fue desahuciado tenía muchas razones para no morir, además
del poderoso motivo de estar vivo. Mi hermana menor tenía 11 años, y su amor
hacía ella lo había redimido de esa especie de frustración que sentíamos él, mis
hermanos y yo, cuando nos hicimos adultos, así que le resultaba completamente
inconcebible irse de este mundo sin acompañarla un poco más. Así que, mi

papá no tuvo reparos en hacerse someter a procedimientos cada vez más dolorosos e invasivos solo para extender su vida unos días, la mayoría de los cuales los pasaba en un estado de semi inconsciencia lejana. Por cada monstruoso sufrimiento, su existencia se extendía solo unos pocos días, como si la vida le propusiera por cada sacrificio un contrato leonino y a la vez macabro. Al final yo tenía la impresión de que se encontraba en un limbo más del lado de la muerte que de este, hasta que, faltando un par de días para el final, se despertó, se comió un helado con mi hermanita y no tuvo más remedio que dejarse morir.

La impresión existencial de su inagotable agonía me acompañó constantemente durante años, angustiado ante la idea de que frente a la misma alternativa yo también tomara el camino largo de la obstinación y las falsas esperanzas en vez de abandonar la vida con donaire y dignidad como un helenista estoico, como Séneca o como Petronio o aprendiendo una tonada nueva como dicen que murió Sócrates. Así que innumerables veces venía a mí la imagen de Frank Pentangeli en el Padrino II, quitándose la vida a la usanza de los nobles romanos caídos en desgracia.

En las conversaciones corrientes, muchas veces tratan a los suicidas de cobardes, pero mi mamá que alguna vez tuvo una grave crisis depresiva, y aunque nunca nos lo dijo, seguramente pensó en el suicidio, siempre decía en aquella época, que para suicidarse hay que ser un valiente.

V

Mi abuela tenía miedo de muchas cosas, del mar, de las tormentas, de las inundaciones, de la muerte, de los godos, de los milicos, y en su juventud, de lo que más tenía miedo era de que las cosas siguieran igual. Cuando mi abuela era joven, en los años treinta, las mujeres no marchaban, pero ella salió a la calle, marchó pensando en los de entonces y en los de ahora. Cuando fue a los barrios, habló por las que no tenían voz ni entonces, ni ahora. Cuando soñó, soñó con un mundo que no llegó a ser, ni entonces, ni ahora. Mi abuela pagó un alto precio por ser una mujer rebelde. Si existe un cielo para cada cual, en el suyo, ella merece que Gaitán por fin llegue a ser presidente.

DE DIOS

I

En el mundo judeocristiano, la relación con Dios es quebradiza como en un matrimonio lleno de desconfianza. Dios siempre está dudando de la fe de los hombres, y los hombres siempre están dudando de si son dignos del amor de Dios. La verdad es que a veces me da pesar de Dios, porque siendo tan celoso y colérico como es, debe sufrir mucho; uno lee el antiguo testamento y Dios no se cansa de estallar de ira contra los hijos de Israel, por no hablar de todas las veces que dirige su furia contra los vecinos de Israel, cuya única culpa, muchas veces, solo es que pasaban por ahí. Y me da también pesar de los hombres, que se esfuerzan constantemente por agradarle a Dios, sin ninguna garantía de éxito, porque siendo sinceros, Dios es lo más parecido a un profesor de arquitectura: los amigos de uno trasnochaban tres días de seguido, tomando pastillas y café para no dormirse y poder terminar una maqueta que le gustara el vergajo, y el fulano demoraba más en echarle un vistazo ligero, que en tirar toda la maqueta a la basura. Así es Dios, como una mezcla entre un marido celoso, y un jefe que uno nunca tiene contento. Y eso explica por qué la gente termina obsesionada con él.

Los judíos, por ejemplo, creen que para agradarle a Dios tienen que hacer las cosas bien, por eso desde niños, los obligan a buscar la excelencia: el éxito y la caridad son la medida del amor a Dios. Para los católicos en cambio, las claves son la contrición y el rito. Los pobres católicos siempre son culpables de algo, siempre se están confesando, y rezando y repitiendo jaculatorias, y yendo a misa y asistiendo a procesiones. Claro que esa necesidad de expresar con magnificencia la adoración a Dios ha sido muy importante para la historia del arte: ¡que sería del barroco sin la emoción, la congoja, el arrepentimiento y la culpa! El catolicismo, además, da un consuelo que no puede dar el judaísmo, y es que uno puede haber sido un maldito gañán toda su vida, pero lo único que necesita es arrepentirse en el último suspiro, para que Dios lo perdone, por eso Constantino esperó hasta su lecho de muerte para bautizarse, para poder cometer pecados hasta el hartazgo y dejar el arrepentimiento para la última espiración. Esta religiosidad de mero trámite que convierte a Dios en la quintaesencia de los burócratas fue la que llevó a Lutero a plantear una relación con Dios más profunda, basada en la razón, y de allí la importancia del libre examen, claro que someter a Dios al escrutinio de la razón puede llevar al ateísmo o a Bach, lo cual es un pasaje al conocimiento de la belleza. De pronto por eso, los calvinistas prefirieron llevar la idea del Dios omnisciente hasta sus últimas consecuencias, de modo, que Dios no solo conoce lo que haces en secreto, no solo conoce lo que hiciste el verano pasado, sino conoce lo que harás en el futuro, lo cual inmediatamente implica que Dios te tiene predestinado a la salvación o al infierno. Así que los pobres calvinistas pasaban toda su vida preguntándose a qué lado del río Aqueronte iban a pasar el resto de su muerte. La solución que encontraron fue muy práctica: la prosperidad era un indicio a favor de estar predestinado, de modo que, contrario a los judíos, el éxito no era un signo del amor a Dios, sino del amor de Dios. De ahí a culpar a los pobres por su propia pobreza, y considerarlos predestinados al infierno no hay sino un pequeño paso; por eso los colombianos son católicos por su amor a los ritos, pero calvinistas por su desprecio a los pobres. Sin embargo, ser calvinista debe ser tremendamente estresante, ligar la salvación a la prosperidad y saber que basta con quebrarse para descubrir que uno no está predestinado al paraíso debe ser motivo de permanente angustia, ser consciente de que estás a una cartera vencida del infierno, seguramente implica que te da más tranquilidad espiritual un buen contador que un clérigo.

Quizás por eso apareció el metodismo que derivó en la vertiente evangélica, en la cual la salvación no depende de las obras, ni de los ritos, ni de la razón, ni de la prosperidad, sino de la fe. Esto es pensamiento mágico llevado a su máxima expresión, la transacción con Dios ya no pasa por hacer algo, sino que deriva de sentir algo. Sentir fe. El evangelismo tiene la ventaja además de que, si uno es bueno administrando su mala crianza, puede arreglárselas para tener fe en los últimos instantes, y ser salvo, así con dramatismo y todo, al estilo del hijo pródigo. Es más, ni siquiera necesita el arrepentimiento de los católicos, porque cada vez que uno ve a un evangélico converso rindiendo testimonio ante una congregación lo que menos ve es arrepentimiento de sus pecados, hay una cierta vanidad en haber sido un hijo pródigo y que el papá le mate un cabrito. Ese desenlace de melodrama latinoamericano, ese dramatismo barroco que hay en las congregaciones evangélicas es el que explica su éxito entre los países hispanos, por eso no sorprende que ayunen como Santa Teresa de Ávila, ni que se mueran de amor por Cristo como San Juan de la Cruz, porque es el mismo misticismo español llevado a la era de las telecomunicaciones. Por supuesto, esta relación con Dios tiene su nivel de angustia, porque cómo hago yo para saber si realmente tengo una fe verdadera: ¿y si sucediere que mis dudas sean más fuertes que mi fe, y al final Dios no quiera salvarme? Esa incertidumbre puede ser fuente de mucha zozobra, pero se puede superar abandonándose ciegamente a la fe, tal como me demostró aquel taxista evangélico que me recogió alguna vez en el aeropuerto y que tenía puesta una emisora cristiana. Él sí comprendió lo que es ser un hombre de mucha fe, por eso, a pesar de mis protestas ateas, no tuvo empacho en volarse todos los límites razonables de velocidad y en pasarse todos los semáforos en rojo, porque el señor tenía fe de que, de algún modo, Dios iba a permitirle que me dejara en mi casa sano y salvo.

II

Las tres grandes religiones monoteístas suelen perdonar el homicidio, pero condenar de manera violenta el ejercicio libre de la sexualidad. Tal vez su tendencia a hacer la guerra sea fruto de su incapacidad para hacer el amor, y por esto suelen disculpar más fácilmente un crimen que un polvo.

No sería exacto decir que estas religiones disculpan los homicidios, porque en realidad los promueven y los premian, como lo prueba su larga historia de lapidaciones y hogueras.

Por eso el papa Juan Pablo II fustigaba con el látigo de la excomunión a los católicos homosexuales, pero elevó a la condición de beato al emperador Carlos I de Austria – Hungría, que tuvo un papel protagónico en la carnicería de la primera guerra mundial y cuya vida ejemplar que sirvió de presupuesto para su beatificación, incluyó que ordenara envenenar a sus enemigos con gas mostaza, razón por la cual murieron más de cien mil personas como consecuencia directa de una de sus órdenes. Imagino que en gran medida el Vaticano tuvo en cuenta para su canonización, que buena parte de los muertos eran serbios ortodoxos, y algunos musulmanes, lo que cuenta para su canonización en su calidad de castigador de los infieles.

En esta ocasión el Santo Padre, además de darle preeminencia al pasado criminal del santo, decidió mezclarle algo de ridículo. En efecto, el milagro atribuido a Carlos I fue la curación inexplicable de una várice a una monja del Brasil. Como se oye, ¡una vulgar curación de una vena várice! Después de esto, uno se pregunta ¿a dónde fueron los milagros barrocos y espectaculares de los santos tradicionales?, ¿dónde quedaron los muertos resucitados, o las hazañas de decapitados como san Dionisio que caminó más de 40 kilómetros con su propia cabeza en la mano? ¿Qué sigue en el catálogo de milagros de los nuevos santos? ¿Una mamoplastia milagrosa? ¿Una liposucción en medio de un rosario?

Así que con Wojtyla la Iglesia entró en el mundo *light* que luego se llenó de youtuberos y twitteros, con sus canonizaciones express que le permitieron canonizar en 26 años más personas que todos los papas juntos durante los dos milenios anteriores, con el problema de que los santos, que antes descansaban cómodamente cada uno en un día del calendario, ahora se apretujan unos contra otros en el santoral, como si los días del año fueran los pasillos atestados de un bus en alguna ciudad populosa del tercer mundo. Alguien se podría preguntar, cómo hizo el papa para canonizar a todos estos personajes, sin que nadie en la curia se hubiera opuesto. Fue muy sencillo. El Santo Padre eliminó del proceso de canonización al denominado Abogado del Diablo, cuya labor era oponerse a las canonizaciones y cuestionar la vida y los milagros del aspirante a santo, mediante el ejercicio crítico de la razón. Es decir que, muy a la usanza de los gobiernos autoritarios de las democracias populistas, Juan Pablo II se las arregló para eliminar los controles institucionales que le impedían ejecutar su (literalmente hablando en este caso) santa voluntad.

Muchos de esos santos son personajes que uno no quisiera tener de vecinos en el mismo edificio, mucho menos en la vida eterna, lo cual hace que el paraíso sea un lugar cada vez menos atractivo. San José María Escrivá de Balaguer, por ejemplo, le dio una sustentación religiosa y teológica a la dictadura de Franco, y a la eliminación física y la persecución de los ateos, los socialistas y los homosexuales, con la justificación de que se trató de una respuesta natural a la persecución de que fueron víctimas los clérigos durante la guerra civil, por lo que, se deduce de ello que el rencor es un camino pavimentado a la santidad y una justificación teológica del crimen.

El otro santo que no quisiera encontrarme en el otro barrio es Pío XII, el cardenal Pacelli, que como Secretario de Estado Vaticano, firmó un concordato con Adolfo Hitler, en virtud del cual, a cambio del mezquino propósito de que el papa pudiera nombrar los obispos de Alemania, el Vaticano aceptó la disolución del partido católico alemán, el silencio de los obispos católicos respecto de las actuaciones de los nazis, el reconocimiento del régimen nacional socialista y la prohibición pastoral de que los católicos alemanes se opusieran al régimen del terror de Hitler y a la consumación del Holocausto. Pero san Pío XII además guardó durante mucho tiempo un silencio cómplice ante el régimen de exterminio antijudío del gobierno títere de Eslovaquia, que era comandado por un cura católico, y, además, apoyó de manera complaciente al régimen católico croata que se dedicó a cometer atrocidades durante su genocidio de los serbios ortodoxos, los judíos y los gitanos durante la segunda guerra mundial. Bastante se ha escrito sobre su silencio mientras contemplaba desde el balcón de San Pedro, la deportación de 1300 judíos romanos a los campos de exterminio.

Por fortuna, Dios parece conservar algo del humor negro que siempre lo ha caracterizado, porque cuando murió san Pío XII, que fue probablemente el papa más vanidoso de los últimos siglos, su médico personal cometió un error en la momificación, dejando las vísceras dentro del abdomen, razón por la cual, el cadáver se descompuso de manera tan rápida, que hedía terriblemente durante la cámara ardiente, y al momento de introducir el cuerpo en el féretro se le cayó su presuntuosa probóscide. Ese fue Pío XII, el papa al que se le cayó la nariz en la muerte, aunque no tuvo la dignidad de que, en vida, se le hubiera caído la cara de la vergüenza.

III

Los cristianos esperan que el fin del mundo esté lleno de trompetas y timbales y luces, como en el acto final de una ópera de Wagner; los yihadistas musulmanes esperan que el fin del mundo tenga muchas explosiones y ejecuciones selectivas, como en una película de Coppola, como en el final de El

Padrino y en *Apocalypse Now*. Cuando uno piensa en que Donald Trump, y en Kim Jong-Un fueron depositarios de los botones nucleares, el fin del mundo habría de parecerse más bien a un *sketch* cómico de los 3 chiflados.

IV

En 1985, el párroco de Armero le pidió a la Iglesia Católica colombiana que interviniera ante el Gobierno Nacional para que se tomarán medidas serias de evacuación ante la inminente erupción del Nevado del Ruíz, pero la Iglesia desoyó sus ruegos, a cambio le mandaron a decir que le dijera a la gente que se pusiera un pañuelo húmedo en boca y nariz para evitar la irritación por la ceniza. El 13 de noviembre, un lahar sepultó al curita con otros 25.000 habitantes del pueblo. Treinta años después, la curia inició la recolección de testimonios para convertir en santa a Omaira Sánchez, la niña cuya agonía estoica transmitida en vivo por los canales internacionales a todos los confines de la Tierra, la convirtió en símbolo de la tragedia. Esto demuestra que, históricamente, a la Iglesia le resulta más rentable conseguir un mártir que conseguir un sobreviviente.

V

Anoche, después de cepillarse los dientes, Valeria y yo, estuvimos hablando un poco sobre el origen del Universo. Finalmente, después de mucho conversar, llegamos al Big Bang. Así que yo, con mis precarios conocimientos de Física, solo atiné a decirle que el Universo había surgido de una gran explosión, que tuvo lugar cuando lo que era apenas un punto, tan denso y con tanto poder gravitatorio como para que toda la materia del universo cupiera en él, simplemente estalló y dio origen al cosmos que conocemos. Así que me preguntó:

-Pero ¿dónde estaba ese punto?

-En ninguna parte, su campo gravitatorio era tan fuerte que tenía todo el espacio condensado en él. Es decir, fuera de ese punto no había nada, él era todo lo que existía.

-Pero ¿antes de ese punto qué había?

-Nada, dentro del punto no había antes, ni después, porque todo el tiempo estaba condensado en él, el tiempo solo empezó a existir después del Big Bang.

-Pero ¿quién creó el punto?

-Nadie, porque nada había por fuera de él, ya que toda la materia, todo el espacio y todo el tiempo estaban condensados allí, la materia de la que estamos hechos, el tiempo en el que vivimos, y el espacio donde ponemos nuestras nalgas al sentarnos, todo estaba condensado allí.

-¿Pero entonces cuál fue la causa del punto?

-No sabemos, parece que el punto era la nada, y que simplemente la nada tenía la posibilidad de convertirse en el todo. Tal vez nunca lo sepamos con certeza, tal vez fue un universo anterior que colapsó en ese punto y tal vez hayan existido infinitos universos que colapsan y estallan indefinidamente.

-Papá, no me puedo ir a dormir, sin saber qué existía antes del Big Bang, qué existía antes de la nada, si no lo sé, voy a pasarme toda la noche pensando.

-Esa incertidumbre forma parte de la existencia humana.

-¿Pero entonces qué hacer?

-Puedes aprender a vivir con esa incertidumbre y aceptarla como parte de la vida. O puedes intentar resolverla y estudiar astrofísica, para buscar tú misma la respuesta. O puedes hacer como la mayoría de los hombres que creen que un dios o un grupo de dioses o un suspiro de la madre Tierra han creado el universo, y así pueden dormir tranquilos, porque creen haber encontrado una respuesta.

- Papá, una pregunta: ¿Tommy existía antes de que yo existiera?

-Si, Tommy existía antes de que tú nacieras.

-Entonces para poder dormir tranquila, prefiero pensar que, si Tommy estaba antes que yo, también pudo haber estado antes de que empezara el Universo.

Así fue como nuestro viejo perro de catorce años, se convirtió en Creador del Universo, Demiurgo originador del Cosmos, espíritu vital de todas las cosas que existen, solo para que Valeria pudiera pasar buena noche.

VI

De la Biblia.

La Biblia está llena de relatos tan atroces que, durante muchos siglos su lectura en lenguas vernáculas estuvo prohibida por la iglesia católica.

***

Los católicos son personas que creen en la Biblia, a pesar de que nunca la han leído. Los protestantes son personas que creen en la Biblia, a pesar de que la han leído toda, con todas sus atrocidades y genocidios incluidos. Bueno, los católicos por lo menos tienen la excusa de la ignorancia.

***

En el siglo XVII, el arzobispo James Usher calculó, con base en las fechas y cronologías de la Biblia, que Dios había empezado a crear el mundo en la madrugada del 23 de octubre de 4004 a.c. Según esto, Dios apenas estaba pensando en crear el mundo, cuando las mujeres llevaban 4.000 años de haber inventado la agricultura, y los sumerios ya habían inventado la cerveza.

***

La ultraderecha evangélica de los Estados Unidos quiere que, en las escuelas de ese país, se enseñe junto con la teoría de la evolución, una superchería seudo científica denominada la teoría del Diseño Inteligente, y que pretende demostrar que el mundo fue creado por Dios de la manera como lo señala el libro del Génesis. Esta teorización se estructura a partir de la siguiente proposición: "No puede mirarse el estado del mundo, sin llegar a la conclusión de que la creación es fruto de un Diseño Inteligente". Este es uno de esos raros casos en los que toda una corriente doctrinal se estructura alrededor de un sarcasmo.

De los Caprichos de Dios.

"David mató a 200 filisteos, luego llevó los prepucios de estos al rey y se los entregó para poder ser su yerno. Entonces Saúl le entregó a su hija Mical por esposa." (1Samuel 18,27). Lo que no dice la Biblia, es para qué quería Dios que Saúl tuviera tantos prepucios, si se confeccionó un collar aromático, o los fritó con unas mollejas de pollo para hacer una picada bien adobada y servirlos en el matrimonio.

***

Los árabes dicen que los hombres hacen planes, para que Dios pueda reírse de ellos. En la vida real, los maridos hacen planes, para que las esposas puedan reírse de ellos.

Del Celibato

Si los curas pudieran casarse, probablemente la Iglesia dejaría de condenar el divorcio.

De la Guerra Santa.

A lo largo de la historia, los que han matado a nombre de Dios, siempre se han considerado más creyentes que cualquier otro. Pero, si alguien necesita de un fusil, de una espada o de una hoguera, para ayudar a Dios, tal vez no tenga tanta fe en que Dios sea omnipotente.

***

El fin de semana pasado un fundamentalista cristiano mató a tres personas en Colorado en una clínica de planificación familiar. Este hecho nos llena de esperanza en un futuro de paz. Es decir, el fundamentalismo islámico y cristiano sí pueden reconciliarse, en lo único en que tienen que ponerse de acuerdo es en quiénes deben morir.

***

Luego de una serie de atentados islamistas en París, la gente en redes sociales creó la campaña "pray for Paris". ¿Es que no han caído en cuenta que buena parte del origen del problema es precisamente tanta rezadera?

***

Marx decía que la religión es el opio del pueblo. No sé, viendo lo que han hecho los hombres religiosos cuando se dedican a la violencia, yo diría que es más bien un laxante.

***

En el primer siglo del primer milenio, los judíos iban a la guerra santa para hacerse matar por Dios. En el primer siglo del segundo milenio, los cristianos iban a la guerra santa para hacerse matar por Dios. En el primer siglo del tercer milenio, los musulmanes van a la guerra santa para hacerse matar por Dios. Quién sabe a qué pobre gente habrá escogido Dios para hacerse matar por Él en el primer siglo del cuarto milenio.

De la otra vida.

Lo malo de ser ateo, es que cuando la muerte me dé la razón definitiva, no podré comentarlo con nadie.

***

La ventaja de los que creen en una vida después de la muerte es que todos los que podrían testificar en contra, ya fallecieron.

***

Los cristianos creen que el sexo fuera del matrimonio es pecado, los musulmanes creen que tomar vino es pecado, los judíos piensan que prender electrodomésticos en sábado es pecado. Con razón todos piensan que debe de haber una vida mejor que ésta.

***

Si Dios fuera tan neurótico como para no dejarme entrar al cielo, solo porque me gusta comer carne en los viernes santos, quizás no sería tan buena idea tenerlo de vecino en el otro barrio.

De la Mitología:

Dícese de las religiones verdaderas, inmutables y eternas de los pueblos que ya no existen.

De la Religión:

Es el período histórico previo a que una creencia se convierta en mitología.

***

Los físicos del gran colisionador de hadrones de 27 kilómetros de largo lograron reproducir un pequeño big bang, lo cual es algo así como meter a Dios en una pequeña botella. Esto no es tan novedoso, al fin y al cabo, las religiones llevan más de 3000 años vendiendo a Dios embotellado o metido en un pan, como en el catolicismo.

De la Naturaleza de Dios.

El reino de los cielos se parece a una de esas empresas en las que cuando las cosas van bien es gracias al jefe, y cuando van mal es culpa de los subalternos que no tenían puesta la camiseta.

***

Jenófanes, al ver a los etíopes pintar a sus dioses negros y chatos, y a los tracios, rubios y ojizarcos, concluyó que, si bueyes y caballos pudieran, pintarían a sus dioses como bueyes o caballos. Es decir, creía que los hombres atribuían su propia imagen a sus dioses. O sea que quienes creen en un dios apocalíptico y vengador, proyectan en él su intolerancia e ira. También significa que los ateos somos unos donnadies.

***

Muchísimas personas parecen estar de acuerdo en que Dios es la respuesta. Lo que yo todavía no tengo muy claro, es cuál carajos es la pregunta.

Del Teocentrismo.

El papa viajó a Quito, la ciudad que cabalga sobre la línea del Ecuador. Tal vez deseaba que la Iglesia volviera a estar en el centro del mundo.

***

Cuando tenía dieciséis años, un veterano profesor de teología se me acercó y me dijo: "un poco de filosofía te aleja de Dios, pero mucha filosofía te acerca nuevamente a Él." Más de treinta años después, mis conclusiones son muy parecidas: "un poco de filosofía te aleja de Dios, pero mucha filosofía te aleja también de la filosofía."

VIDA ESTÉTICA DE UN MAJADERO

DEL ARTE

I

Las religiones y todos sus ritos están llenos de hermosas manifestaciones artísticas. En realidad, la mayoría de las maravillas de la cultura humana encuentran su origen más profundo en el sentimiento religioso y místico de los hombres. Los mejores poemas eróticos los escribieron el rey Salomón, san Juan de la Cruz y sor Juana Inés de la Cruz, mientras buscaban una forma de expresar su amor a Dios (o por lo menos, eso decían). La catedral de Saint Dennis, la Hagia Sophia y la mezquita de Córdoba son universos arquitectónicos en sí mismos. Bach y Mozart fueron capaces de convertir las áridas arenas de la religión en música universal que conmueve los corazones humanos a siglos y kilómetros de distancia. Por no hablar de los exquisitos caligrafistas del islam o los poderosos pintores barrocos. Todo el que ame la belleza tiene una deuda de gratitud con el sentimiento religioso de los hombres. Ahora bien, si lo que uno ama es la sacralidad de la vida humana, lo mejor es que no participe en esta conversación.

II

Estos últimos años dedicados a estudiar la historia del arte me han servido para compartir mi asombro con mis estudiantes, para ser un poco más feliz y amar la vida más aun, para tener la fe de que lo sublime del espíritu humano es mucho más fuerte que lo estúpido y criminal. Pero además me han servido para apreciar mejor la belleza intemporal de mi esposa, que me hubiera cautivado, así me la hubiera topado en cualquiera de los últimos 40 siglos. La he visto tantas veces en tantas épocas, en las cariátides del Erecteion, y en la Afrodita Capitolina, en los murales obscenos de Pompeya, y en los frisos de Éfeso, en las curvas góticas de Jeanne d'Evreux y en las tres gracias del Quattrocento, en las alegorías de Rubens y en las bañistas de Ingres, ella es todo lo que puedo ver, tiene la desvergüenza de las señoritas de Aviñón y la fuerza telúrica de las danzantes de Emil Nolde.

Recién estábamos empezando a salir, y estábamos almorzando en un restaurante, se había recogido el pelo en una moña alta y miraba distraída hacía una pantalla donde estaban pasando un video de algún artista, el pelo recogido acentuaba su perfil, la distracción relajada resaltaba sus ojos, la boca entreabierta enfatizaba sus labios, ella aún no se había dado cuenta de que ya estaba enamorada de mí, pero aquella tarde, supe que había esperado toda mi vida, solo para estar aquella tarde con ella. Ella es todo lo que puedo concebir, hace mucho que mi imaginación decidió pasarse a vivir dentro de sus fronteras.

III

El Bosco, nacido en lo que hoy es Holanda, pintó el tríptico del Jardín de las Delicias hacia 1480, en plena época del renacimiento flamenco. Sin embargo, su estilo es prácticamente inclasificable. En muchos aspectos es un precursor del barroco flamenco, y su influencia puede verse después en Brueghel el viejo. Pero su estilo es completamente imaginativo y original y se emparenta con los juicios finales del gótico y con las danzas macabras propias de lo que Michail Bajtín denominaba el grotesco, y que se emparejan con las tradiciones del carnaval. De alguna manera el Bosco es a la pintura, lo que Rabelais es a la literatura, y los Carmina Burana son a la música.

Ese tipo de estética alcanzó su cenit después de la llegada de la peste negra a Europa, por eso abundaban los versos en los cuales se decía que la muerte y la peste igualaban a todos, ricos y pobres, obispos y frailes, duquesas y putas. Ese rasero igualador de la epidemia estaba presente en las danzas macabras que se ejecutaban en el carnaval y se ilustraban por doquier y por eso la muerte y el gozo parecen andar de la mano en las pinturas de Brueghel. También es el origen de las efigies de la muerte que se ponían en la puerta de entrada de muchos cementerios, como sucede a la entrada del Cementerio Central de Bogotá.

Pero la realidad era muy distinta, la letalidad de la plaga era muy variada, dependiendo de la clase social. Los poderosos se encerraban en sus castillos para huir de la peste, y el Papa corría por la pasarela del Castel Sant'Angelo a esconderse y a esperar que pasara la epidemia, mientras los miserables y los curitas seglares se hacinaban en las calles de las ciudades y de las aldeas inmundas a esperar que les tocara la muerte. Las epidemias, mientras duran, no aplastan las desigualdades, sino que las subrayan, por eso en el tercer mundo, unos pocos se acuartelan, mientras que la mayoría se aglomeran en las calles, porque no tienen más remedio que escoger entre el hambre y la pandemia. Pero esa desigualdad, no solo se da entre los hombres, sino que remarca la diferencia entre los sistemas sanitarios de los países. No, las pestes no son instrumento de la justicia divina, sino de la inequidad de los hombres.

IV

En 2004, el Banco de la República llevó a Bogotá una magnífica exposición de íconos rusos. Allí había todo lo que uno puede esperar en una exhibición de esta naturaleza. Una hermosa deesis con el Cristo Pantocrátor y la Virgen Theotokos, y el Bautista, y Pedro y Pablo y san Nicolás, el de los regalos, y san Boris al lado de san Gleb, y san Sergio, y, por supuesto, una hermosa representación de san Jorge ensartando al dragón de cola enredada.

Esa exposición, la recuerdo además por dos razones, porque Marcela Peláez iba a ir conmigo, pero nunca se presentó y porque en el segundo piso había un ícono llamado "Trinidad del Antiguo Testamento". Allí aparecen los tres ángeles que destruyeron a Sodoma, en actitud contemplativa, mientras son atendidos por Abraham y Sara. El guía ruso nos contó que ese ícono en particular era un símbolo de la resistencia rusa frente a los invasores hunos, mongoles y tártaros, primero, y franceses y alemanes después, y representaba la esperanza del pueblo ruso, a pesar de que sus villas habían sido arrasadas, sus iglesias incendiadas, sus mujeres violadas y su gente masacrada. El guía nos dijo que era la primera vez que este cuadro salía de Rusia, y que lo habían traído a Colombia para transmitirnos el mismo mensaje de fe y esperanza que mantuvo la resistencia del pueblo ruso durante cinco siglos de padecimientos.

¡Cinco siglos!!! La cifra no se me quita de la cabeza: solo nos quedan cuatro siglos y medio de sufrimiento.

V

El 8 de abril de 2004, mi hermano, mi mamá y yo, teníamos cita a las 4:45 de la tarde en el monasterio de Santa María delle Grazie en Milán. De acuerdo con las reservaciones, teníamos que llegar quince minutos antes, tiempo que pasamos junto con otros visitantes en una exclusa de desinfección desde la cual se podía ver el claustro renacentista, y luego se abría la puerta para acceder al comedor de la abadía. Cuando se está de turismo por Europa, las visitas a los museos pueden llegar a ser vertiginosas, de modo que, a cada pintura interesante para ver, normalmente uno le dedica no más que unos pocos segundos. La última cena de Leonardo Da Vinci, se encuentra en un museo organizado prácticamente para una sola pieza. Es cierto que en la pared opuesta se encuentra una crucifixión de Giovanni Donato Montorfano, pero seamos sinceros, a nadie le importa mucho. De modo que, por primera vez en todo el paseo, teníamos 15 minutos para contemplar una sola pintura. Esto cambió mi actitud hacia la obra, porque sentía la obligación de aprovechar esos quince minutos al máximo. La mayoría de las personas se agotaron rápidamente y los quince minutos les parecieron larguísimos, así que se dieron vuelta para mirar la otra pintura, o empezaron a caminar un rato por el refectorio; yo también me volteé por unos instantes para ver la crucifixión, pero volví rápidamente a La última cena porque sentía el apremio del tiempo que pasaba, y no quería desperdiciar ni un solo segundo. Estando allí, delante de la pintura, de repente caí en la cuenta de que ese día, ere jueves santo. Así que les conté mi descubrimiento a mi mamá y a mi hermano:

- ¿Se imaginan lo emocionante que sería si fuéramos creyentes?, ¿visitar la última cena justo el jueves santo? ¿Comprenden la emoción especial que nos estamos perdiendo por ser ateos?

Yo, que en el fondo sigo siendo tan barroco, tan melodramático, tan propenso a los arrebatos místicos, entendí que en aquel momento mi falta de fe me había privado de un éxtasis como los de Santa Teresa, de modo que no pude más que decir, lo único que un ateo puede decir en esos momentos:

- ¡Dios le da pan al que no tiene dientes!

VI

Mientras que el gótico era un estilo colectivo y democrático, el barroco era un estilo construido y estimulado desde el poder, primero, el de la Iglesia, y luego, el del Estado. Ninguna institución ha tenido la capacidad de convertir la adoración y las artes en un espectáculo tan lleno de emociones místicas como la iglesia católica. En los Museos Vaticanos, toda la exposición está montada como un gran escenario dispuesto para terminar en éxtasis en la Capilla Sixtina. El visitante debe caminar por los muchos corredores llenos de arte renacentista y barroco, antes de llegar al lugar del pico más alto del arte occidental. Comparado con la manera ordenada en que hoy en día se distribuye a los visitantes gracias a las reservas por internet, la primera vez que fui, todo en el museo parecía caótico, era un martes de Pascua y toda Europa parecía estar de vacaciones en Roma, la larga fila para entrar, la multitud en los pasillos y la aglomeración eran de grado sumo. Debido a la cantidad de público, en la nave principal de la Capilla Sixtina, uno debía permanecer de pie, apretujado con cientos de personas, mirando la bóveda falsa decorada, con la cabeza inclinada hacia atrás. Durante diez minutos, y solo diez minutos, estuvimos en medio de cientos de personas que sentían la misma urgencia de experimentar un momento irrepetible. Mientras estábamos en la capilla mirando al cielo, escuchamos un golpe seco. Era el sonido de un cuerpo que había caído al suelo de mármol.

A pesar de la curiosidad, nadie se dejó distraer de la imperiosa tarea de contemplar los frescos del techo, durante el poco tiempo que teníamos para hacerlo. Sin embargo, pude distinguir la figura de una anciana que acababa de desvanecerse por la emoción que le había producido la creación de Miguel Ángel. Nadie se movió, todos sabían que, si salíamos de la Capilla, era posible que nunca pudiéramos volver. Todos callaron. Uno solo podía escuchar las lágrimas de la hija que acompañaba a la mujer que aparentemente acababa de morir y los gritos de los socorristas tratando de abrirse camino entre la chichonera. La gente, a su vez, permanecía inmóvil, sin entender el drama humano que se desarrollaba a pocos metros. Todos preferían aprovechar

89

cada momento de los pocos que teníamos en la Capilla, que tener el gesto humanitario de permitir que llegara la asistencia. Finalmente, después de largos minutos, los guardias del museo ordenaron que se abandonara la capilla, y los servicios de emergencia pudieron poner el cuerpo de la mujer en la camilla, dejando su brazo derecho colgando como un péndulo. Esta imagen del brazo colgante me recordó el cuerpo de César, según la narración de Tito Livio, y el brazo de Marat en la pintura de David. Cuando todo terminó, y los socorristas, la mujer muerta y su hija desaparecieron, pensé que, por el espíritu barroco del catolicismo, no es posible imaginar una mejor manera de morir que mirando los frescos de Miguel Ángel en la Capilla Sixtina.

VII

Diego Armando Maradona es el más grande Ángel caído de la historia del fútbol. Y en su vida existe un paralelismo, señalado por un documentalista italiano, con uno de los grandes pintores barrocos: Caravaggio. Como Maradona, Caravaggio terminó refugiado en Nápoles y alcanzó allí la máxima expresión de su arte. Como Maradona, Caravaggio era, por un lado, halagado por los ricos y poderosos, y por el otro, gustaba de la noche y los lupanares, rodeado de rufianes y prostitutas. Si Caravaggio hubiera vivido en nuestro tiempo, también habría sido amigo de Gadafi. Caravaggio creó el naturalismo en el arte, buscando la verdad en la reproducción visual de los miserables. Para él lo importante no es la búsqueda de la belleza ideal, sino la verdad cruel de la vida y las pasiones humanas. Caravaggio renuncia a su nombre de pila, Miguel Ángel, porque quiere poner distancia frente al maestro renacentista, así como Maradona se ve a sí mismo como la antítesis de Pelé. Se puede decir que Pelé, con su elegancia serena es tan renacentista como Miguel Ángel, y Maradona con su pasión desbordada y su espiralada manera de regatear es como Caravaggio. Los pies sucios de los personajes de Caravaggio son los mismos pies sucios del pibe de Villa Fiorito, que reivindica los sueños de los miserables de la Tierra mientras patea un balón. Pero además los dos reclamaron la gloria para la discriminada ciudad de Nápoles y la encumbraron a las cimas del arte y el fútbol. La vida en claroscuro de Diego es en sí misma, una obra de Caravaggio. El gran tesoro de Caravaggio en Nápoles es "Las siete obras de misericordia" en la iglesia del Monte Pío de la Misericordia, en la cual una multitud de personajes en una escena callejera se entrelazan en una espiral de movimientos que impresionan al espectador. Obsérvese el detalle de la mujer amamantando al anciano preso, que resume dos obras de misericordia en una, alimentar al hambriento y visitar a los presos. Pero la obra que más me gusta es "La incredulidad de santo Tomás", con ese Cristo sudoroso y sucio, salido de la tumba que invita a santo Tomás a meter el dedo en la llaga, y esos apóstoles arrugados y colorados, con la ropa descosida, marcados por la dura vida de la gente del pueblo. Este es Maradona para los argentinos de las villas miseria, el sudoroso y polvoriento mesías que salió del fango de la pobreza sin esperanza.

VIII

Durante los tres últimos años del proceso de paz, recorrí gran parte del país, capacitando emprendedores. Buena parte de ellos eran campesinos ubicados en zonas donde hasta hacía pocos años medraba la intimidación violenta de las Farc. Esos campesinos me mostraron los efectos que tiene la esperanza en la vida de la gente, el retiro de la violencia había activado todas sus energías, y estaban llenos de optimismo; estaban poseídos por una voluntad vibrante y tenían ganas de conquistar el mundo con sus productos agrícolas o agroindustriales. Para ellos el mundo parecía recién creado, y era como si faltaran palabras para nombrar todo lo que estaban dispuestos a crear y a descubrir. En 1630, para promover la paz entre España e Inglaterra, Rubens pintó la Alegoría de las Bendiciones de la Paz y le llevó la pintura de regalo a Carlos I, quien en ese momento todavía tenía la cabeza pegada al cuello. La poderosa pincelada de Rubens nos proyecta toda la energía de un mundo que renace. Yo no he necesitado mirar la pintura, para sentirlo; toda esa fuerza telúrica vivificante estaba en los ojos vibrantes de esos campesinos que estaban construyendo un nuevo cosmos. Todo ese momentum parece haberse disipado, pero yo estuve ahí para verlo, yo sé cuál es el rostro que tenía la esperanza.

IX

Rembrandt pintó tantos autorretratos, y su rostro es tan omnipresente en los museos de Holanda que, al cabo del tiempo, uno siente que lo conoce, y su rostro se vuelve tan familiar como el de un amigo cercano. Pero a diferencia de Rubens que era ambicioso y sociable y seguramente era el alma de la fiesta, Rembrandt era retraído y huraño, e incapaz de administrar bien el dinero. Alejado de las preocupaciones mundanas, la pintura lo era todo para él, hasta el extremo de que cuando su hijo y su segunda esposa murieron en una epidemia, simplemente fue incapaz de atender a las necesidades más básicas de su existencia. Celoso como era de su conocimiento artístico, Rembrandt temía profundamente que se descubrieran los secretos de su técnica. Por eso, cuando veía que alguien se acercaba demasiado a una de sus pinturas y, sobre todo, a alguno de sus grabados, fuera de sí, el maestro se ponía a gritar que la pintura estaba hecha para ser vista y no para ser olida.

Contrario al maestro que siempre lo mira a uno desde sus autorretratos con un abundante pelo largo, mi mamá siempre llevaba el pelo corto. Ella decía que lo hacía por razones prácticas. Como era maestra, creía que con el pelo corto era más difícil que se le pegaran los piojos, si llegaba a haber infestación en la escuela. Pero con el paso del tiempo, descubrí que tal vez llevaba el pelo corto porque nunca aprendió a peinarse. Yo le rogaba que tuviera el pelo largo, pero ella se negaba. Alguna vez intentó dejárselo crecer, pero todo fue un desastre, nunca se pudo acomodar el pelo de modo que le gustara un poco, y finalmente decidió cortárselo otra vez y para siempre. En la adolescencia, lo que más me ilusionaba de tener novia era el pelo. Imaginaba que tendría una novia con un pelo abundante y largo, que podría acariciarlo por horas, meter mis dedos entre sus mechones, sumergir mi nariz en él y explorarlo como un buzo. Pero cuando empecé a tener novias, descubrí que mi fantasía nunca iba a hacerse realidad, porque las mujeres con las que salía no me permitían que les acariciara el pelo. Yo no lo sabía, pero me fue informado que si les tocaba el pelo se engrasaría o se entecaría o se apachurraría o dejaría de crecer o toda una serie de vicisitudes que hacen que tocarle el pelo a la mujer con la que uno está saliendo sea una mala idea, a menos que pida que le sostengan el pelo porque va a vomitar. Y esto no cambia cuando uno tiene hijas. Si uno no aprovecha para jugar con su pelo cuando son pequeñas, bien pronto van a decirle a uno que mejor ni se le ocurra. A esto debo añadir que mi proverbial torpeza con las manos me impidió aprender a hacer unas trenzas medianamente decentes, por lo que ni siquiera tuve la oportunidad de jugar con el pelo de las niñas mientras las peinaba. De modo que tuvo que pasar casi medio siglo para comprender que, si quería jugar con la cabellera de alguien, lo mejor era que me dejara crecer mi propio pelo para poder meter mis manos en él. Cincuenta años para dejarme crecer el pelo, no hablan muy bien de mi inteligencia, ni de mi comprensión acerca de cómo la idea omnipresente de que debía tener el pelo corto no era más que la forma que tenía el poder social de adquirir control sobre mi propio cuerpo. Así que, al haber tardado tanto en liberarme de mis prejuicios sobre mi propio pelo, no solo me traicioné a mí, sino que defraudé a Foucault, que a estas alturas no debe estar muy contento conmigo.

Mi afición por Rembrandt y mi amor por el pelo, me hicieron recordar que hace muchos años, el Banco de la República llevó a Bogotá, una exposición de grabados de Rembrandt. Muchos de esos grabados los pude ver nuevamente cuando visité la colección de grabados en el Museo Carnegie de Pittsburg, y otra vez con mi hija Valeria en una exhibición especial en el Rijksmuseum de Ámsterdam. Para la época de aquella exposición en Bogotá, yo ya me había enamorado de una mujer con la que me había topado durante meses casi todos los días en el ascensor de la oficina, y con quien no había hablado nunca. Lo único que sabía de ella era que trabajaba en el mismo edificio, que siempre se me quedaba mirando y que su pelo dejaba una estela fragante por donde caminaba. Probablemente nunca hubiera sabido su nombre, de no ser porque un día decidió dirigirme la palabra para contarme que se había cambiado de trabajo y que ya nunca nos íbamos a volver a ver en el ascensor y que quería despedirse, con lo que no tuve más remedio que invitarla a almorzar. Se llamaba Marcela Peláez, y al segundo almuerzo estaba tan enamorado de ella como nunca, con esa sensación de inevitabilidad que solamente se siente todas las veces que uno se enamora. Así que pensé en invitarla a que me acompañara a visitar la exposición de Rembrandt, a sabiendas de que al llegar al Museo me dejaría llevar por ella en medio de las salas, aferrado al olor fresco de su pelo, como si me arrastrara un hilo de Ariadna por los laberintos de pasillos, que ella recorrería con su caminar incesante, porque así es como podría describirla, hiperactiva, frenética y alegre, recorriendo las calles, devorando el mundo con sus pasos sin freno.

Esperaba que, una vez en el museo, ante la obra menos pensada, Marcela Peláez no tendría más remedio que acercarse demasiado a las miniaturas que se estaban exhibiendo, con esas lupas que colgaban junto a los marcos, solo para tratar de entender lo que el artista había grabado. Entonces, yo aprovecharía la ocasión para acercarme por detrás de ella, aun más de lo que ella se habría acercado al grabado, y aproximaría mi nariz y mis ojos a la exuberancia de sus mechones crespos, internándome en el huracán olfativo que me azotaba con violencia desde el fondo de su pelo, y entonces ella me habría dicho como Rembrandt, que su pelo estaba allí para ser visto y no para ser olido, y yo le habría contestado algo ingenioso que la hubiera llenado de asombro y los dos habríamos reído sabiendo que habíamos empezado un camino sin regreso.

Marcela Peláez no quiso ir al museo, y yo me salvé de que ella me guardara en la memoria como el pervertido aquel que tenía el fetiche escalofriante de meter la nariz en el pelo de las mujeres que recién estaba conociendo.

X

El faro de Bell Rock queda en las costas de Escocia sobre el mar del Norte. Está ubicado sobre un peligroso arrecife en aguas agitadas, famoso porque 70 barcos encallaron allí en una noche de tormenta de 1799. El faro es una maravilla de la ingeniería de principios del siglo XIX, y su construcción fue muy difícil debido a las mareas que hacen que sus bases se encuentren cubiertas por hasta 5 metros de agua durante 22 horas del día. De modo que el faro ha resistido los embates del mar y el golpeteo constante de cientos de toneladas de agua, durante más de 200 años.

En 1812, poco después de su inauguración, William Turner, fascinado por el espectáculo de esta estructura a merced de los elementos, pintó una acuarela del faro en medio de un embate de las olas que alcanzan muchas veces los diez metros de altura. Turner, es probablemente el máximo representante del romanticismo inglés que sacudió el aburrido mundo del arte británico, a principios del siglo XIX. Estaba obsesionado con la luz solar y los efectos de ésta sobre las tormentosas nubes y la niebla de las islas británicas. Turner es el pintor de las tempestades. Su trabajo con la luz tuvo gran influencia en los pintores franceses lo que lo convierte en uno de los precursores del impresionismo. Así mismo, pinturas como 'Un vapor en medio de una tempestad de nieve en el mar' o 'Aníbal cruzando los Alpes en una tormenta de nieve', convierten a los seres humanos en anécdotas marginales y desoladas, en medio de la inmensidad de la naturaleza y la potencia de los elementos, por lo que también es un precursor del expresionismo abstracto de mediados del siglo XX.

Turner, es uno de los grandes referentes de la historia del arte, y me acordé de él porque mi mujer es así, fuerte, sólida, imprescindible y luminosa como el faro de Bell Rock.

XI

Gracias a Susanita Gómez conocí el sentido de lo trágico. La noche anterior, en su apartamento, Susanita me había puesto a escoger entre una serie de postales de Klimt, mujeres semidesnudas, o con velos, de expresiones abandonadas, deseosas, distantes, colores intensos, luces amarillas invadiéndolo todo, como pintadas en medio de candiles. A pesar de querer escoger otra cualquiera, no pude resistirme a la primera postal, la tragedia: "*Tragoedie*". Enmarcada por pilares jónicos, una mujer inexpresiva, con la mirada en el horizonte, de bata negra con vivos dorados, me llamaba, mientras sostenía en su mano izquierda, una máscara griega con la expresión de los personajes trágicos.

Me llevé la postal, aferrándome a ella, porque quería ponerla en mi escritorio. Para evitar cualquier accidente que me la hiciera extraviar, dejé que la postal durmiera en el carro, en el puesto del copiloto, esperando a que llegara a su destino sublime en mi oficina.

En la mañana, luego de haber estacionado, la recogí junto con mis libros y algunos recibos de pago. Metí la postal entre los libros y me dirigí al ascensor.

Cuando llegué al primer piso no me percaté de que el ascensor había quedado desalineado respecto al piso. Al momento de salir, la punta de mi zapato derecho chocó con el desnivel, el tropezón me hizo desasir por un breve momento los libros. Ese momento de desatención no me hizo perder los libros, pero la tarjeta y las facturas que estaban entre las hojas se soltaron y empezaron a caer mientras flotaban caóticamente en el aire. Mis mayores temores me invadieron, cuando vi la rendija que separaba al ascensor del vacío. Era una abertura tan pequeña, pero, yo adiviné el destino trágico que se acababa de marcar, vi como la postal y las facturas se deslizaban por el aire hacia el piso, mientras que, con la pierna izquierda, trataba por todos los medios de desviar la tarjeta del rumbo fatal que parecía imprimirle el azar, haciendo un esfuerzo final, mandé un puntapié contra el aire, y le di de lleno a una factura, que voló hacia el pasillo, pero fallé en tocar la postal. Yo sabía que había un mínimo porcentaje de posibilidades de que la tarjeta cayera justo en la hendidura, así que, ante mi impotencia, me confié en la probabilidad, pero sabía que estaba condenado. Cuando la tarjeta tocó el borde de la rendija, tenía las manos ocupadas tratando de equilibrarme luego de haber pateado el concreto y el aire. No había ni una sola extremidad que pudiera utilizar para salvar mi postal. Sabiendo que nada podía hacer contra la suerte inexorable que los dioses habían trazado para mi postalita de Klimt, vi como el trocito de cartón, se deslizaba lentamente por entre las láminas de acero, para ir a parar en el oscuro fondo del foso del ascensor.

Por primera vez, fui consciente del sentido profundo de lo trágico, de la impotencia humana ante la fuerza de los hados. Solo, en la puerta del ascensor, mirando hacia el hueco, invadido por el silencio, me sentí, no obstante, en un momento sublime. En mi estúpida agonía, que a los que me rodeaban en el ascensor seguramente les parecía tan superflua, comprendí que ese instante merecía un colofón poético, como los últimos versos del coro en toda tragedia griega. Concentré mis esfuerzos mentales en buscar las palabras para este momento de dolor y belleza, y de pronto, impulsadas por su propia necesidad de vivir, brotaron de mi boca para darle broche al momento:

- ¡Ah, vida hijueputa!

XII

La Legión Cóndor, conformada por pilotos de la Luftwaffe, atacó la pequeña ciudad vasca de Guernica, el 26 de abril de 1937, cuando las calles estaban atestadas, por ser día de mercado. Primero utilizaron bombas pesadas y después practicaron el ametrallamiento de civiles, en lo que para los alemanes no fue más que un ejercicio de adiestramiento. Franco y los nazis bombardearon a Guernica, matando a más de 1.600 personas, sin ningún objetivo táctico o estratégico, simplemente para hacer un experimento social, querían ver el efecto de un bombardeo aéreo en la moral de la población civil. Por tal razón el bombardeo fue indiscriminado, completamente dejado al azar, a lo bruto, dirían en España.

Picasso se sintió indignado y aprovechó la invitación a pintar un mural para el pabellón de España en la Exposición Internacional de París, con el fin de denunciar los horrores del bombardeo, de modo que se encerró en su estudio y pintó el enorme lienzo en menos de treinta y cinco días. Cuando visité la tela en agosto de 2009, me produjo un gran desasosiego. De hecho, toda la curaduría está diseñada para que el espectador sienta un profundo malestar. El Guernica está colgado casi al nivel del suelo, lo cual implica que los ojos se alinean con el centro de la pintura, de manera tal que parece absorber el espacio y el observador tiene la sensación de que lo están empujando hacia un lugar al que no quiere entrar. El cuadro, que es de por sí monocromo, con su gama de grises y negros, se encuentra colgado sobre una pared blanca, iluminado de

95

manera indirecta por una luz también blanca, profesional e indiferente como la oficina de un banco, lo cual prolonga la sensación de frialdad tecnológica y moderna que resuma la pintura. El Picasso está curado para alentar la reflexión sombría sobre las imágenes trágicas que se entrecruzan en el mismo plano y ponen en cuestión la racionalidad de una tecnología y una modernidad que actúan con inhumana eficacia capitalista para perpetrar el crimen, prefigurando lo que será la escala industrial de la masacre durante el imperio nazi.

En muchos sentidos, el Guernica es la obra cumbre del arte del siglo XX, y paradójicamente, los asesinos fascistas que destruyeron Guernica sin ningún objetivo terminaron trabajando para la gloria de un pintor socialista llamado Picasso. Casi un siglo después, las bombas son bastante más inteligentes que las que destruyeron Guernica en 1937, lo malo es que los hombres siguen siendo igual de estúpidos.

XIII

Se dice que Picasso se veía a sí mismo como un ogro tectónico y primordial, como una presencia opresiva que no le daba posibilidades de escapatoria a los que estaban al alcance de su providencia caprichosa, como una fuerza de la naturaleza que no necesitaba de razones:

- "¿Por qué lo hiciste?" gritaban sus mujeres, cada vez que las sometía a algún tipo de vejamen.

- ¡Porque soy Picasso! Contestaba el mal parido.

Y todos parecían aceptarlo, porque ¿acaso alguien más ha sido o puede ser Picasso? Al fin y al cabo, lo que nos maravilla de los genios es su excepcionalidad; cientos de millones de personas se necesitan para producir un Picasso, otros cientos para producir un Maradona, miles de millones para producir un Cervantes o un Shakespeare, docenas de generaciones para crear un Homero. Los demás, incluso nuestros amigos más brillantes, están condenados a ser parte del mazacote indistinto de los seres corrientes. Somos nada más que el bagazo que le sobra a la vida, en su arduo trabajo de crear cada cinco siglos un genio. Recuerdo una frase de alguien en una película americana cuyo nombre no recuerdo: "no miro los cadáveres porque después de que han perdido el alma, las personas se ven más pequeñas." Y, sin embargo, en vez de eso, después de muerto, Picasso cada vez luce más grande, lo cual tengo la sensación de que a él personalmente no le resulta muy útil. La pequeñez de otros muertos como la de Stalin o la de algunos papas, no se debe a la pérdida del alma que nunca tuvieron, sino a que, despojados de todo su aparato, lucen su verdadero tamaño. Mi abuela, en cambio, lucía más grande en su ataúd. Incluso, parecía más alta. Esto para mí fue un misterio durante los primeros minutos, hasta que comprendí que los ataúdes no se fabrican por tallas, así que los oficiales funerarios acomodan los cuerpos y dejan un espacio vacío a los pies. La idea de ese espacio vacío a los pies del féretro resultaba terriblemente opresiva para mí, en la medida en que se equiparaba con el vacío de ese cuerpo suyo que había dejado escapar el alma, y con el vacío que dejaba en mí la parte de su historia que había dejado escapar con ella para siempre.

La otra frase que recuerdo de esa misma película era lapidaria: "se puede fracasar en todo, menos en la vida". Es una de esas creencias sin esperanza que nos suele engañar para mantenernos con vida, una de esas frases de libro de autoayuda, como: puedes perderlo todo, menos la alegría de vivir. Una sentencia bastante majadera, tan vacía como si un técnico de fútbol le dijera a su equipo algo del tipo: 'podemos perder todos los partidos, siempre que al final no perdamos el campeonato'; pero es muy útil para quienes, como yo, hemos decidido renunciar a la trascendencia y a nuestra alma inmortal, abandonarla, sin siquiera ponerla en venta, a sabiendas de que no necesitamos morir para lucir más pequeños.

XIV

El arte conceptual confunde la subjetividad de la percepción con la subjetividad del arte. Así, los artistas conceptuales creen que en la medida en que es subjetivo, el arte puede ser ejecutado por cualquiera y que no es el espectador quien determina si algo es arte, sino que cada uno que se proclama artista designa como artístico el objeto o fenómeno que bien le parezca. Pero cuando un artista que expone dice que su arte es subjetivo y por ende le tiene sin cuidado si alguien no lo entiende, está siendo hipócrita, ya que, si su arte tuviera una intención personal y ajena a cualquier tipo de comunicación, pues el artista conceptual desarrollaría sus performances en la intimidad de su casa, y no utilizaría una plaza pública o un video en internet para divulgarlo. Así que el artista conceptual, por muy voluntarista que sea, está obligado a aceptar el juicio del espectador, o por lo menos su estupor o, aunque sea, el esnobismo del que le compra la idea.

Algunos me dirán que lo que hace el arte conceptual es poner de presente el absurdo de la existencia o lo efímero de la vida humana, pero para ello, no es necesario que el arte sea también efímero, a mí todavía me parece que las jóvenes vidas truncadas de Rafael o de Caravaggio demuestran lo absurdo de la existencia aunque sus pinturas todavía nos conmuevan, y tal vez por eso mismo, nos hacen comprender lo efímero de la vida humana, cuando nos percatamos de que incluso algo tan humilde como las tinturas vegetales y minerales empastadas en el cielo raso de la capilla Sixtina han sobrevivido en casi cinco siglos al cerebro genial de Miguel Ángel. Esto sí que es una constatación de la miseria humana: descubrir que las obras de un genio como Rembrandt son más inmortales que él.

XV

El 12 de agosto de 1961, Piero Manzoni, artista italiano, enlató 90 porciones de 30 gr, de su propio excremento, en su famosa exposición *merda d'artista*, cada una de las cuales se vendió a un promedio de 10 mil dólares. Si Valeria hubiera trabajado los dos primeros años de su vida, en el taller de Manzoni, a estas alturas debería tener en el banco entre 15 y 20 millones de euros.

DE LA ARQUEOLOGÍA

I

Caminar por Ollantaytambo tiene la misma sensación mágica y anacrónica de caminar por Pompeya, solo que, en vez de estar poblada por fantasmas, esta ciudad todavía está habitada por incas.

DE LA ARQUITECTURA

I

Lo más notable al llegar a Colonia es descubrir que la catedral se ha conservado perfectamente, a pesar del bombardeo de los aliados en la Segunda Guerra Mundial. Al caminar cerca de la estación de tren o sobre la rivera del Rin, se puede apreciar que casi todos los edificios fueron construidos recientemente. Es tan fuera de lo común encontrar un edificio antiguo que, si una casa tiene más de cien años, hay un cartel visible indicando que es auténticamente antigua. Fue tan avasalladora la destrucción lograda por las fuerzas aéreas angloamericanas, que manzanas enteras quedaron arrasadas hasta los cimientos y solo unas pocas casas quedaron en pie, aunque la mayoría de ellas no eran más que cascarones que se negaban a derrumbarse. Y, sin embargo, en medio de una destrucción tan absoluta, la catedral permaneció intacta, a excepción de algunas vidrieras que se rompieron por efecto de la onda expansiva de las bombas. Esta extraordinaria situación, es prueba de que la preservación de la catedral fue una intención deliberada de los bombarderos. Si algo demuestra la supervivencia en todo su esplendor de la catedral es que los bombarderos aliados tenían una precisión impecable en su empeño por evitar dañar esta magnífica obra maestra. La preservación del arte en medio de la más cruel de las masacres demuestra que para los occidentales la sensibilidad hacia las obras de arte es aún más sagrada que la vida humana. Así que parecemos más dispuestos a perdonar la destrucción de un hospital que la de un monumento, en el fondo la única vida que consideramos sagrada por encima de cualquier otra cosa, incluso del arte, es la vida propia.

II

Si un arquitecto me preguntara cómo diseñar la biblioteca pública ideal, le respondería con una sola frase: retretes de lectura. De hecho, me imagino al bibliotecario preguntándole al usuario:

- ¿En qué sala quiere recibir el libro, señor?

Y el lector contestando:

- En la sala de escusados, por favor.

100

DE LA LITERATURA

I

La Metamorfosis es el más grande libro pequeño y también el más pequeño libro grande. Se publicó hace más de cien años en medio de la gran guerra y de las grandes vanguardias y es uno de los libros más influyentes del siglo XX. Kafka definió en buena medida la situación del hombre frente a la modernidad y la indefensión del individuo frente a los totalitarismos. Su influencia es tal, que en casi todos los idiomas existe el adjetivo kafkiano. Influyó en el surrealismo, en el existencialismo de Sartre y en la obra de Camus. Cuando Gabo todavía no había decidido cuál sería su estilo en el quehacer literario leyó la Metamorfosis y se dijo: "¿no joda, y es que esto se puede hacer?" Y en ese momento descubrió que existía el realismo mágico.

La monstruosa transformación de Gregorio Samsa ocurrió durante la noche, mientras dormía y sin ningún aviso previo. Kafka aprovechó el profundo temor que inspiran en los hombres la noche y el sueño. No en vano, los griegos hicieron de la muerte (*Tanatos*) y del sueño (*Hipnos*) dos hermanos gemelos que se confundían entre sí. De alguna manera, la inconsciencia del sueño es un preludio de la muerte.

El sueño es la frontera entre la vida y la muerte, entre la cordura y la locura, entre la civilización y la animalidad, al fin y al cabo, durante el sueño perdemos el control de nuestras voluntades. Por eso, el *sabbath*, la asamblea de las brujas ocurría siempre durante la noche, algunas veces, inclusive durante el sueño de las brujas quienes desdoblaban su espíritu para asistir a su cita con el diablo. Tampoco es casual, que los mentecatos que creen haber sido secuestrados por extraterrestres, sean siempre abducidos mientras duermen, tal como sucedía con los ataques legendarios de vampiros.

Existe pues, un temor atávico a lo que puede acaecer con nosotros mientras nos abandonamos a dormir. Recuerdo, que entre los 10 y los 16 años, todas las noches me acostaba a dormir con el temor de amanecer repentinamente muerto. Y después, durante mucho tiempo me acostaba siempre temiendo, que al día siguiente amaneciera repentinamente loco. En cambio, de unos años para acá, me acuesto con el secreto temor de que al día siguiente amanezca descubriendo que solo soy un pendejo.

II

En 2000 años más, cuando el nombre de Colombia ya ni siquiera sea un mal recuerdo, cuando el cristianismo y el islam no sean más que una anécdota

101

sangrienta en la historia de las religiones, cuando los Estados Unidos sean solo uno más de los imperios desvanecidos en la bruma de los siglos, cuando todas las mezquindades de esta república hayan sido barridas por el polvo de los siglos, cuando tal vez el Caribe sea nombrado con otro nombre, Macondo será más real que cualquier calle en la que hayamos vivido, y, si los seres humanos no han perdido el hábito de la escritura y la lectura, Gabo estará sentado junto a Homero, y a Cervantes y a Shakespeare. El único hombre universal que ha producido y probablemente producirá esta tierra parroquial y yerma.

III

Un conocido mío un tanto pretencioso o elitista, es decir, un pobre pendejo, se quejaba de que tanta gente encontrara cómico a Chespirito con sus chistes trillados y repetitivos y decía no entender por qué la gente no encontraba más interesante leer a Huckleberry Finn. Creo que la pregunta no es si los chistes eran malos, sino por qué su humor predecible y simple nos gustaba a tantos. Para empezar, Bruno Bettelheim seguramente habría dicho que el Chavo del 8 funciona con la lógica freudiana de un cuento de hadas. En esencia, enfrenta el miedo atávico de los niños al abandono, y lo supera por sus propios medios, a través de la honestidad, de la bondad, de la templanza, por no hablar de la referencia edípica al útero, representada por el barril. A diferencia de otros huérfanos de cuentos de hadas como Aladino o como Hansel y Gretel, El Chavo no supera el abandono encontrando un gran tesoro, sino encontrando la solidaridad de toda la vecindad. Y allí está el otro gran éxito de Chespirito, la dimensión social de sus personajes. En un continente de padres ausentes es fácil identificarse con el Chavo, con doña Florinda que representa a ese 51% de familias que tienen mujeres cabezas de familia, don Ramón es el arquetipo de ese 80% de padres de familia que se ven sometidos casi fatalmente a las bofetadas de la vida y no tienen cómo llegar a final de mes, y los 14 meses de renta representan la desesperanza de esos millones cuya expectativa de movilidad social sigue siendo reducida, aunque con una puerta hacia la dignidad por medio de la educación que representa el maestro Jirafales. Pero, además, el capitalismo que se muestra en Chespirito es un capitalismo de rentistas como el señor Barriga, allí no se encuentra un capitalismo liberal productivo, sino el típico capitalismo parasitario de los privilegios, propio de nuestros países en los cuales los ricos parecen ser ricos porque así lo ha querido un destino atávico. Lo demás es el capitalismo del rebusque, como el de don Ramón o el de los caquitos. Pareciera que el único triunfo de los desposeídos es el triunfo pírrico de la picardía, representada por la Chilindrina. Y allí viene el tercer nivel de análisis, el que tiene que ver con lo estético. Y es que como en el caso de Cantinflas, Chespirito no puede entenderse sin una referencia directa a la picaresca española del siglo de oro, y en esto se acerca a Hukleberry Finn (recuérdense los deliciosos capítulos en que aparecen el Delfín y el duque de Bridgewater). Y es que la picardía es el único camino de los derrotados, bien sea que éstos sean españoles de la crisis del XVII, sureños de la posguerra civil o latinoamericanos herederos del despojo. A diferencia de Cantinflas que encuentra buena parte de su humor en el discurso laberíntico y kafkiano, Chespirito se concentra en el gag, en el humor físico (ese que tanto fascinaba a Bergson) y en esto es un cultor de Buster Keaton, de Chaplin, de los hermanos Marx y del mismo Cantinflas, con lo que introduce a su público en el mundo de la comedia clásica. Así, sin querer queriendo incorpora en la cultura popular latinoamericana, referencias a Beethoven, al cine culto, al teatro clásico, a la literatura universal, y aun al comic, con ese Chapulín Colorado que es un superhéroe marginal, temeroso y valiente, al que siempre le puede más la integridad que los miedos.

IV

En 1961, la ultramontana godarria colombiana se escandalizaba con la irrupción del nadaísmo en la pacata cultura de Colombia. Era la época en que Débora Arango, la mejor pintora de la historia de Colombia, estaba confinada en su casa para escapar de la violencia física y simbólica de la que había sido víctima, y Gonzalo Arango languidecía en una cárcel. Tal vez esas élites retardatarias tenían razón de temer a esos mechudos que no creían en nada y que pensaban que la poesía era la libertad que desordena lo que ha organizado la razón, porque fue precisamente un viejo poeta nadaísta, Humberto de la Calle, el que, a punta de tozudez, obligó a Colombia a firmar la paz y sacudirse de la infame comodidad de la guerra perpetua. Durante esos meses en que creímos que la paz era posible, finalmente, parecía que la poesía no era "la elección del fracaso" que predijo Sartre.

V

En un año, solo en España se publican más de 75.000 nuevos títulos. Para leerlos todos, se necesitaría que 3 personas dedicaran toda su vida a ello, leyendo casi un libro diario. Cada día se publican en el mundo 6000 nuevos libros, 6000 libros que no voy a poder leer, cada día soy 6000 libros más ignorante que el día anterior. Entonces, ¿para qué leer, para que seguir leyendo, si no voy a poder leerlos todos, si cada día soy más ignorante? Bueno, creo que es por la misma razón por la que me sigo rascando las güevas en público a pesar de que mi mamá me lo prohibió hace más de 50 años... por el mero gusto.

VI

Toda ignorancia es un desperdicio. Mi ignorancia en materia de poesía significa que soy tan majadero, que cuando muera habré desperdiciado la belleza que se

103

despliega en los versos. Ese sentimiento de pérdida irreparable, de tiempo perdido irremediable, lo sentí cuando viajé a Europa por primera vez y miré en la ventana en medio de la noche oscura del Atlántico. La línea del horizonte lucía más baja de lo que jamás la había visto y estaba aureolada por un anillo blanco como un chorro de leche recién ordeñada que no sabía si era o no la vía láctea.

En ese momento lamenté no haber aprendido nunca el nombre de las constelaciones, ni haber acampado de niño en algún despoblado y haber aprendido a reconocerlas sobre la negrura de los cielos sin luna. Intenté ponerme a la tarea de inventar constelaciones propias, ya que es bien sabido que la forma y el nombre de las constelaciones es tan arbitrario como el sonido de las palabras que las designan, al fin y al cabo, su línea y disposición solo están en la cabeza de quienes las crean, así donde los egipcios ven un carro, los griegos ven una osa, y donde yo veo la curva delicada de un brazo, es probable que los olmecas hayan visto un águila. Estando en el avión comprendí que no sabía si ese firmamento tan estrellado lo podría volver a ver y fui consciente de lo que significa la ignorancia: es la tragedia de no poder leer la poesía que escribieron los antiguos en el cielo.

VII

Hace unos 40.000 años, los neandertales ya enterraban a sus muertos. La idea de la vida después de la muerte muy pocas veces fue esperanzadora como sucede en el cristianismo y el islam, normalmente era aterradora. Muchas religiones temían a los espíritus de los muertos que podían volver, y este terror los llevaba a rendirles culto para apaciguarlos. Este es el origen de la fiesta de difuntos católica. Los mexicanos adaptaron esta festividad europea al culto de los muertos prehispánico y crearon la fiesta colorida y hermosa que es tan célebre. En la literatura latinoamericana, los muertos que vuelven y que interactúan con los vivos, son protagonistas esenciales: desde el cementerio de Comala, hasta el divertidísimo Vadinho de doña Flor y sus dos maridos. La facultad de hablar con los muertos se conoce como nigromancia. A esta edad, debo confesar que yo sé hablar con los muertos. Soy un nigromante. Me gusta hablar con ellos, y escuchar sus opiniones y su manera de ver el mundo. A veces me gusta hablar con varios muertos al tiempo, y le estoy enseñando a mi hija de seis años a hablar con ellos.

Anoche, por ejemplo, Valeria y yo estuvimos hablando largamente con Homero, y la semana pasada estuve hablando con Voltaire. Hablo con los muertos todo el tiempo, todo depende del día hoy, por ejemplo, tengo ganas de hablar con Chaucer.

VIII

Si siendo manco, Cervantes escribió el Quijote, qué cosas no habría escrito si hubiera podido utilizar las dos manos.

***

Un matrimonio malo es como la isla de Robinson Crusoe, hay una gran soledad, pero no se tiene libertad de ir a ninguna otra parte

***

Los tiranos, los violentos, los autoritarios, los asesinos, temen más a las palabras que a las balas, y tienen razón, García Lorca es inmortal, y en cambio Franco se desvanece cada día más en el fango de la infamia histórica. Ahora se entiende por qué Pinochet le rompió los dedos a Víctor Jara, no hay nada que teman más los asesinos que a una guitarra.

***

'Les bienveillantes' de Jonathan Littell es un libro indispensable para mi país, en el que todo el mundo se considera víctima, pero nadie se reconoce victimario. Desde la potencialidad que tenemos todos de convertirnos en verdugos, hasta el relativismo escandaloso del derecho, desde la banalidad del mal, hasta la tentación de los seres humanos hacia el totalitarismo, todo está en esta novela monumental.

***

De acuerdo con su famoso poema "Espergesia", César Vallejo nació un día "que Dios estuvo enfermo, grave." Si Dios estaba enfermo grave, el día en que nació un genio como César Vallejo ¿qué tenía Dios el día que nacieron los miembros del Congreso de Colombia? ¿Guayabo? Lo que si resulta evidente es que cuando nacieron todos los sátrapas que han gobernado en la América Latina, tenía una diarrea inatajable.

DE LA MÚSICA

I

Cuando yo tenía 16 años, era un perfecto majadero. Así que cuándo finalmente logré tener algo parecido a una cita, yo no tenía la más mínima idea de qué hacer al llegar a su casa. Un amigo mío que era ya avezado en los temas de la seducción me dio un consejo infalible:

-Cuando estén sentados en la sala (en esa época se hacían visitas en la sala), usted dígale que ponga un disco de Camilo Sesto, y verá que ella inmediatamente ya entiende.

Así que mi primera novia, y mi primer beso fueron culpa directa de Camilo Sesto, un tipo tan anticuado hoy en día, que tiene un verso donde reconoce que le "faltó el valor y colgó el teléfono al oír su voz". Hoy nadie puede llamar y colgar para oír la voz de la persona que le gusta con el corazón acelerado, primero porque nadie llama, todo el mundo chatea, y segundo porque el identificador de llamadas no deja dudas de quién es el pendejo que llama a colgar.

Lo curioso es que antes de ese día, no tenía conciencia de que el fuerte de Camilo Sesto eran las baladas románticas, ni tampoco sabía que era la potente voz de Jesucristo Superstar, porque en mi casa el único acetato de Camilo Sesto era uno con canciones de música protesta. Así que, para mí, antes de la tarde de mi primer amor, Camilo Sesto no era más que un señor al que le gustaba maquillarse mucho para salir a tirar piedra.

II

Musicalmente hablando siempre he sido un ignorante. Yo no vine a descubrir el tango sino en 2005, en Buenos Aires, cuando vi tocar a Carlos Lazzari en un sitio para turistas llamado la Ventana del Tango. A la primera nota de su bandoneón tuve uno de esos momentos mágicos de asombro que se vuelven tan raros a medida que uno envejece. Fue un amor fulminante. La manera en que Carlos Lazzari se entregaba al instrumento con la pasión de un gran ventarrón, la forma en que arrastraba la orquesta detrás de sus notas, todo ello me sacudió el vientre de la misma forma en que se siente un enamoramiento a primera vista. A todo ello contribuyó además que ese mismo día acababa de conocer a una médica colombiana. No sé qué ocurrió primero, si mi amor por el Tango o mi amor por ella, pero a mitad del show, ya llevábamos por lo menos 15 minutos de novios y sentí que estaba enamorado de ella como nunca, con esa pasión infinita que lo mismo dura un minuto que una vida entera. Ella se había graduado hacia poco como doctora en Neurofisiología, y me interrogaba como si quisiera diseccionarme el cerebro, pero fracasó miserablemente y lo único que logró fue diseccionarme el corazón, que a los pocos minutos estaba loco de amor por ella (así se lo dije, a riesgo de lucir un poco cursi). Era la primera vez que besaba a una mujer a la que no solo le decían doctora (lo cual es tan común en Colombia), sino que además tenía un PhD de verdad. Mientras yo le decía cosas dulces al oído, y Carlos Lazzari llenaba el espacio de belleza, yo pensaba que nunca había estado tan cerca de un doctorado, y que si bien, la mayoría de las mujeres de mi vida me han hablado con autoridad, nunca lo habían hecho con autoridad académica.

Nuestro romance duró casi 7 días de amor eterno en Buenos Aires, hasta que ella no tuvo más remedio que volver con su marido, como sucede en los amores de tango.

DEL CINE

I

Uno de mis placeres infantiles era despertar en mi hermano Germán un furor inagotable que generalmente solo se podía resolver a los golpes. Sus ojos grises cambiaban de color de acuerdo con su estado de ánimo, y el color de su ira era de un verde intenso que quería fulminarme. Cuando en clases de derecho civil el Código de Bello hablaba de los *furiosi* o locos furiosos, siempre los relacionaba con la mirada de mi hermano cuando estaba al ataque. Mi hermano tenía los pies planos, así que le compraban unas botas pesadísimas con suela de madera, que él utilizaba como un arma mortal contra mis doloridas espinillas que vivían llenas de morados y escoriaciones. Algunos días nuestras vidas eran un campo de batalla que mi mamá trataba de resolver blandiendo un viejo cinturón de cuero, con el que intentaba disciplinarnos a la manera de una de esas series sobre escuelas inglesas en que la vara del maestro tenía más protagonismo pedagógico que las ideas de María Montessori. De modo que yo pasaba de esquivar las patadas de mi hermano, a esquivar los correazos de mi mamá.

Cierta vez, cuando yo tendría unos diez años, tuve la oscura idea de inventar una queja a mi mamá sobre algo que mi hermano no había hecho. Aunque no recuerdo exactamente qué dije, mi denuncia calumniosa debió ser algo muy grave, porque mi mamá dejó inmediatamente lo que estaba haciendo y se dirigió hacia mi hermano quien, desprevenido del destino que le aguardaba, fue castigado severamente por un crimen que no había cometido, como en 'El fugitivo' o en '*Shawshank Redemption*'. Cuando vi lo que estaba pasando me sentí tan culpable, que inmediatamente le confesé a mi mamá que yo había inventado todo solo para que ella le pegara a mi hermano. En ese momento, me dispuse a recibir el castigo que me merecía, pero a cambio de eso, mi mamá se quedó callada, empezó a llorar, le pidió perdón a mi hermano y se fue de la habitación. No sabemos qué cosas pasaron por su cabeza, porque nunca más volvió a pegarnos. Sin quererlo, ese día todos recibimos una lección que nos fue útil por el resto de nuestras vidas: desacralizamos a nuestra mamá.

Nos habían criado, en el colegio, en la calle, en los medios, con la idea de que las madres eran santas rayanas en la perfección. En el mundo católico, además, esa santidad estaba asociada con la Virgen María, lo que convertía a las madres en seres ultraterrenos marcados por el sufrimiento, el sacrificio y la castidad. Era un mundo en el que la máxima aspiración de toda mujer era la maternidad, y las mujeres sin hijos estaban incompletas. Pero esa tarde del castigo injusto, mi hermano, mi mamá y yo, fuimos conscientes de su propia humanidad. En el silencio que siguió a la tunda, nuestra mamá se convirtió en una mortal como las demás, de repente, no era tan hierática como habíamos pensado. A partir de ese día aprendimos a apreciar la mujer que era, más que la madre icónica que estaba en todas partes. En Latinoamérica y particularmente en el melodrama latinoamericano, las madres son una presencia abrumadora como esa madre omnisciente y entrometida que persigue desde las nubes al muy freudiano Woody Allen en 'Historias de Nueva York'. Aunque mi mamá siguió siendo esa madre hipertrófica de telenovela, terminamos despojados de esa adoración religiosa y fanática que sentían muchos de mis compañeros por sus madres, y que tenía como corolario esa necesidad de defender el honor de la madre, cuando alguien recibía un hijueputazo, como si de limpiar el nombre de la madre dependiera el futuro de la civilización, y que en Colombia generaba conflictos que se saldaban, primero a machetazos, y después, cuando llegó el narco, a balazos de rápida administración.

Aun hoy se me escapa un poco el sentido que tiene celebrar el día de la madre. En las historias que vi como abogado, pero sobre todo en las historias que presenció mi mamá como maestra, quedaba claro que la maternidad del segundo domingo de mayo no pasaba de ser un cliché, y que hay madres de todos los talantes: generosas y razonables algunas, egoístas y sádicas, otras. Por la época de nuestro incidente, estaba de moda una telenovela llamada 'La abuela', sobre una madre atroz que ejercía una autoridad férrea y tiránica sobre sus hijos y sus nietos, en medio de un culto exacerbado a la madre, que seguramente hizo las delicias de los freudianos de la época.

Alguna vez la mamá de uno de sus alumnos decidió quemarle las manos al niño con una plancha, para castigarle alguna travesura insignificante. Mi mamá puso la denuncia a las autoridades y al niño lo separaron de la madre. Lo que más afectó a mi mamá fue ver que, a pesar del sufrimiento atroz que le había infligido, el niño seguía defendiendo a la madre. Por eso mi mamá solía decir, que antes de tomar una decisión sobre el futuro de un niño, uno siempre tenía que no perder de vista que los niños aman con todo su corazón hasta a las peores madres. De modo que a pesar de lo que decían la religión y la publicidad y el patriarcado, en mi casa aprendimos temprano que ser madre no es ningún mérito en sí mismo, y que mi mamá era más interesante y admirable por ser la mujer llena de contradicciones que compartía su vida con nosotros, que por ser la madre que nos había parido.

II

Durante décadas, el melodrama latinoamericano forjó nuestros referentes culturales, desde las películas mexicanas de los años 30, pasando por la filmografía de Cantinflas, las telenovelas mexicanas, los dramones venezolanos de los 80 y terminando con las hermosas telenovelas colombianas de los 90. En el melodrama clásico latinoamericano, el malvado por excelencia era el acumulador ilegal de tierras, el gamonal tiránico que tenía poder sobre la vida y el cuerpo de los otros. Veinte años después, la cultura popular se desarrolla alrededor de los realities, de los youtuberos, de las novelas de narcos, y con ello ha perdido cualquier pretensión política o moralizante. El acumulador ilegal de tierras se ha tornado en heroico, en presidente, en gran referente.

III

Mi tío abuelo me decía que lo que más odiaba de amar a sus hijos era cuando se enfermaban. Odiaba la atroz impotencia, el profundo desamparo, la insoportable impaciencia en la que se encuentra un padre cuando su hijo enferma. Aun ya viejo, me confesaba que cuando alguno de sus hijos (ya viejos ellos también) tosía o estornudaba, él se ponía de mal genio.

Esas palabras me enseñaron dos cosas. La primera es que la paternidad es un trabajo que no tiene jubilación. La segunda lección es que el amor siempre entraña un riesgo. El amor siempre implica la indefensión más extrema. Después de mi segundo divorcio, no sé cuántas veces terminé viendo la misma película con Salma Hayek y Mathew Perry: '*Fools rush in*'. Se trata de una comedia romántica llena de estereotipos racistas, cuyo título está inspirado en los versos de una canción de Elvis Presley con la que se cierra la película, y que después fue relanzada por UB40 en una versión que desangela por completo la canción original. Como en toda comedia romántica, hay un momento en el que la pareja se separa y el personaje femenino, Isabel Fuentes escapa de Las Vegas a Aguas Calientes, para impedir que Alex Whitman se entere de que ella sigue embarazada. La bisabuela mexicana, que era una presencia tectónica, poderosa, como una especie de Chabela Vargas que además de sabia, sabía cocinar rico, le riñe a Isabel por haberle mentido a su marido ausente: "Nadie encuentra el amor si no se rinde a él", le dice. La ventaja de las malas películas en comparación con los malos libros es que uno puede repetírselas mil veces sin sentirse culpable. Y yo perdí la cuenta de cuantas veces volví a ver esa película, llorando a mares por mis amores echados a perder, y prometiéndome que si alguna vez tenía una hija, le pondría Isabel como se llamaba el papel de Salma Hayek, y convenciéndome de que si alguna vez encontraba el amor otra vez, me iba a rendir a él, porque en el amor, a diferencia de la guerra, la única manera de ganar la batalla es rindiéndose, al contrario de lo que pensaba Napoleón a quien lo único que le interesaba en cualquiera de los dos casos era someter la plaza. Y puede que suene cursi, pero ¿qué puedo hacer si toda mi educación sentimental se la debo al melodrama?

Cuando empecé a salir con Jana, había tenido tantos divorcios y rupturas que probablemente no estaba en las mejores condiciones para ser un buen amante de telenovela y rendirme al amor como lo exigía la bisabuela de Isabel Fuentes. Recuerdo que estaba en una sala de espera y me puse a conversar con una viejita que empezó a averiguarme la vida. Como terminamos hablando de Jana, le dije que creía que esta vez tampoco iba a funcionar, porque cada vez que estaba con ella, me sentía atemorizado y vulnerable, y la viejita lo resolvió todo con una sola frase:

"-No tenga miedo señor, que esa muchacha está tan tullida del susto como usted".

IV

Al pensar en Zurbarán, normalmente le vienen a uno a la mente esos frailes moribundos, coqueteando juguetonamente con ese buen morir tan apreciado por el mundo barroco. Por eso sorprende ver en el Museo del Prado la serie de Zurbarán sobre los trabajos de Hércules. Hércules es un tema pictórico propicio para el barroco, siempre musculoso, siempre en movimiento, es además un héroe trágico, un semidios, a la vez una especie de ángel caído y también un personaje redimido, el hijo de un dios y una virgen que desciende al infierno para rescatar a seres humanos de la muerte, de modo que es perfecto para conmover al espectador, y expresar alegorías cristianas tal como lo exige un buen barroco. Es por eso por lo que también lo pintó Rubens matando al dragón en el jardín de las Hespérides, en una imagen que tiene directas alusiones a la leyenda de san Jorge y el demonio, y tal vez por eso mismo, Rubens puso una escultura de Hércules presidiendo el jardín de su palacete en Amberes.

Tanto el Hércules clásico como el barroco se desdibujan en el Hércules de Disney, que convierte al semidios en una estrella pop. No en vano, el escogido para ponerle voz es Ricky Martin, porque en esa personificación del héroe, casi que se resume el mito del éxito en la cultura popular de masas, y cuyo más reciente paradigma es el youtuber y el *influencer.* Y entonces el Hércules de Disney es la caricatura de ese héroe producido en serie para el consumo, y que genera el raro fenómeno de que la vida moderna esté llena de sabios cuyo conocimiento es absolutamente inútil, cuando no resulta definitivamente estúpido. De forma que hay eruditos en el universo de los superhéroes de Marvel, o expertos en Juegos de Tronos, o historiadores de *Star Wars* o de *Star Trek,* o panelistas que discuten durante horas los detalles de la vida privada de las estrellas de la cultura popular, como si fueran fundadores de nuevas ramas de la ciencia, lo cual implica que una enorme cantidad de trabajo intelectual y de horas de reflexión, se dedican al estudio y la discusión de majaderías, que solo sirven para enriquecer a unos cuantos, y para mantener a grandes masas de personas en la más supina ignorancia, a la par que les van llenando la cabeza de conocimientos sin ninguna relevancia. El Hércules de Disney es la gran metáfora de las aspiraciones banales de un universo de consumidores que han perdido el control de su propia existencia, sin tener consciencia de ello, y sin que realmente les importe. Herc, el héroe de verdad, como se presenta a sí mismo, es representado en todos esos roles despojados de relevancia política, que no ponen en riesgo el statu quo: es a la vez un superhéroe, una estrella de

111

rock, y un hombre de éxito rodeado de mujeres bellas. De modo que es la quintaescencia de la falsa promesa, con la que los seres humanos se someten de manera dócil a la dictadura del mercado.

Pero ¿qué autoridad puedo tener yo para criticar este modelo de sociedad donde lo superfluo está puesto allí para distraernos de los fenómenos profundos, si yo mismo soy víctima de esa superficialidad que define el espíritu de los tiempos?; o ¿acaso no me he sentido como un superhéroe cuándo mis hijas me miran tranquilamente con expresión de que todas las cosas están bien gracias a que yo estoy con ellas?, o ¿acaso no me he sentido como una estrella de rock cuando mis hijas empiezan a gritar de felicidad solo porque estoy cruzando la puerta?, o ¿acaso no me he sentido como un hombre de éxito de esos que salen en las revistas que ponen en las peluquerías, solo porque cuándo miro a mis hijas sé que el universo es un poco mejor que antes, porque ellas están en él? Pero ¿qué puedo hacer?, si parezco un video de reggaetón, rodeado de mujeres bellas.

V

En mi concepto, los zombis caníbales son unos muertos de hambre.

112

VIDA PÚBLICA DE UN MAJADERO

DEL ESTADO DE NATURALEZA

I

Hace unos 60.000 años los humanos modernos estuvimos al borde de la extinción. Probablemente la población se redujo a no más de dos docenas de personas. Eso explica porque todos los seres humanos, sin importar el color de la piel, la religión o los gustos sexuales, compartimos el mismo ADN mitocondrial y descendemos de la misma mujer. Fue la tenacidad de esa Eva genética africana y sus compañeros la que nos tiene con vida hoy. Hace 60 milenios el ecosistema casi acaba con nosotros, hoy nosotros estamos a punto de acabar con el ecosistema. Supongo que el ecosistema está arrepentido de no haber aprovechado mejor la oportunidad cuando la tuvo.

II

Dice un refrán anglosajón que las manzanas del vecino siempre son más dulces. Esto era particularmente cierto cuando tenía 8 años, y comparábamos las loncheras que nos mandaban las mamás al colegio. Mi mamá se esforzaba por prepararme un menú balanceado y diverso: yogures, jugos, sánduches, bocadillos veleños, frutas; todos los días era una sorpresa, y sin embargo yo nunca estaba conforme. En cambio, la mamá de Leonardo Mejía le echaba en la lonchera todos los días el mismo menú que hoy nunca les permitiría a mis hijas, pero que era la envidia de todos nosotros: una pony malta, unas salchichas de lata, una chocolatina y un huevo duro en su cáscara. Aunque era muy común el trueque entre los niños, Leonardo nunca intercambiaba sus cosas. Después de mucho intentar que participara en los intercambios, llegamos a un acuerdo final: él se comería el huevo, y Daniel Medina y yo, nos repartiríamos la cáscara. Para los que no han comido cáscaras de huevo, les comento que tienen la jugosa textura de una cucharada de arena seca o la sutil pungencia de los trozos de cal que se comía Rebeca a escondidas en Cien Años de Soledad.

¿Pero por qué razón Daniel y yo nos comíamos diariamente nuestra ración de carbonato de calcio? Porque Leonardo Mejía nos había convencido de que era lo más natural: la civilización había logrado que la gente dejará de comer cáscaras de huevo, con la consiguiente pérdida nutricional. Nuestro gesto nos permitía volver al estado primigenio del hombre y asegurarnos de que íbamos a crecer mucho más saludables que todos esos pusilánimes que se comían el huevo después de quitarle la cáscara.

Ese deseo de renegar de lo artificial y exaltar lo natural no es una tendencia nueva. Por allá en el siglo IV a.c., Diógenes el Cínico empezó a pregonar la necesidad de volver a la naturaleza. Para hacerlo, abandonó a su esposa y se mudó a vivir en un barril en el ágora de Atenas. Convengamos en que vivir en la plaza principal de la ciudad más importante de Grecia, no parece un regreso muy radical a la jungla, pero seguramente huir de su mujer era un comienzo.

Más de dos mil años después, en el siglo XVIII, Rousseau pregonaba en "El Emilio", que los niños debían ser educados en estado de naturaleza. Abocado a la crianza de sus propios hijos, Rousseau se retiró al campo y los abandonó a todos en un hospicio, lo cual es una extraña manera de conducirlos al estado natural.

Sea como fuere, estos ejemplos ilustran una profunda paradoja: el deseo humano por volver a la naturaleza siempre se ve mediado por el entorno cultural y la actividad civilizadora de los propios hombres. Es más, la definición de lo que es natural está sujeta a los parámetros de la propia cultura, así que la frontera entre lo artificial y lo salvaje depende de la perspectiva de quien la traza. Quizás por eso, suele suceder que cuando alguien pregona la necesidad de volver al estado de naturaleza, a mí me sabe un poco a cáscaras de huevo.

III

Antes de los antibióticos, nuestra única protección contra las bacterias asesinas era la selección natural por vía de la genética. Hasta el siglo XX, en la lotería evolutiva, más de la mitad de los niños morían antes de llegar a la edad adulta. La vida de los hombres, aun de los que nacían en una familia rica y poderosa, solía ser para la mayoría 'desagradable, brutal y corta', tal y como imaginaba Hobbes que era la vida del hombre en estado de naturaleza. El constitucionalismo moderno, que tiene su origen en el contrato social de Hobbes, ha salvado tantas vidas como los antibióticos, ambos son nuestra única línea de defensa contra el delirio asesino de los microbios y de los poderosos. Al final no es mera coincidencia que los antibióticos y las constituciones empiecen a perder su eficacia justo por las mismas fechas.

IV

Lo que hoy llamamos Holanda, hace mil años era una intrincada red de dunas y ciénagas en el Delta del Rin. A fuerza de canales y diques, de inundaciones catastróficas y vueltas a empezar, los holandeses le robaron tierra al mar y al Delta y construyeron el país que hoy existe. Los holandeses tienen un dicho: "Dios creó al mundo, pero los holandeses crearon a Holanda." Ese dicho un tanto arrogante, me hace sentir incómodo, así que yo, para no quedarme atrás, siempre respondo: "Eso no es nada, Dios creó el Paraíso, pero los colombianos lo volvimos Colombia".

V

A todos los que piensan que 'si es natural es bueno', siempre les recuerdo que a Sócrates lo mataron con una agüita aromática.

***

A muchas personas les parece irracional que en los Estados Unidos un líder del movimiento antivacunas haya dirigido el Comité de Vacunas Seguras o que se hayan cortado los fondos federales destinados al uso de métodos de planificación familiar. Pero, en realidad, todo es perfectamente coherente: si volvemos al idílico mundo medieval en el que la viruela y otras plagas mataban a las dos terceras partes de los niños menores de diez años, es evidente que no se necesitan métodos anticonceptivos para el control poblacional.

DEL PATRIARCADO

I

En varias regiones de Colombia, pero sobre todo en el altiplano cundiboyacense, el ciclismo es una religión. En 'Reyes de las montañas', Matt Rendell insinúa que el concepto de Estado-Nación en Colombia solo pudo consolidarse con la llegada de la Vuelta a Colombia. La carrera ciclística, junto con el fútbol profesional nacieron en medio de la tragedia de una guerra civil no declarada que se conoció como la Violencia (con ve mayúscula). En un país de tantas precariedades, de seres humanos derrotados que se veían obligados a huir de sus tierras por un lado y de asesinos inmisericordes que se solazaban en la sangre por el otro, los únicos héroes verdaderos eran esos ciclistas que encumbraban la cordillera por caminos intransitables y dejaban la piel entre las peñas heladas y los valles ardientes. En pocos años, los ciclistas eran los héroes locales a quienes emular. Entre todos los pueblos del altiplano, el más ciclista de todos era Cajicá. Solamente en los Países Bajos he visto un culto tan absoluto por el caballito de acero, como le llamaban los narradores de la radio, hasta el extremo de que en el pueblo ya había parqueaderos de bicicleta, varias décadas antes que en cualquier otro lugar de Colombia. Sin embargo, a pesar de que los cajiqueños nacían con la bicicleta pegada al trasero, nunca ha habido un ciclista del lugar que haya sido medianamente competente; ninguno, salvo Apolinar Rodríguez. Cuando apareció a finales de 1967, parecía que por fin Cajicá iba a tener su campeón de ciclismo, pero eran tiempos de amateurismo, y el pobre Apolinar no tenía, sea dicha la verdad, ni los recursos, ni el talento para integrar ningún equipo, así que la única forma de que compitiera en la Vuelta a Colombia de 1968 era haciendo una colecta pública en el municipio para patrocinarlo. El pueblo todo se organizó para recaudar los fondos.

Sinceramente hablando, Colombia no es un país donde las donaciones gratuitas sean muy comunes, para empezar, salvo por algunos empresarios judíos, los millonarios colombianos son poco dados a la filantropía, y tampoco los pobres son dados a hacer donaciones, pero en cambio, son amantes del baile y de los bazares y los bingos. Así que, como todo el mundo lo sabe, la mejor forma de hacer una colecta en Colombia es organizar una fiesta, porque, ante la desconfianza en la probidad de los tesoreros, la plata gastada en donativos parece tirada a la basura, pero en cambio la plata que se gasta en aguardiente y parranda parece bien invertida. Es un estilo de estoicismo muy propio del país, en el que ante los continuos desfalcos que sufren las platas públicas y privadas, la gente parece decir: "Bueno, se robaron la plata de la fiesta, pero lo bailao quién me lo quita". Por eso los impuestos y tasas al alcohol, al cigarrillo y al juego son destinados a la educación y a la salud, porque, solo en medio de la parranda, la gente está dispuesta a pagar impuestos

117

Así que los juiciosos bailarines de Cajicá decidieron patrocinar a Apolinar Rodríguez, organizando una fiesta todos los viernes en la noche del primer semestre de 1968. Finalmente, luego de que el municipio bailara semanalmente, se pudo reunir la plata necesaria para enviar a Apolinar Rodríguez a correr la Vuelta a Colombia, y así, finalmente, el pueblo más ciclístico de Colombia tenía un representante en la carrera. Lamentablemente, la aventura ciclística no terminó nada bien. La primera etapa salió de Bogotá enfilando hacia el norte y la segunda localidad por la que debía pasar era precisamente Cajicá. Existe una vieja tradición en el ciclismo mundial, y es que cuando las etapas están empezando y no hay todavía nada en juego, si un miembro del pelotón es oriundo de alguna población por donde están pasando, los ciclistas restantes dejan escapar adelante al local, para que pueda recibir la ovación de sus paisanos y reciba un pequeño homenaje. En este caso no fue la excepción y cuando el pelotón estaba cerca de llegar a Cajicá, dejaron que Apolinar Rodríguez se adelantara un poco para pasar primero. Cuando Apolinar entró a las calles de Cajicá y la gente vio que su ídolo, por el que habían bailado y bebido durante todo un semestre, se encontraba liderando la carrera, la gente simplemente se desbordó de la emoción, así que invadieron la calle y levantaron en hombros al crédito local. Éste, al principio, se encontró un poco estupefacto, pero en pocos segundos fue presa también del entusiasmo y cuando empezaron a ofrecerle cervezas, Apolinar Rodríguez simplemente se olvidó de la Vuelta a Colombia y terminó en una taberna brindando con sus amigotes, a quienes debía su efímera gloria deportiva. Entre tanto, el lote de ciclistas pasó de largo, ajeno al tumulto que se había formado alrededor del mejor ciclista de la historia de Cajicá, cuya corta carrera deportiva llegó a su fin, justo en el momento en que lideraba la Vuelta a Colombia, por cortesía de los otros corredores, tras escasos 30 kilómetros de recorrido. Ya viejo, todavía la gente reconocía a Apolinar Rodríguez en el pueblo y no perdían la costumbre de ofrecerle una cerveza cuando pasaba por el frente de alguna tienda.

Si bien es cierto, Apolinar Rodríguez nunca pudo consolidar una carrera ciclística, no obstante, gracias a los bailes semanales para recolectar fondos, mis papás se conocieron.

Mis papás se veían bien el uno al lado del otro, y pare de contar. Con el pasar de los años, cuando las personas se vuelven cada vez más honestas consigo mismas, mi mamá confesó que la razón principal por la que se casó con mi papá era porque bailaba bien y le parecía guapo, y esa era la perfecta definición de mi papá, la quintaesencia de un parrandero, de uno legendario, además. Cuando yo era niño, mi papá se extraviaba en parrandas que duraban tres y cuatro días sin descanso; como Vadinho, el primer marido de Donha Flor, era un mujeriego y un juerguista impenitente. Cuando estaba medio ebrio era el alma de la fiesta, pero cuando la parranda se apagaba y solo quedaba el silencio, se convertía en un borracho insufrible. Nuestra vida tenía momentos memorables de alegría y epicureísmo, seguidos por otros de incertidumbre y de soledad. Podíamos ser felices cuatro días sucesivamente, y sufrir por cuenta de él otros tres o cinco. "La buena vida es cara, hay vidas más baratas, pero no se las puede llamar vida", decía mi papá, mientras renunciaba deliberadamente a la idea de que hubiera un mañana. "La plata se acaba, pero el caballero se divierte", repetía, mientras nos enseñaba lo efímero de la vida de la manera más experiencial posible. Luego desaparecía por días, o se dejaba llevar por los malos tragos. A nosotros nos afectaba menos, pero mi mamá vivía constantemente en una montaña rusa emocional, que no terminó ni siquiera cuando nuestros papás se separaron el día que cumplieron 25 años y ocho días de casados.

El mayo del 68 en Cajicá, donde mi mamá era maestra, no se parecía en nada al de París o al de California. Simone de Beauvoir había escrito el 'Segundo sexo' poco después de que mi mamá nació, pero el feminismo no había llegado al pueblo, y 'la píldora' era una discoteca en el centro de Bogotá, porque las mujeres solteras no la usaban, salvo unas cuantas muchachas de la élite. La revolución sexual no tocaba todavía a las clases medias, y mi mamá, educada en una normal de monjas e hija de una madre soltera, lo que menos quería era tomar riesgos. El sexo fuera del matrimonio era algo tan innombrable que mi mamá se refería a él como faltarle el respeto a la novia. Cuando yo era un adolescente me decía cosas como, cuando tenga novia no le vaya a faltar al respeto. Por supuesto, si una mujer tenía relaciones consentidas con su novio, significaba que no se daba a respetar, y si no la respetaba el novio, ya no la respetaría nadie. Durante toda mi adolescencia estuve convencido de que las mujeres decentes no tenían deseos sexuales, y no debía ser el único. En 1993, cuando trabajaba en un banco, a mi amiga Martha Cecilia Forero, que me enseñó todos los secretos para beber cerveza impunemente en horas laborales, le gustaba jugar a la bruja con un hilo y unas tijeras amarradas en péndulo que usaba como una especie de oráculo. Si las tijeras se movían de un lado a otro, el oráculo estaba diciendo que sí, pero si se movían en círculo, contestaban que no. Así que, otro abogado, Jorge Luis Pardo, que acababa de ver como su novia lo dejaba por otro, corrió presuroso al lugar donde las tijeras echaban la suerte, y les preguntó si los escapados ya habían tenido sexo, a lo que las tijeras respondieron con un rotundo si, que casi hace que se cortara el hilo de tan vehemente que había sido. Luego de esta prueba científica tan contundente de la sexualidad de su exnovia, el pobre hombre lo único que atinó a decir fue una sola frase de la que nos hemos reído durante años con Martha Cecilia cada vez que la recordamos:

-'¡Y yo que la respeté!'. Dando a entender con ello, que la muchacha no se merecía ese respeto.

Así de pendejos criaban a algunos hombres en aquella época, haciéndoles creer que la mejor forma de respetar a una mujer era negándole su derecho a tener una vida sexual. Por muy ridículo que parezca, la expresión usada entre las clases populares era aún peor. Se decían cosas como: 'perjudicar a la novia' o 'el novio me perjudicó a la muchacha'. Así, para las mujeres, el sexo extramarital era o un irrespeto o un perjuicio, dependiendo de la clase social, aunque probablemente para muchas mujeres de la clase alta, el sexo ya se había convertido en un gusto, porque a pesar de lo igualador que parezca desde el punto de vista biológico, pocas cosas son más clasistas en Colombia que el sexo.

Hasta hace unas pocas décadas, existía un delito en Colombia llamado estupro, que consistía en prometer matrimonio a una mujer para obtener sexo consensuado, y después de consumado, no casarse. Por supuesto, no existía el estupro femenino. Para la ley ningún hombre necesitaba esa promesa para ir a la cama, cosa contraria ocurría con las mujeres decentes. Mis profesores de derecho se congratulaban de un verso para describir el delito: 'prometer para meter y después de haber metido, no cumplir lo prometido', así de estúpidas representaba a las mujeres el derecho penal, por supuesto, si las partes se casaban, el delito no se castigaba. Lo mismo pasaba con la violación, si el violador se casaba con la víctima después, no había delito. Tampoco existía la violación dentro del matrimonio, tener sexo era un derecho del esposo y una deuda de la esposa: 'el débito conyugal'. El matrimonio era la justa reparación para todas las ofensas que se le hacían a una mujer, no había mejor solución para ese tipo de impasses que un matrimonio, y no había felicidad mayor para una mujer que casarse, por eso todas las telenovelas terminaban en la iglesia. Lo importante era evitar la deshonrosa caída antes de la bendición matrimonial.

Si mi mamá hubiera nacido veinte años más tarde, mi papá habría sido una canita al aire, que además no le habría dado la oportunidad de enamorarse mucho, porque él tenía espíritu de burlador y normalmente creía que lo más práctico era desaparecer. Pero mi mamá era una mujer joven de los sesentas que, llevada de una pasión visceral por mi papá, decidió no quedar como la tonta, y simplemente, como le habían enseñado, no dio su brazo a torcer. En otras palabras, en medio de su atracción imperiosa hacia él, con tal de no perder la honra, estaba dispuesta a todo, inclusive a casarse. Y tuvo la mala suerte de encontrarse con un mujeriego como mi papá, que, en medio de su donjuanismo apasionado, con tal de seducirla también estaba dispuesto a todo, inclusive a casarse. De hecho, hoy en día me pregunto si mi papá no se habrá casado otras veces, porque capaz de hacerlo si era. Ante semejante falta de buen juicio de parte de ambos, los hechos se precipitaron de forma rocambolesca.

Mis papás se casaron a escondidas, como era común en la época cuando las hormonas apuraban, un jueves a las 8 de la mañana, en Tocancipá a 30 kilómetros de Cajicá, en una misa de réquiem, celebrada por un cura amigo de mi mamá que prefirió que ella se enredara en un mal matrimonio, antes de permitir que cayera en el despreciable pecado de la carne. La noche anterior, mi papá estuvo a punto de morir. Nunca supe si fue a la salida de su despedida de soltero o simplemente de una de sus parrandas habituales, pero el carro en el que iba se chocó a las 4 de la mañana en la autopista norte con la calle 116.

Salvó el pellejo de milagro, llegó a su casa, se cambió y estuvo apenas para llegar a media misa y encontrarse con mi mamá que no sabía si se había arrepentido de aparecer. No fue un muy buen presagio que mis papás dieran el sí, mientras al fondo los deudos del muerto cantaban responsos. '¡Dale, señor, el descanso eterno!', gritaban los unos, mientras los otros decían: 'si acepto'. '¡Brille para ella la luz perpetua!' respondían los unos, y el padre replicaba: 'los declaro marido y mujer'. El padre, después, los convidó con vino de consagrar y unas galleticas que le había regalado alguna solterona, y como el asunto era de urgencias, salieron a pasar, no la noche, sino la mañana de bodas en un hotelito que quedaba en Zipaquirá, ciudad esta sí, cuna de grandes ciclistas y famosa desde antes de la llegada de los españoles por tener una de las minas de sal más grandes del mundo. Los supersticiosos dirían que tanta sal alrededor era otro mal presagio. Pasado el mediodía, mi mamá se fue para su casa, mi papá se fue a trabajar, y el buen hombre, apegado a sus sanas costumbres, no volvió a aparecer. Durante largos ocho días, haciendo gala de su experiencia como tenorio, mi papá sacó a relucir todas sus artes para la evasión, hasta que finalmente, para el cumpleaños de mi mamá, ella no soportó la presión, y en medio de la noche y del insomnio, le contó a mi abuela que hacía más de una semana se había casado y que el flamante marido había puesto pies en polvorosa. Mi abuela, decidida a no repetir su propia historia, se puso de pie, tomó a su hija del brazo y se apareció en la casa de mi abuela paterna a la medianoche, donde el vándalo dormía a pierna suelta los rescoldos de alguna de sus legendarias parrandas. Después de un largo rato que a mi mamá le debió parecer eterno, mi abuela tomaba camino de vuelta a su casa con los dos, hija y yerno para dar por terminado el primer día de esos largos 25 años que nos aguardaban a todos. Nueve meses después, exactos con sus días, nací yo, por culpa de un ciclista borracho, un casanova de pueblo y la decisión insobornable de mi mamá de hacerse respetar.

II

Se llamaba Román Ocaña y era el típico matón del curso: valiente con los débiles y obsecuente con los fuertes. En una clase en la que había grandes diferencias de edad, que se reflejaban en el desarrollo físico de los niños, aprovechaba para golpear impunemente a los más pequeños y a los más débiles, así como para acosar a las mujeres y levantarles las faldas. En un colegio policlasista, creía que estar de la mitad hacia arriba de la escala social, le daba cierta impunidad. Con mi amigo Víctor Arrieta y con Óscar Bello, tratábamos de andar siempre juntos, porque si estábamos solos, él se las arreglaba para meternos algún puño, casi siempre a traición, por la espalda, sin ningún aviso, porque como todo buen matón, era un cobarde que solo era capaz de agredir cuando tenía la ventaja. El pobre niño era un troglodita que no se guardaba de expresar su odio hacia la inteligencia y hacia cualquier manifestación de civilidad que le impidiera sacar a flote abiertamente su espíritu cavernario (con perdón

121

de nuestros tatarabuelos cavernarios). Su sociopatía nunca tuvo remedio, ya mayor lo vi un par de veces y seguía siendo el mismo individuo desprovisto de límites, incapaz de toda conexión empática con los demás seres humanos.

Hoy me parece algo fuera de lo ordinario, una escena escandalosa que debería estar proscrita de la vida de toda niña, pero en aquella época parecía algo propio de la cotidianidad. Cuando no tendría más de once años, Román Ocaña andaba haciendo algo que le gustaba, perseguir niñas para manosearlas contra su voluntad. Hasta ese momento Román Ocaña había logrado salir impune de este deporte atrabiliario. Esta vez, el objeto de sus requiebros trogloditas era Martha Arango. Primero intentó levantarle la falda, pero ella alcanzó a lanzarle una cachetada que no hizo más que estimular su deseo de seguir adelante. La tomó por la muñeca e intentó atraerla hacia su cuerpo, pero ella logró zafarse de su atacante con un codazo que, si bien no hizo mayor mella en el mamífero bufador que pretendía someterla, le dio los suficientes metros de ventaja para salir corriendo. El arrancó a perseguirla, y ella intentó eludirlo, primero detrás del tronco de un viejo árbol, mientras trataba de hacerse camino hacia la seguridad del baño que estaba a menos de treinta metros. En un momento de descuido, Martha inició su carrera de camino al baño de mujeres. Todos los espacios del colegio tenían pesadas puertas de acero que solían cerrarse con gran estrépito cuando alguien olvidaba asegurarlas y las azotaba el viento de la tarde. Martha sintió una mezcla de odio y terror cuando oyó la respiración jadeante de su abusador a punto de alcanzarla. Román Ocaña al ver que Martha corría hacia el encierro del baño, la siguió confiadamente convencido de que tenía acorralada a su presa. Cuando Martha Arango llegó a la seguridad del baño de mujeres descansó aliviada, pero se llenó de pánico al ver que Román Ocaña no iba a dejarse detener por el tabú invisible que nos impedía a todos poner un pie en el baño de las niñas. Él estaba dispuesto a proseguir hacia adentro y si lo lograba, Martha quedaría encerrada a merced de su agresor. Así que, justo en el momento en que Román Ocaña empezaba a entrar en el baño y ponía su mano en el marco de la puerta para cerrarle cualquier vía de escape a su víctima, ésta tomó el bastidor de la puerta y la azotó con todas las fuerzas de que era capaz. La puerta resonó con un estruendo seco, seguido de un alarido agudo emitido por el agresor, mientras éste se retorcía de dolor en el piso, tratando de tomarse la mano derecha de la cual brotaba un copioso chorro de sangre. Rápidamente Román Ocaña fue conducido por un par de personas a la enfermería, mientras los demás nos arremolinábamos en la puerta del baño, para ver lo que había pasado. Cuando Martha abrió pudimos ver, aplastado contra el marco de la puerta, un trozo de dedo que correspondía a las dos últimas falanges del dedo anular de Román Ocaña. Al comprender lo que había pasado, todos los que habíamos sido víctimas de aquel matón sentimos una mezcla de horror y justicia, como si con aquella única acción todos hubiéramos sido reivindicados. Martha se había convertido en nuestra heroína, y aquella traza que había quedado sobre el marco de la puerta era el signo de una compensación que habíamos esperado largo tiempo. El golpe había sido tan fuerte que el dedo se había quedado allí pegado, como una estampa culpable que servía de recordatorio de las injurias que había cometido contra nosotros aquel fulano intemperante. En ese momento me asusté por esa mezcla de júbilo aderezado con asco que comenzaba a invadirme, y que más tarde me permitiría entender la fascinación morbosa de los antiguos con las ejecuciones públicas. Unos minutos después, apareció la enfermera del colegio con un trozo de gasa. Con mucho cuidado, despegó el pedazo de tejido, lo envolvió cuidadosamente en la gasa y se metió en el bolsillo el dedo acusador.

III

En la cultura popular y en el discurso político de occidente se pretende igualar el capitalismo y la democracia. Existe una tradición legal que busca equiparar los órganos de decisión de las sociedades comerciales con las asambleas democráticas, con la pequeña distinción de que, en las democracias la decisión depende de la cantidad de votantes, mientras que en las sociedades depende de la cantidad de capital que tenga cada votante. Además, nunca se ha visto que los trabajadores, por ejemplo, tengan voz y voto en la asamblea de accionistas. Es decir, por mucho que se las pretenda disfrazar de democracias, las sociedades mercantiles son una autarquía, con mucha suerte, en algunos casos llegan a ser una aristocracia, pero de democráticas no tienen casi nada, excepto algunas formas. En las compañías más eficientes, esta autarquía se pretende equilibrar con un cuerpo tecnocrático y meritocrático que controle las decisiones de la cabeza, con la pretensión de que la tecnología y la ciencia logren atemperar los posibles delirios autoritarios del accionista controlante o del CEO.

Lo que más les gusta a las tecnocracias son los números. Unos buenos números son la mejor manera de invisibilizar la vida concreta de los individuos. Cuando en la pandemia del coronavirus decían que la letalidad era del 2%, los vivos se tranquilizaban, y nadie se preguntaba si el que murió fue un poeta o un torturador, una abuela con muchas historias o un ajustador de seguros que se las arreglaba para no pagar las pólizas de salud a los enfermos, lo mismo pasaba cuando decían que en la crisis hipotecaria del 98, el 20% de los deudores perdieron sus casas, allí no sabíamos si era la casa donde el deudor pasó su infancia y su padre marcó con lápiz en el batiente de una puerta los centímetros que iba creciendo cada año, o si el que perdió su casa fue un malvado abogado que se la había arrebatado tramposamente a una abuelita con tres nietos huérfanos. Una encuesta es capaz de sumergir en el olvido los dramas personales, por eso cuando en el banco donde trabajaba, hacían encuestas de clima laboral, las directivas se envanecían porque podían decir, que su banco era un gran sitio para trabajar, pero la estadística no podía mostrar a los que pasaban horas de trabajo largas y tristes, ni podía mostrar si los que estaban felices, lo eran porque allí encontraron a sus mejores amigos, o tal vez una mujer

123

era feliz porque el trabajo le permitía escapar de la casa donde la esperaba un marido que ya no amaba, o quizás un abogado era feliz porque se encontraba todos los días en el ascensor con una mujer hermosa cuyo nombre desconocía pero a la que esperaba invitar algún día a almorzar o a visitar algún museo.

Lo importante de los números era que ocultaban a los que no eran felices en aquel pedazo de mundo. A nuestro jefe le gustaban las celebraciones, de modo que era muy común que los viernes nos quedáramos todos más tarde en la oficina, mientras circulaba algo de licor, y conversábamos animadamente. En general todos disfrutábamos la charla y pasábamos un buen rato, excepto una amiga mía. Tuvieron que pasar años, para que yo entendiera lo mucho que aquellas veladas le reportaban incomodidad. Normalmente no pasaban más que unos pocos minutos para que nuestro jefe comenzara a hacer comentarios pasados de tono sobre ella, algunos eran realmente lascivos, otros eran más bien majaderos. Lo peor era que ella se sentía atrapada en ese entorno y no parecía tener escapatoria. Durante años, la escena se repitió innumerables veces. Cuando nos sentábamos uno al lado del otro, y nuestro jefe comenzaba su indisimulado acoso, ella solía susurrarme al oído:

-¡Ya comenzó este hijueputa!

Pero yo no era capaz de percatarme de lo mucho que le producía desasosiego. En realidad, yo nunca protesté ni la defendí, por el contrario, cuando ella se quejaba, le sonreía como si me estuviera comentando alguna broma. Solo hasta ahora vine a entender que me estaba pidiendo ayuda, y que nunca se la presté. En aquella época estaba tan normalizado que los jefes acosaran a las mujeres bajo su mando, que ni siquiera notábamos la violencia que había detrás de esas conductas. Mi mamá, que siempre fue intransigente con el acoso, lo hubiera notado inmediatamente, y seguramente habría protestado, pero yo no lo hice. Tuvieron que pasar décadas para que yo entendiera sus pequeñas batallas contra la violencia simbólica que había en lo cotidiano. Cuando pasaban ese tipo de escenas y una mujer no se aguantaba o mostraba públicamente su disgusto, todos la censurábamos, por no ser capaz de tomárselo a broma, como si fuera culpa de ella por no tener el cuero duro para aguantar la impertinencia, y no de él, que aprovechaba su poder para joderla. Porque más que de sexo, se trataba de eso, de poder, de hacernos entender que, de puertas para adentro, no había libre mercado, sino la rígida estratificación de un feudo.

IV

Hace años escribí un cuento muy malo. Era sobre un hombre que tenía la fantasía de visitar una prostituta que fuera capaz de recitarle poesía clásica en latín mientras tenían sexo. Por supuesto, el intento del fulano por irse de putas en medio del más rancio clasicismo terminaba en un pantano de sordidez,

124

donde era difícil soportar tanto ridículo. Salvo un par de apuntes cómicos divertidos, el cuento estaba realmente mal escrito.

La idea me vino a la mente después de leer 'El anatomista' de Federico Andahazi, cuando pensé que la imagen de prostitutas o cortesanas que recitaran en latín resultaba por un lado atrayente y pretenciosa, pero, por otro lado, bastante acorde con la manera en que muchos de mis compañeros de la universidad parecían ver el mundo. Así que imaginé un personaje de pretensiones aristocratizantes, y maneras decadentes, de esos que eran tan comunes en las facultades de derecho en la Bogotá de mi juventud. No era difícil echar memoria para reconocer a varios de los estudiantes con los que me había topado, muchos de los cuales se sentían poetas, pintores o músicos atrapados en el cuerpo de un abogado, y para los cuales no sería difícil llegar a la conclusión de que la prostitución podía ser considerada como una de las bellas artes. De todos ellos, el más conspicuo era Carlos Formoso, que gustaba de presentarse ante todos con su aura de promisorio aspirante a poeta maldito y, según los rumores que corrían, se había ido a vivir a un prostíbulo para buscar inspiración poética. Allí, en medio de bataclanas y embriagueces aspiraba a darle un giro copernicano a la poesía colombiana. Al parecer, algo ocurrió en el camino, porque la tan mentada revolución poética nunca llegó a su término o, si sucedió, nunca se hizo pública. Creo que le resultaba mucho más elegante decir que era un asiduo de los burdeles por razones estéticas y porque aspiraba a ser una especie de Toulouse Lautrec literario, que simplemente reconocer que era un putañero impenitente.

De adolescente seguí atentamente las crónicas que había escrito Carlos Lleras Restrepo acerca de Ninon de Lenclos primero y de la Bella Otero después, y había quedado fascinado con el poder que alcanzaron estas mujeres haciendo un hábil uso de su inteligencia y de su sexo. Aun hoy, me resulta difícil sustraerme al influjo poderoso de la Olympia de Manet, sobre todo si uno tiene la posibilidad de verla de cerca en el Museo de Orsay. Mi amiga Iliana Cetina, que creía que su propia belleza era la medida última de sus propios alcances y se vanagloriaba de haberse hecho amante de un empresario importante, andaba por ahí con una crónica de grandes cortesanas en la cartera, que solía blandir como libro de cabecera, porque solía recalcar que esa era su verdadera vocación, la de cortesana influyente y gobernanta de hombres poderosos, y como tal exigía que se la reconociera.

Estas mujeres excepcionales e icónicas, tan alejadas de la miserable vida de la pobre Fantine de Víctor Hugo, servían para romantizar el trabajo sexual, pero además mostraban toda la tensión que implicaba escoger entre la virtud sumisa de la moral burguesa y la rebeldía de quienes solo podían encontrar la libertad por fuera de los convencionalismos sociales, y por ende lo arriesgaban todo, hasta el amor y la propia vida solo por el terco deseo de ser libres, tal como termina pasándole a Margarita Gautier. Entre las escenas más atrayentes de 'Lo

125

que el viento se llevó' está precisamente el encuentro entre la prima Melania, como arquetipo religioso femenino del amor y el perdón incondicionales y Belle Watling, que ha afrontado el ostracismo social a cambio de hacerse dueña de su propia vida y de su propio cuerpo, para lo cual debe convertirse en madame de un burdel elegante Allí, en ese carruaje, se encuentran esos dos extremos que, sin embargo, se reconocen la una a la otra en la soledad de sus diferentes destinos que han asumido con la mayor integridad que pueden. Es en ese carruaje donde se hace más patente la cruel opresión de las sociedades patriarcales sobre el cuerpo y la mente de las mujeres, cuando se les enfrenta al ominoso dilema de que para ser libres, inteligentes, independientes y educadas, se ven obligadas al exilio, bien sea en una isla como le ocurrió a Safo, o bien en una casa de citas. Sociedades violentamente opresivas contra las mujeres, les dan como única alternativa a la opresión doméstica, otra forma de control del cuerpo que es el trabajo de los servicios sexuales y de compañía. Así, las mujeres griegas pueden escapar del gineceo y convertirse en hetairas refinadas y cultas, y a las mujeres japonesas se les entregan las casas de Geishas, y cosa parecida sucede con las cortesanas renacentistas y francesas.

Las mujeres inteligentes, rebeldes y poderosas producen temor, y el burdel era una forma de aislarlas y controlarlas, de la misma forma que se confinaba a las odaliscas al harem, o a las monjas brillantes se las reducía al convento, como pasó con Eloísa, la amante de Pedro Abelardo. Así que no es casual que una monja sobresaliente como Sor Juana Inés de la Cruz denunciara precisamente la doble moral presente en el trabajo sexual. Y tampoco es casual que la emperatriz Teodora se convirtiera en el epítome de esa mujer ambiciosa y odiada que no ha sido posible recluir en el burdel y por obra de su inteligencia y sus artes amatorias se ha hecho con el poder y lo ejerce en la esfera de lo público. Sin embargo, esta posibilidad emancipatoria se reduce a la historia de unas pocas mujeres excepcionales, para la mayoría, la casa, el convento y el burdel fueron suficiente prisión durante siglos.

Uno pensaría que, en pleno siglo XXI, las mujeres ya no necesitan esos espacios marginales para darle rienda suelta a su inquietud intelectual. ¿Qué necesidad hay de abrir un salón de cortesanas, si las mujeres pueden irrumpir libremente en la universidad y en la academia? Además, el mercado tampoco lo pide, los clientes de las acompañantes de lujo son o bien ejecutivos y capitalistas que andan más pendientes de los movimientos financieros que de los movimientos literarios, o narcotraficantes y políticos cuyo sentido del gusto no pasa por las sutilezas de un intelecto bien cultivado. Ese era el sentido absurdo del cuento que había logrado malograr al escribirlo, el protagonista, ese estudiante de derecho ridículo y afectado, no era más que un anacronismo, dominado por un prejuicio atávico y machista que, si de verdad quería una experiencia erótica arrullado por los versos de Ovidio, ha debido tener la inteligencia y el encanto suficientes para seducir a una estudiante de filología clásica, pero, por supuesto, era demasiado estúpido como para seducir a nadie.

En Colombia, donde la mayoría de los hombres de mi edad jamás vivieron solos, sino que pasaron de la casa materna a la casa matrimonial sin ninguna transición, tener un apartamento de soltero, lo convertía a uno en el alma de la fiesta, así que mi casa era centro de celebración para todo tipo de eventos, desde fiestas de la oficina, hasta bingos y piñatas infantiles. Mi casa siempre estaba abierta para el que la necesitara, y eso incluía despedidas de soltero y borracheras de divorciados. En una ocasión mis amigos decidieron organizar un espectáculo de estriptís en mi casa, para lo cual contrataron a dos muchachas de una agencia que se anunciaba en el periódico. Fue así como conocí a Victoria. El solo hecho de que hubiera escogido como seudónimo de trabajo un nombre de señora respetable, ya la convertía en alguien distinto en un medio donde todas trataban de usar nombres de artistas o personajes famosos como Jennifer o Chelsea o Hillary. Victoria debía tener unos 30 años y tenía un hijo, de lo cual daba testimonio una cicatriz de cesárea que ella trataba de disimular un poco, lo cual le daba a su cuerpo un aire de mujer serena y adulta, muy distinta de la otra muchacha que había llegado con ella y que tenía una actitud festiva de estudiante universitaria. Según me contó, Victoria estaba divorciada del padre de su hijo, y había empezado en el negocio, cuando su niño era pequeño y ella todavía era una joven estudiante de medicina, que necesitaba pagar sus estudios y sostener al niño. Cuando terminó la carrera, quiso dejar la vida de acompañante, pero le pagaban tan poco en sus turnos como médica en la clínica de una empresa de seguridad social, que para pagar las cuentas y redondear los ingresos, tenía que tomar turnos en la agencia que la había enviado. Así están las cosas, decía, vivimos en un país donde una médica titulada se gana en un mes, lo que una *escort girl* se puede ganar en una o dos noches. Hablamos de todo un poco, con una confianza y con una profundidad que eran más propias de una cita romántica que de un servicio de acompañantes. Su desprevención para conmigo llegó a su máxima expresión cuando me dijo:

- ¿Pero sabe? Mi verdadera vocación no es ni la medicina, ni esto de ser *escort*, lo que realmente me gusta es otra cosa. Lo que yo amo hacer es escribir poesía.

Le pregunté si recordaba algo de lo que había escrito que me pudiera recitar allí mismo, y entonces empezó a hacer ejercicios de memoria y de repente se puso de pie, arrimó un butaco que yo usaba para alcanzar las partes altas del closet, se subió en él y empezó a recitarme algo que había escrito, y que recuerdo que me conmovió bastante. Entonces, esa hermosa mujer desnuda, con los brazos abiertos, recitando poesía de pie sobre su pedestal improvisado, se me antojó como una aparición celestial, como un retablo de una asunción barroca o como una de esas figuras arrebatadas de Rubens que parecen estar en perpetuo movimiento ascendente. Fue en ese momento en que comprendí que estaba a solo un paso de enamorarme de ella, y dimensioné todo el poder sobrecogedor que podían tener las cortesanas decimonónicas, con todo su brillo intelectual y su belleza militante al servicio de la seducción de quienes las rodeaban. Así que me acobardé, temí convertirme en un Armand Duval, comprendí que solo faltaba un pequeño giro de tuerca para quedar enteramente a su merced, y me prometí nunca más volver a verla.

Solo hasta ese día entendí que detrás de los anuncios que aparecían en la prensa se podían encontrar mujeres complejas, inteligentes, capaces de conmover el corazón y el cerebro, tan intensamente humanas como la Violetta Valéry de la Traviata, que se despacha con un par de arias en el último acto, capaces de agotar los pulmones de una persona en perfecto estado de salud, y que por supuesto dan al traste con sus pulmones tuberculosos, por lo que al final del día uno se pregunta si de no haber cantado con ese esfuerzo sobrehumano, quizás hubiera sobrevivido a la tisis, pero, por supuesto, no habría cerrado la noche con una imagen memorable, tan memorable como la de Victoria desnuda recitando en mi casa.

V

En la película 'The Hotel New Hampshire', el protagonista John Berry pierde la virginidad con la camarera del hotel. Lo que más me impresionó de la escena es que la camarera se niega a besarlo en la boca, y se sigue negando en las veces subsiguientes en las que tienen sexo, por lo que, se convierte en un amante experimentado, pero no sabe besar en la boca. Para la mucama, un beso es mucho más profundo que cualquier otro acto sexual, y decide reservarlo solo para cuando esté enamorada. En 1984, cuando vi la película, la actitud de la mucama me parecía un tanto incomprensible, pero con el pasar del tiempo, descubrí que cada persona establecía sus propios hitos en materia de relaciones. Después me enteraría que la visión de la mucama del hotel New Hampshire era compartida por muchísimas prostitutas que, por supuesto tenían sexo con sus clientes varias veces en la jornada, pero al final del día solo besaban a sus novios o maridos. Tal vez por eso, esas imágenes de clientes que tratan de besar a las trabajadoras sexuales me parecen de una profunda falta de respeto, porque pretenden violentar la única esfera de intimidad que ellas guardan para sí. Un viejo conocido mío enfermó fuertemente de mononucleosis, porque en una despedida de soltero no tuvo una mejor idea que pedirle un beso a la muchacha del *show*. Justicia poética, pensé yo, por traspasar los límites que no deben cruzarse, al fin y al cabo, ella no estaba entregándole el corazón a nadie.

Fue alrededor de estas peculiaridades que empecé a entender que mis fantasías sexuales podían ser bastante diferentes de la de la mayoría de mis amigos. Mientras muchos de ellos fantaseaban con clichés del tipo: un par de gemelas en un ascensor o ser atacados lascivamente por la mujer que hace el domicilio de la pizza mientras la plomera que está arreglando el lavamanos decide intervenir en su ayuda, para mí ese tipo de situaciones llenas de exuberancia y gimnasia sexual me generaban más estrés que ilusión. Con el paso del tiempo, un hombre sabio descubre que seguramente no llega a ser el polvo que imagina ser, y en momentos de contrición quisiera pedirles sinceras disculpas a las amantes pasadas. Así que, todas esas fantasías poligámicas no me seducen, porque pienso que ya es bastante vergonzoso quedarle uno mal a una sola mujer, como para además tener después que pedirles disculpas a dos o tres.

Por eso, mis fantasías eran más bien del tipo sociológico, en las cuales más que la voluntad de un par de personas, lo que se impone es una modificación en las costumbres de un amplio sector de la población.

Mi fantasía era de compleja realización porque requería de una organización y logística transfronterizas. En medio de un país supremamente organizado donde todo el mundo es solidario y cumple con su deber, los neerlandeses tienen unos espacios y momentos de anarquía organizada, en los cuales la gente puede perder el control. Mi idea era algo así: quisiera organizar 'el día internacional de la nalga'. En este día maravilloso, las gentes, hombres y mujeres mayores de edad, de las ciudades participantes, se reunirían en un espacio franco, en el cual cualquiera le podría agarrar la nalga a cualquiera, a condición de que se dejara agarrar la nalga de cualquier desconocido. En Bogotá, ese espacio podría ser en la plaza de conciertos del parque Simón Bolívar, por lo que, allí el evento podría ser conocido también como 'nalga al parque'. La clave de 'nalga al parque' era entender que no se trataba de un evento sexual o de una orgía multitudinaria, sino simplemente de un evento nalgar, es decir, nadie podría ir más allá de tocarle la nalga al otro, la reunión de los nalguistas tendría por objeto simplemente el placer de la turgencia. En este sentido debería ser una fiesta incluyente, en la cual pudieran participar no solamente nalgas bronceadas o morenas, sino también nalgas pálidas, incluso fosforescentes si fuera el caso, y no solo nalgas redondas y firmes, la nalga caída o puntuda o triangular también debería tener la oportunidad de participar.

Aunque esta idea me andaba rondando en la cabeza, me afirmé más en ella, la primera vez que visité la Capilla Sixtina. Allí en el panel de la creación del sol y de la luna, se puede ver a Dios padre, de frente a mano derecha, y a mano izquierda de espaldas. Pero lo extraordinario es que en la imagen de espaldas se pueden observar translúcidas las nalgas de Dios. Mi reacción cuando lo vi por primera vez fue de estupor. ¿Cómo? ¿Es que acaso uno puede pintar las nalgas de Dios? Es decir, ¿procesaron a Galileo por decir que la Tierra se movía, quemaron a Giordano Bruno por sugerir la idea panteísta de que Dios estaba en la naturaleza, y en cambio a Miguel Ángel le entregaron una gruesa suma monetaria a pesar de pintar el culo de Dios? En ese momento entendí que las nalgas pueden tener un fuerte contenido político que pasa desapercibido. A principios del siglo XIX, Saartje o Sarita Baartman, una mujer proveniente de la colonia neerlandesa de El Cabo fue llevada a Inglaterra, primero para ser atracción en un circo, y después a Francia, donde fue esclavizada, encadenada y exhibida como un espécimen exótico. La razón de tanta atención fueron sus poderosas nalgas que le dieron celebridad. Luego de su temprana muerte, en un aberrante caso de racismo científico, su esqueleto y un molde de yeso de sus nalgas, fueron exhibidos por 160 años en el Museo de Historia Natural de París. Hasta bien entrados los setentas, la venus Hotentote, como fue llamada, fue utilizada para demostrar las supuestas diferencias fenotípicas entre los civilizados europeos y las razas salvajes del sur. Las nalgas se convirtieron así en una bandera de propaganda colonial. Pero no solo eso, además eran un instrumento de control machista, ya que las supuestas nalgas pequeñas de las mujeres blancas se identificaban con su temperancia sexual y, por ende, las convertía en mujeres fieles y poco lascivas, en comparación con el exotismo lujurioso de las mujeres de color. Así que las nalgas fueron usadas para quitarles la libertad y la capacidad de autogobierno a los pueblos del sur y del oriente, y para negarles el derecho a la sexualidad plena a las mujeres del occidente europeo.

Entre nosotros, a las nalgas se les ha dado también un contenido político, como se puede ver en redes sociales con las discusiones acerca de en qué región del país se encuentran las mejores nalgas. Pero no solo eso, en esta sociedad patriarcal, las nalgas de las mujeres son signo de estatus, de modo que, en la cultura del narco, las nalgas femeninas se compran y se venden como una mercancía de prestigio, y así, en medio de nuestra precariedad, compadecemos a los pueblos de otros lugares del planeta donde el nalgatorio femenino no es tan abundante, como si las nalgas colombianas fueran un logro colectivo tan importante como el sistema antisísmico de Japón o el número de premios nobel de Canadá o las obras hidráulicas que construyeron a los Países Bajos.

VI

Mi abuela les tenía miedo a las tormentas. Nosotros nos reíamos de su temor atávico, pero ella, que casi había sido arrastrada por una creciente repentina del río Fucha durante una noche de tempestad, tenía sobrados motivos para temblar cuando el cielo desataba sus furias, de modo que cada vez que sonaba un trueno, invocaba a santa Bárbara, patrona de los rayos y de las tormentas. La santería cubana asociaba a santa Bárbara con Changó (el gran putas de Zapata Olivella), el orisha primordial del rayo y del fuego, como lo sabemos todos los que alguna vez hemos bailado al compás del 'Santa Bárbara bendita' de Celina y Reutilio, y hemos gritado '¡que viva Changó, señores!', mientras zapateábamos frenéticos en la pista de baile. Sin embargo, en la imaginería católica y barroca de las iglesias coloniales, santa Bárbara ocupaba un lugar mucho más modesto, y en el caso de la devoción bogotana por la santa, tenía un origen bastante más macabro.

En 1566, un rayo cayó sobre una casa de hacienda, en lo que hoy es el barrio las Cruces, matando a la cocinera negra de la familia Céspedes. En vez de lamentar la muerte de la pobre mujer, don Juan de Céspedes se sintió jubiloso de que ningún miembro de su familia hubiera muerto, y que el incidente no hubiera dejado nada que lamentar aparte de la muerte de una esclava sin nombre, fácilmente reemplazable por otra. Por tal razón, el patriarca decidió erigir una capilla a santa Bárbara, en el lugar donde ocurrió tan piadoso milagro, en agradecimiento a la misericordiosa intervención de la santa que, atendiendo a los privilegios de casta, respetó las vidas de los miembros de aquella esclavista familia de bien.

La capilla que aún se encuentra ubicada dos cuadras al sur del palacio de los presidentes, despertó entre los habitantes un fervor especial, en aquella ciudad tan proclive a ser alcanzada por los rayos. Como suele suceder con todos los mártires, según la tradición cristiana, la historia de santa Bárbara es bastante siniestra. Nacida en el Asia Menor, fue encerrada en una torre por su padre pagano, para evitar que fuera influenciada por la predicación cristiana, pero la muy rebelde se las arregló para entrar en comunicación con Orígenes de Alejandría, uno de los padres de la iglesia, quien la instruyó en la doctrina cristiana. Orígenes debía ser un tipo simpatiquísimo, lleno de alegría de vivir, porque a los diecinueve años decidió castrarse por temor a sufrir una erección mientras daba su catequesis a algunas mujeres cristianas. Lo cierto es que las enseñanzas de Orígenes debieron calar fuertemente en santa Bárbara porque poco después se hizo bautizar para disgusto de su padre, Dióscoro, quien gobernaba una satrapía persa. Este decidió castigar a la hija insurrecta, y luego de torturarla, la condenó a ser decapitada. Aparentemente, aquel tierno padre era uno de esos jefes a los que no les gusta delegar funciones, porque él mismo decapitó a santa Bárbara con su propia espada en la cima de una montaña, luego de lo cual Dios decidió castigarlo matándolo fulminantemente con un rayo. De allí la invocación de santa Barbara como patrona de las tormentas. Algunos se preguntarán por qué Dios no salvó a santa Bárbara y mató a Dióscoro antes de que torturara y decapitara a la pobre mujer, pero Dios, que no desperdicia ocasión de un desenlace apocalíptico y una buena puesta en escena, quería que los hombres inventaran el barroco colonial, y para eso necesitaba mártires; porque todo el mundo sabe que un cuadro barroco sin que alguien esté martirizando a algún santo es tan soso como un tango en el que no le hayan roto el corazón a nadie.

Pero santa Bárbara tuvo una importancia particular en el arte barroco de Santafé, ya que una de las torturas a las que fue sometida por su padre fue la amputación de sus senos. Esto permitió a los pintores y escultores pintar un torso desnudo femenino, lo cual les estaba vedado en cualquier otro tipo de representación. Y es que mientras que el barroco europeo era generoso en desnudos femeninos y masculinos abundantes en carnes, el barroco español en América estaba regido por unos cánones que prácticamente proscribían cualquier atisbo de desnudez. Esto le dio al torso desnudo una iconografía macabra, porque los senos eran representados o bien justo antes de ser lacerados, o bien ensangrentados y descarnados justo en medio del proceso de amputación.

Aun hoy seguimos sesgados por nuestro lente barroco, por eso es que en las playas y en los parques les está prohibido a las mujeres hacer topless, pero en cambio está permitido y es muy común que, en las manifestaciones y en los desfiles, aparezcan mujeres con el torso desnudo, practicando algún performance con el pecho ensangrentado o pintado con alguna arenga, para protestar contra la violencia o contra el machismo o contra la tauromaquia o contra cualquiera de los dolores que nos machacan la existencia, como si los senos no fueran dignos de verse en un momento de contemplación o de placer, sino únicamente cuando son elevados al altar del martirio.

VII

Una de las primeras personas que escribió en holandés medieval y marcó la pauta para establecer lo que sería el habla culta en holandés moderno fue una mujer llamada Hadewijch de Amberes hacia la década de 1240. Además de su importancia en la historia de la lengua holandesa, debe decirse que fue una de las fundadoras del género de poesía mística, y su obra poética llena de belleza y erotismo cristiano, se anticipa en más de 300 años a las obras de Santa Teresa de Ávila y San Juan de la Cruz. Hadewijch pertenecía a una congregación laica de mujeres, que se dedicaban a la vida cultural, la caridad, la salud y la contemplación y fueron muy populares en lo que hoy es Holanda, Alemania, Bélgica y Francia: las beguinas. Las beguinas no eran monjas, ni estaban sometidas a la curia, sino que eran mujeres laicas e independientes que fueron fundamentales en la formación de la cultura vernácula. Ser beguina era una alternativa liberadora para las mujeres inquietas que no se querían someter a la tutela de un marido, pero tampoco querían someterse a la regla de una comunidad religiosa. Muchas de ellas, como Hadewijch recorrían las ciudades enseñando o recitando y eran objeto de admiración intelectual y respeto social. El hecho de que fueran mujeres libres que, en muchos casos no estaban dispuestas a casarse, hizo que, en muchos casos fueran sujetas a persecución. Y algunas de ellas fueron llevadas a la hoguera, acusadas de herejía, principalmente por considerar que la comunicación con Dios no requería la mediación de un cura, y también de un delito llamado falsa piedad, que básicamente ocurría cuando usted era sabia como una santa, se comportaba como una santa, era generosa como una santa, pero no le hacía caso al obispo. La más famosa de las beguinas ejecutadas fue Marguerite Porete quien fue condenada por predicar el abandono de todo para seguir a Dios y por haber escrito su libro en francés y no en latín. Marguerite fue quemada el 1o de junio de 1310 en París y su condena casi lleva al cierre de las casas de beguinas.

Durante la Reforma, muchas de las beguinas se acogieron a la fe protestante, por lo que sus casas siguieron funcionando hasta el siglo XX, principalmente en Holanda y en Alemania. El antiguo beguinaje de Ámsterdam dio su nombre al barrio de Begijnhof que queda cerca del Ámsterdam Museum. Lo cierto es que buena parte de lo que hoy es Holanda tiene su origen en el amor por la cultura, la tolerancia y la libertad que tenían las beguinas, amor que muchas veces pagaron con la vida.

Ese desconocimiento de la sangre que ha corrido para alcanzar los niveles de igualdad que han alcanzado las mujeres de hoy en día está detrás del hecho de que en Colombia a muchas "niñas bien" y a muchas "señoras divinamente" digan desenfadadamente que el feminismo no va con ellas. En una sociedad tan desigual, no hay nada más amenazante para las personas de posición, que la proclamación de los derechos, porque en Colombia las élites han entendido que, si los derechos llegan a ser para todos, dejan de ser privilegios.

VIII

Entre las siete maravillas del mundo antiguo estaba el Templo de Artemisa en Éfeso. Aunque no queda de él más que una columna, los romanos reprodujeron en varias artesanías la efigie de la diosa, que contaba varias docenas de senos, lo cual era algo muy propio de las diosas de la fertilidad. Tener más de dos pezones no es una rareza tan grande. Yo, por ejemplo, tengo tres. El tercero es casi imperceptible y parece un lunar agradable. Conocí una mujer que tenía cuatro, incluyendo dos en las axilas. Cuando se tiene un fetiche con las axilas, encontrarse un pezón allí, es como un bono extra.

En un capítulo de *Friends*, Joey huye de una exnovia a la cual le había quemado en la chimenea la pierna ortopédica, cuando sufrió un ataque de pánico al descubrir que estaba amputada. Chandler se enamora de ella, y, ante la inquietud de si podría hacer el amor con una mujer mutilada, descubre que la normalidad es un término relativo y que no va a sentir ninguna incomodidad, lo cual le hace sentir moralmente superior a Joey. Finalmente, cuando deciden tener sexo, él se quita la camisa y ella sale espantada, porque no puede soportar que Chandler tenga tres pezones.

Chandler tuvo suerte, aparte del escándalo de su novia frustrada, no le pasó nada. Al fin y al cabo, era hombre y vivía en el siglo XX. Sin embargo, en la alta edad media y en la modernidad, el tercer pezón era la marca del diablo. Los inquisidores y los cazadores de brujas desvestían a las acusadas y si encontraban un tercer pezón, la mujer estaba condenada sin remedio. A veces, alguien descubría el tercer pezón de una mujer por casualidad, tal vez mientras lavaba ropa o se bañaba en el río, y entonces todo el pueblo se abalanzaba sobre ella para destrozarla. Ese es un rasgo que tiene el patriarcado, nunca le falta imaginación buscando motivos para linchar a una mujer.

IX

Si fuera el editor de la Biblia, suprimiría todo, excepto la escena en que Eva convence a Adán de que coman del fruto del árbol de la ciencia del bien y del mal, cuando la mujer parió todas las delicias del saber; y quitaría serpientes y paraísos y pecados, y dejaría el Cantar de los Cantares en que Salomón consagró la belleza inenarrable de los que se aman, pero suprimiría todo lo demás del antiguo testamento, con sus locos macabeos y sus asesinos anatemas. Conservaría la escena en que un dios niño nace en un pesebre entre pastores y animales, pero quitaría la encarnación divina y la virginidad de María que condena a todas las mujeres, y la cobardía de José el día de los inocentes, que condena a todos los hombres. Borraría todo, salvo el sermón de la montaña, en que los hambrientos serán saciados y los pobres heredarán la tierra, y justo allí terminaría mi libro. Sería un cristianismo con poco Dios y muchas mujeres.

X

En el código penal colombiano de 1980, la pena que se establecía en el artículo 328 para la madre que, durante el nacimiento o dentro de los ocho días siguientes matare a su hijo, fruto de acceso carnal violento o abusivo o de inseminación artificial no consentida, era menor (arresto) a la pena que se imponía para la mujer que causaba su aborto o permitía que otro lo causara (prisión). En estricto sentido, esto significaba que un infanticidio era considerado menos grave que un aborto. Lo que da a entender esta dosificación penal que parece absurda es que, en el fondo, la penalización del aborto no pretende tanto proteger la vida del feto, como ejercer control, en muchos casos violento, sobre el cuerpo y la sexualidad de la mujer. No en vano, en este mismo código la acción penal contra el violador se extinguía si éste aceptaba casarse con la mujer violada, porque lo que se buscaba proteger era la honra de la familia y no la integridad de la mujer violada.

XI

La castidad y el reino de los cielos se parecen en que siempre son promovidas por personas que no los han experimentado.

***

El mundo sería mejor si hubiera más Evas, y menos paraísos prometidos de los cuales ser expulsado.

***

Las mujeres son seres tan poderosos, que probablemente el machismo haya surgido en defensa propia, y como toda autodefensa, terminó desembocando en el crimen.

***

Si la Iglesia creyera de verdad que el sufrimiento hace mejores cristianos, el papa no solo levantaría el celibato de los curas, sino que les impondría el matrimonio obligatorio.

***

La Iglesia es una institución muy sabia que está convencida de que toda mujer que tome píldoras anticonceptivas merece un lugar en el infierno, y todo cura que abuse de un niño merece un lugar en ... otra parroquia.

***

Creo de todo corazón que todas las restricciones sexuales que imponen las religiones patriarcales a las mujeres son en realidad fruto de la envidia, al fin y al cabo, la naturaleza ha equipado a las mujeres en materia sexual con el equivalente de un violonchelo, mientras que los hombres venimos a este mundo con apenas unos platillos, aunque algunos juran que tienen un bombo.

***

En una carta a Piero Soderini, Américo Vespucio refiere que los indígenas americanos eran tan bárbaros e incivilizados, y tan contrarios a las normas cristianas, que en muchos pueblos las mujeres gozaban de los mismos derechos que los hombres. Eso piensa de nosotros la ultraderecha cristiana: somos tan bárbaros e incivilizados, tan contrarios a las normas cristianas que pretendemos que los homosexuales tengan los mismos derechos de los heterosexuales.

DE LA HOMOFOBIA

I

Josefina había acomodado los muebles de manera que quien se sentaba en frente de su escritorio, sin importar lo que hiciera, quedara con la mirada mucho más abajo de los ojos de ella. El escritorio parecía más alto de lo normal, y ella acentuaba esa sensación con unos cojines que la elevaban varios centímetros por encima de su silla giratoria. Al hablar con el visitante, Josefina se apoyaba en los codos sobre el escritorio y esto la proyectaba aún más, generando para el que estaba sentado del otro lado, la sensación de que era un coloso quien hablaba.

Por el contrario, la silla de los visitantes era mucho más baja que la de Josefina, además tenía los resortes en mal estado, y cuando alguien se apoltronaba allí, se sumergía en la tapicería, y se sentía hundido y perdido como un náufrago sentado en una cubeta en medio de un mar tempestuoso, atrapado en la inmersión de sus propias nalgas en esa silla engullidora.

La primera vez que entré a esa oficina y me puse a merced de sus ojos azules e inquisitivos, mis papás estaban pidiendo que me admitieran en el colegio que ella regentaba con mano eficiente y firme. Una semana antes había presentado el examen de ingreso y al llenar el formulario de admisión, me encontré con una pregunta precisa. Por qué quería cambiar de colegio. En realidad, no quería dejar el colegio de las monjas donde estudiaba, por lo que no había manera de que escribiera en el formulario que estaba aburrido o algo parecido, tampoco podía decir que tenía problemas académicos, ni siquiera tenía la posibilidad de decir que quería abandonar el colegio porque había un ogro grandulón que había decidido emparejarme la dentadura a punta de trompadas, porque, salvo por unos pocos días, jamás había sufrido el abuso de nadie. Hubiera querido decir que, simplemente, estaba en medio de una avalancha de pánico maternal, en virtud del cual, todos mis amigos y yo íbamos a ser irremediablemente separados de las monjas que tanto me habían consentido. Pero no tenía suficiente discernimiento o vocabulario o claridad para poder decirlo. En consecuencia, no tuve más remedio que anotar en el formulario, la versión oficial que había ido elaborando mi mamá:

- Me cambio de colegio porque tengo miedo de pasar los próximos seis años rodeado de mujeres.

Tal vez de aquella ocasión, me quedó la costumbre de andar diciendo tonterías. En retrospectiva, a la idea de pasar toda mi pubertad al lado de un ejército de niñas recargadas de hormonas, bastaría añadirle un jardín cruzado por ríos de

136

leche, vino y miel para convertirla en lo más parecido al paraíso que espera a todo buen musulmán. Pero ya el mal estaba hecho, el miedo de mi madre a que la compañía mayoritaria de tantas mujeres despertara mi homosexualidad latente ya formaba parte de mi propio discurso.

Josefina se inclinó para leer el formulario, y mirándome con unos ojos en los que no pude descubrir, si había curiosidad, molestia o asombro, me soltó la pregunta sin más:

- Usted dice que se retira del otro colegio, porque le da miedo estar rodeado de mujeres, dígame ¿de qué le da miedo?

La verdad no me daba miedo nada, pero ya lo había consignado por escrito, y no sabía cómo decirle a Josefina que en realidad yo no tenía ningún miedo, sino que era mi mamá la que tenía miedo de que por andar con tantas mujeres me afeminara. No sabía cómo explicarle que en realidad se trataba solo de un temor materno, que yo no tenía la más mínima duda acerca de mi heterosexualidad, porque vivía enamorado de mis compañeras desde que tenía cuatro años, que por lo que podía vislumbrar, parecía claro que las mujeres iban a ser el centro y la periferia de lo que me quedara de vida, y que realmente, todo este asunto formaba parte de un flujo de acontecimientos bastante estúpidos que yo no tenía como controlar o entender.

Josefina me miró, y volvió a preguntarme de qué tenía miedo.

- Tengo miedo de volverme homosexual, dije finalmente.

Josefina se quedó estupefacta y abrió sus ojos hasta que pude ver toda la redondez del iris, como tratando de dimensionar por un segundo, la tremenda sandez que acababa de escuchar, y acto seguido se dirigió a mis padres para decirles con voz perentoria:

- Señores, ustedes están criando un perfecto majadero.

II

El preescolar y la primaria los pasé en un colegio de monjas. Viví sumergido en un mundo mayoritariamente femenino, en el cual dos de cada tres estudiantes eran niñas, y donde el omnipresente aliento de Dios se manifestaba bajo la forma de esas mujeres apacibles y firmes que, embutidas en su hábito, hablaban con palabras que parecían venir desde lo alto, y se proclamaban esposas de Cristo. Aunque no tiene por qué venir al caso, diré que mi temprana experiencia de vivir como varones minoritarios en medio de una multitud de niñas y mujeres, me enseñó que había algo de misterioso y de insondable en

137

esos seres que miraban el fútbol con indiferencia y parecían medrar por doquier en medio del mundo, domeñándolo todo con su imperceptible coquetería de miradas que se lanzaban y se recogían, y triunfando siempre sobre nuestras inexpertas voluntades de pequeños hombres perdidos en medio de una realidad avasalladoramente femenina. Por eso ha de ser, que cuando intento recordar tan lejanos tiempos, mi memoria está llena de ojos oscuros que me miran fugazmente y de melenas largas que corren por el patio y de faldas sacudidas por el viento, y de rostros elusivos recorridos por manecitas delicadas que tratan de quitarse el pelo de los ojos, y en cambio me resulta tan difícil vislumbrar las caras y las voces y los nombres de los niños que se descoyuntaban conmigo corriendo detrás de la pelota de fútbol en las canchas del patio de recreo.

Después de seis años de trasegar por ese maravilloso gineceo, me hice consciente de un terrible fenómeno que tenía lugar en aquel sitio: cuando los niños llegaban al quinto de primaria, sus padres, angustiados ante la idea de que sus hijos preadolescentes perdieran el rumbo de su sexualidad si atravesaban la pubertad en medio de la presencia multitudinaria de tanta fémina, optaban por buscar un colegio más masculino para que hicieran su bachillerato.

Esto provocaba una deserción masculina tan masiva que, al empezar el primer año de bachillerato, solo cinco o seis afortunados compartían su vida escolar con ochenta o noventa niñas que les dedicaban toda su atención, mientras los demás veinticinco o treinta terminaban su vida escolar en lugares tan sórdidos como alguna escuela militar o algún colegio masculino del centro. Era una de esas paradojas que maravillarían a los estudiantes de filosofía. Si alguien les hubiera preguntado a los padres por qué cargaban lejos con sus hijos, es probable que hubieran contestado que en aquel bachillerato no había suficientes varones que garantizaran que su niño iba a convertirse en todo un hombre, y si alguien les hubiera preguntado la razón para que no hubiera suficientes varones en el bachillerato, los padres no hubieran podido evitar contestar que ello se debía a que todos los padres de hijos varones se los llevaban. Un círculo vicioso de esos irreductibles que necesita de una revolución y varias generaciones para quebrarse.

Así pues, a mis diez años, y a pesar de vivir felizmente acomodado en la tierra de las amazonas, de repente me encontré en medio de la calle y de la mano de mis padres, buscando un lugar más masculino donde pasar los seis años que me quedaban para convertirme en todo un bachiller. A todo el que preguntaba la razón de este cambio repentino de colegio, mi mamá le contestaba sin vacilar un segundo, que ella y mi papá tenían miedo de que me volviera homosexual en medio de tanta niña. Estoy seguro de que mi papá, que era un mujeriego legendario, realmente nunca sintió este temor, y me hubiera envidiado de haber seguido en el colegio, pero igual, mi mamá solía involucrarlo en la justificación, y de manera imperceptible, a la vuelta de unas cuentas conversaciones, para mi

138

mamá ya no solo mi papá, sino yo mismo tenía un profundo temor de convertirme en afeminado.

Esa era la época en que cuando los padres tenían dudas acerca de la masculinidad del hijo, lo mandaban a una escuela militar a que lo volvieran hombre, porque a la hombría de los hombres le pasaba lo mismo que a la honestidad de la mujer del César, y los hombres no solo debían ser machos sino parecerlo. En realidad era toda una contradicción, porque si tenían el secreto temor de que su hijo fuera homosexual pues el peor lugar para enviarlo era a un internado plagado de hombres, pero la razón era porque en el fondo se trataba de un problema de apariencias, se esperaba que a punta de golpes y abuso físico el muchacho se volviera rudo y se le pasara la maricada, porque dejar de verse masculino a la usanza más bien atarvana del macho guerrero o del matón de cantina, podía implicar la pérdida de los privilegios que se tienen como hombre. Y ahí entiende uno por qué la masculinidad es tan precaria, y se pone en peligro de manera tan fácil, con un chiste, con una burla o con un madrazo, de modo que la mejor forma de demostrarla es saliendo a la calle a darse en la jeta a ver si es tan hombre, y si la hombría se pierde a ese hombre solo le queda una feminidad vergonzante, porque si algo tiene la homofobia colombiana es que esconde una profunda misoginia, o de lo contrario no se entiende que para insultar a otros hombres se les califique de mujeres, como si ser mujer fuera algún tipo de deshonra. Así que bien temprano pude constatar el hecho de que la homofobia esconde también un profundo miedo a la femineidad, por lo que un hombre, no solamente tiene que agradecer a Dios todos los días por no haber nacido mujer, como hacen los judíos ortodoxos, sino que le está terminantemente prohibido hacerse el marica.

III

Cuando estaba en sexto grado, tenía un compañero que se llamaba Óscar. Estudié todo un año con él en la misma clase, pero jamás cruzamos una palabra. Había una especie de regla no escrita que nos impedía hablar con él, de hecho, él solo hablaba con mujeres, y no con todas, solo con las que considerábamos demasiado feas para dirigirles la palabra. La razón por la que nunca hablé con él era que sus maneras eran un tanto afeminadas y su tono de voz era bastante afectado. Nunca me cuestioné si lo que hacíamos estaba bien, y nadie tampoco nos reprendió por ello. La posición del colegio era un poco ambigua frente a la homosexualidad, porque teníamos profesores abiertamente homosexuales a los que respetábamos mucho, pero, por otro lado, nadie nos prohibió discriminar a los alumnos que podían serlo. Óscar se fue cuando terminó el año, y nunca más volvimos a saber de él.

El episodio más ominoso ocurrió cuando estábamos en el último año. Había un niño que debía tener 6 o 7 años y se llamaba Edwin. Para esta época

139

seguramente estaba en primero de primaria. Sus maneras también eran un tanto afectadas y no le gustaban los juegos que en esa época considerábamos estrictamente masculinos. Físicamente era muy parecido a un compañero nuestro llamado Rubén, tanto que lo llamábamos el hermano de Rubén. A su temprana edad, Edwin sufría la más cruel discriminación, sus propios compañeros del primero de primaria empezaron a tildarlo de gay, y terminó aislado, sin amigos: ni niños, ni niñas querían jugar con él. Por lo menos Óscar tenía a sus amigas, pero Edwin estaba completamente solo. La discriminación era de tal magnitud que los estudiantes ya no lo llamaban por su nombre, simplemente le decían, 'el gay'.

Edwin buscaba en los recreos a Rubén, lo esperaba a la salida de clase y Rubén, que era un buen tipo, soportaba su compañía, a veces difícil, con paciencia e incluso hasta sacrificaba de vez en cuando sus propias actividades para jugar con él, o a veces Rubén y sus amigos simplemente lo acompañaban todo el almuerzo. Edwin estaba tan solo que su único amigo en todo el colegio era Rubén. A pesar de que la situación del niño era de todos conocida, nadie dijo nada, nadie nos conminó a tener un comportamiento más humano con él, sino que todos lo dejamos hundir en una atmósfera de rechazo, hasta que finalmente, los papás de Edwin tuvieron que sacarlo del colegio y llevarlo a otro lugar, donde tengo la esperanza que la haya pasado mejor.

La escena que más recuerdo ocurrió una mañana. Uno de los patios del colegio era a la vez cancha de microfútbol y parqueadero. Los arcos eran pesadas estructuras en madera con sus mallas, que se movían para dar paso a los buses a la hora de entrada y salida. Para mover cada arco se necesitaban por lo menos dos adultos, así que la labor de poner y quitar los arcos era bastante ardua, porque había que desplazarlos unos cincuenta metros para hacer espacio a los buses. Una mañana, Edwin fue a buscar a Rubén, y como no lo encontró empezó a jugar solo en uno de los arcos de microfútbol, de repente, alguien decidió jugarle una broma, y tres o cuatro personas tomaron el otro arco, y lo encajaron de frente al arco en el que estaba jugando Edwin. Los dos arcos puestos uno contra el otro, sin espacio entre los maderos y entramados por detrás con una cabuya resistente, se convirtieron entonces en una prisión de la que no tenía cómo salir. Durante todo el tiempo del recreo, Edwin le rogaba a los que pasaban que le dejaran salir, que alguien empujara un poco alguno de los arcos, para abrir una brecha angosta por la que él pudiera escapar, pero nadie quiso ayudarle. No solo eso, algunos niños llamaban a sus amigos para venir a ver al 'gay' que estaba encerrado como en una jaula de zoológico. Cuando sonó el timbre para entrar a clase, todos nos fuimos de allí. Edwin se quedó solo, encerrado, completamente indefenso. Hoy me atormenta recordar que nadie hizo nada por él, ni yo, ni nadie. Lo que más me impresiona de ese recuerdo es que el niño no lloraba, simplemente miraba al infinito, como tratando de entender en qué mundo inmisericorde le había tocado vivir. Resulta increíble imaginar cuanta resignación podía caber en una criatura tan pequeña. Desde

140

nuestro salón lo podíamos ver, encerrado sin esperanza, mientras muchos de entre nosotros se reían a costa suya. Finalmente, unos diez minutos después, una maestra que pasaba por allí se compadeció de él, y con mucho esfuerzo logró abrir un pequeño hueco entre los arcos, por el cual el niño pudo escabullirse de su encierro.

IV

Durante años, más de 10.000 niños fueron educados por las guerrillas, los paramilitares y las escuelas de sicarios. En algunas regiones del país, los niños en abandono terminaban más fácilmente en manos de los actores armados que en el sistema de protección del Instituto de Bienestar Familiar. Sin embargo, no fue sino hasta que se hizo público que las parejas homosexuales tenían la facultad legal de adoptar, que apareció un movimiento de defensa de los niños promovido ampliamente por la iglesia católica y por un amplio espectro de otras iglesias cristianas. Para estos sectores era más aceptable que en medio del abandono, miles de niños se convirtieran en pequeños asesinos, que verlos crecer en una familia con padres del mismo sexo. Esta situación me hace recordar los manuales del confesor de la edad media, cuando las penitencias por masturbarse eran más fuertes que por matar a un vecino.

V

En las campañas que se oponen al matrimonio homosexual se hace constante referencia a que, estas uniones no se compaginan con el modelo de familia creado o querido por Dios. Para estas personas parece fácil dilucidar cuál es el modelo de familia que creó y que quiere Dios. Sin embargo, al leer la Biblia se me generan una serie de confusiones, acerca del modelo de familia creado por Dios.

No sé si Dios quiere que yo tenga 700 esposas y 300 concubinas como el rey Salomón, a quien Dios consideraba un hombre sabio y santo. No sé si Dios quiere que yo embarace a mi vecina y mate a su marido, como hizo con Betsabé el rey David, a quien Dios consideraba un hombre santo. No sé si Dios quiere que mis hijas me emborrachen para tener sexo conmigo y que después yo sea padre de mis nietos, como sucedió con las hijas de Lot, a quien Dios consideraba un hombre tan santo que fue el único que Dios quiso salvar en Sodoma. No sé si Dios quiere que mis hijas se casen con sus hermanos como hicieron los hijos de Adán y Eva. Tampoco sé si Dios quiere que yo ame a mi cuñado más que a mí mismo, y que nos demos besos y mi cuñado se despoje de sus ropas, como hicieron Jonatan y David, a quienes Dios consideraba hombres santos. Lo que si tengo entendido es que, según san Pablo, Dios quiere que la mujer calle, pero la verdad debo reconocer que en esto le he fallado a

141

Dios, porque no he logrado que mi esposa llegue a esta perfección cristiana y, por el contrario, el que termina callando soy yo.

Contrario a lo que puede leerse en las escrituras, los fundamentalistas cristianos afirman que Dios quiere que la familia sea de un padre, una madre y sus hijos, pero si esto es verdad, me temo que Dios en su omnipotencia, está haciendo un pésimo trabajo, porque en Colombia más del 60% de las familias no corresponden a este modelo divino. En realidad, la mayoría de las familias están conformadas por una mujer sola y sus hijos y nietos, y casi todas han hecho un buen trabajo, aunque no sea la familia que Dios supuestamente quiere. Mi abuela y mi bisabuela, que la verdad no leyeron mucho la Biblia, murieron antes de poder comprender que las familias que conformaron no eran queridas por Dios y que eran unas viejitas inmorales e ignorantes.

VI

Al frente de mi ventana, cruzando la calle, hay unos almendros. El año pasado fue una enorme sorpresa descubrir, que mientras todos los árboles parecen morir, de repente los almendros florecen en invierno. Valeria y yo bajábamos a verlos todos los días, porque nos alegraban y este año también nos alegran el día. La primera vez que los vimos de cerca, le pregunté a Valeria si no creía que eran raros esos árboles que parecen florecer a destiempo. Ella, que es mucho más sabia que yo, me contestó: "raros no, lo que pasa es que hay muchas formas de ser hermoso". Desde entonces, cada vez que vamos al Museo Van Gogh, nos paramos al frente de los almendros que pintó, para pensar en todos los modos distintos que tienen los seres de ser bellos.

VII

La palabra homosexual es etimológicamente un híbrido entre el griego homo que significa igual y el latín sexus, que significa sexo. Lo extraordinario es que ni los griegos ni los romanos tenían el concepto de la homosexualidad. Para ellos la sexualidad no tenía género, igual tenían sexo con hombres y con mujeres. De hecho, entre los griegos al parecer no estaba muy bien visto eso de enamorarse de una mujer, y por eso reñían a Sócrates que estaba enamorado de su mujer Jantipa, y a la que Platón presenta siempre en los peores términos. Se cuenta que la gente se burlaba del emperador Claudio, porque solo se enamoraba de mujeres, y es que al parecer se estaba perdiendo el cincuenta por ciento del placer. Homosexual, significa básicamente el mismo sexo, por lo que a mí siempre me suena como a alguien a quien siempre le gusta el mismo sexo, como al doctor Teodoro Madureira, el segundo marido de doña Flor, la de Jorge Amado, a quien siempre le gustaba tirar igual, en posición de misionero, para aburrimiento de doña Flor que ya había probado la riqueza

142

sexual del difunto Vadinho. O como Penélope Cruz en 'Women on top' a la que solo le gustaba el sexo cuando se ponía encima. Así que el término homosexual se presta a equívocos, aunque precisamente son los equívocos los que son muy propios del mundo LGBTI. Cuando yo era un adolescente la homosexualidad había dejado de ser delito en Colombia hacía pocos años, pero en el libro de educación sexual, que me dieron a leer cuando tenía 15 años, la homosexualidad estaba en el capítulo de desviaciones sexuales al lado de fenómenos tan censurablemente sabrosos como la masturbación, la pornografía y el sexo oral. En Colombia, a diferencia de Alemania, no se utilizaba el término homosexualidad, sino homosexualismo, lo cual me sonaba como a partido político, como si hubiera un partido homosexualista al que uno se pudiera afiliar. Se ha entendido que homosexual es el antónimo de heterosexual, pero heterosexual significa sexo con los distintos, y distintos de uno son todos, así que todo el que no tenga sexo consigo mismo sería heterosexual, por lo que lo contrario de heterosexual es auto sexual, y ahí volvemos a las desviaciones sexuales del libro de mi infancia. En fin, que aquello de la homosexualidad no es más que un invento que solo tiene que ver con la capacidad infinita de los seres humanos para etiquetar y joder a los otros, y en esto sí que existe universalidad, porque a los seres humanos lo que más les gusta es la heterojodeidad.

VIII

¿Si dios castigó a los habitantes de Sodoma por su sodomía, significa que castigó a los habitantes de Gomorra por su gomorría?

***

La misma ultraderecha que quisiera que el homosexualismo fuera un delito, se opone al matrimonio gay. Gente incoherente, como si el matrimonio no fuera suficiente castigo.

DE LA RESISTENCIA

I

Cuando el rey de España promulgó las Leyes de Indias para proteger a los indios de los abusos de los encomenderos, en Santafé, Jiménez de Quezada reunió a los encomenderos de la Sabana, y declarándose en rebeldía pronunció su famosa frase: "Se obedece, pero no se cumple."

En esta tierra, la resistencia civil siempre ha sido utilizada por los poderosos para pasar por encima del Estado de Derecho y soslayar la aplicación de las leyes que afectan sus privilegios.

II

Plinio Mendoza Neira, padre del columnista Plinio Apuleyo Mendoza, cuyo testimonio fue publicado reiteradas veces en el diario El Tiempo, fue testigo presencial de la tragedia del 9 de abril y relataba que una vez capturado el asesino de Gaitán, policías vestidos de civil participaron en su linchamiento que dio al traste con la posibilidad de establecer quiénes eran los autores del crimen, pero además narraba como la primera orden que recibieron los soldados fue la de forzar las puertas de las licorerías. Así, promoviendo el saqueo del licor importado, el Gobierno convirtió lo que iba a ser una revolución social en una gigantesca riña de borrachos. Y es que promover la violencia descontrolada deslegitima la protesta social y, por ende, le conviene al statu quo. Cuando se generaliza el caos, los gritos que antes clamaban por los derechos conculcados, son sustituidos rápidamente por gritos pidiendo orden. Eso explica por qué varios policías se infiltraron en una protesta y participaron en el incendio de una oficina pública, y es también por esto, que la fuerza pública que acorraló a un ejército del tamaño de las Farc, nunca ha podido desarticular esas células anarquistas que están a la vista de todos. Porque como se dio cuenta Francisco de Miranda, aquí la mejor forma de frenar una revolución social es haciendo bochinche.

III

El 21 de junio de 1978, Argentina necesitaba ganarle 4-0 a Perú para pasar a la final. En el primer tiempo Perú no jugó mal y resistió, hasta que en el minuto 41, a la salida de un tiro de esquina, el defensa Alberto Tarantini marcó el segundo gol. En ese momento corrió como loco, mirando al palco donde se encontraban Videla y los militares, esos infames que mataron y desaparecieron

144

tanta gente como para llenar un estadio, que secuestraron miles de niños para separarlos de su familia y crearon una red de adopciones ilegales; y entonces, (se puede ver en la televisión, claramente) Tarantini les gritó en la cara: "hijos de puta". No sé por qué lo hizo, seguramente, porque se lo merecían. Seguramente porque, en ese momento él era el único argentino que podía hacerlo impunemente.

IV

En diciembre de 2002, el Congreso aprobó la reforma laboral presentada por el ministro de Salud y Trabajo, Juan Luis Londoño. Con dicha reforma, entre otras cosas, se disminuyeron las indemnizaciones por despido injusto, y además se modificó la jornada diurna y el cálculo de horas extras, de manera que cientos de miles de trabajadores que tenían los turnos posteriores a las 6 de la tarde dejaron de percibir los recargos y disminuyeron su salario en casi un 30% de un día para otro. Se dijo que estas reformas eran temporales y buscaban promover el empleo, mediante la flexibilización de la contratación laboral. Casi dos décadas después, los empleos nunca aparecieron y salvo una pequeña contrarreforma en el Gobierno Santos, la reforma se volvió definitiva. Aún recuerdo la cara de mis amigas del supermercado, cuando recibieron su primer sueldo bastante disminuido, después de que empezó la aplicación de la reforma, había una mezcla de decepción y de ese miedo que tienen todos los colombianos a perder el trabajo. En un giro de melodrama latinoamericano, en febrero de 2003, el culpable de esa precarización laboral murió en un accidente de avión. El presidente de la época aprovechó la tragedia para darle un tono propagandístico, y convenció a los colombianos de que Juan Luis Londoño era un protector de los trabajadores y que éstos habían perdido a su mejor amigo en el Gobierno. Así que, le organizaron funerales de Estado, con una larga procesión por la ciudad, mientras miles de personas se aglomeraban al paso de su féretro. En una especie de ironía macabra, los trabajadores que habían perdido buena parte de sus horas extras, su recargo nocturno y sus cláusulas de estabilidad laboral, despedían con lágrimas al que había sido su verdugo.

V

En alguna ocasión, en el banco donde trabajaba contrataron a una persona, y el nuevo empleado luego de haber firmado todos sus documentos y recibido instrucciones acerca de sus funciones, le preguntó a la secretaria del jefe, dónde quedaba la oficina del sindicato, porque quería ir a inscribirse. Sin quererlo, aquel joven puso de presente el más grande misterio del banco, porque, a pesar de que todos los bienios se firmaba una convención colectiva con el sindicato, nunca nadie había sabido donde quedaban sus oficinas. Pero no solo eso, sino que la secretaria, escandalizada, le informó de manera inmediata a su jefe que el

145

empleado había preguntado por la oficina del sindicato. Éste tomó cartas en el asunto, y llamó de inmediato a la oficina de Recursos Humanos, que simultáneamente llamó a la vicepresidencia jurídica, donde rápidamente se tomó una decisión. A las diez de la mañana, sin haber cumplido dos horas de haber empezado, el nuevo empleado fue notificado de su despido y debidamente indemnizado. Entre los compañeros las opiniones estaban divididas: por un lado, los que pensaban que bien merecido lo tenía por comunista, y por el otro, quienes pensaban que bien merecido lo tenía por pendejo.

En general, el miedo a perder el trabajo y el arribismo van de la mano, por lo que todo el mundo se pone del lado del empleador, aunque sea empleado. Es un país en el que todo el mundo odia a los sindicatos, a pesar de que sin ellos no existirían todos los derechos sociales que, sin embargo, nos parecen normales. Ese odio se parece un poco a la envidia, porque la mayor queja que se hace a los sindicatos fuertes es que consiguen condiciones laborales mejores para sus afiliados. Ante la comparación entre los trabajadores sindicalizados y los que no, todos desearían que los sindicalizados estuvieran tan jodidos como los otros, en vez de desear que el resto estuviera en tan buenas condiciones como los trabajadores sindicalizados.

Mi amiga Iliana Cetina que era abogada de una empresa mediana, trabajó duramente para convertirse en amante del dueño de la empresa, y cuando lo consiguió, su jefe tuvo la brillante idea de nombrarla representante de los trabajadores en el pacto colectivo. Así que ella era elegida cada dos años en unas elecciones que todo el mundo sabía que eran amañadas. Ella no intentaba ocultarlo, sino que se lo contaba a todo el mundo con vanagloria para que todo el mundo supiera el poder que había adquirido. Entre los trabajadores, este proceder irregular no era objeto de mayor indignación, sino más bien de chistes lascivos, mientras se imaginaban de qué modo se había negociado el pacto colectivo entre su representante y el dueño de la compañía, en medio de las sábanas de algún hotel. Tener trabajo en Colombia es visto como un privilegio, que inmediatamente genera una solidaridad clientelar con el jefe. Alguna vez un empresario llamó a un abogado a contarle que había recibido la notificación de que los trabajadores habían iniciado los trámites para constituir un sindicato, el abogado hizo correr el rumor entre los empleados de que el empresario no tenía plata para firmar una convención colectiva y que, si constituían el sindicato, tendría que liquidar la inversión y sacar la plata de Colombia. No necesitó hacer más, los empleados nunca llegaron a la asamblea de fundación del sindicato; en una sociedad estratificada donde se pregona el desprecio hacia las bajas castas, los proletarios preferimos creernos el dueño de la fábrica.

VI

Hace 6000 años, los sumerios inventaron la cerveza en honor de la diosa Ninkasi. Los egipcios no hubieran construido sus extraordinarios monumentos sin la ayuda de la cerveza que llevaban los obreros a sus largas jornadas. La mitología celta se compuso al abrigo de la cerveza y los dioses irlandeses solo tomaban cerveza. El oscurantismo terminó cuando los monjes benedictinos alemanes añadieron el lúpulo y los monjes irlandeses inventaron la destilación de la cerveza en el siglo XII. Hace unos años, alguien propuso que, debido a las posturas políticas retardatarias de un grupo económico colombiano, era necesario boicotear todas sus marcas, incluyendo una marca internacional de cerveza que ellos producían en franquicia. En ese momento, entendí cuáles eran los límites de mi compromiso político con la resistencia: puedo sacrificarlo todo, menos la cerveza, y es que la cerveza ya estaba allí, muchos siglos antes de que alguien se inventara la Patria.

DE LOS PENDEJOS

I

Rotterdam está llena de alusiones a Erasmo. La biblioteca de Erasmo, la estatua de Erasmo sentado, la estatua de Erasmo leyendo, la estatua de Erasmo de pie, la estatua de Erasmo enseñando. La universidad Erasmo de Rotterdam está omnipresente y en las afueras de la ciudad se extiende en un enorme campus. Yo mismo estudié y trabajé en un instituto de la universidad.

Cansado de las múltiples manifestaciones públicas y privadas de la necedad humana, Erasmo, que era un firme cultor de la razón humana, y vivió a pocos kilómetros de donde más de un siglo después Spinoza puliría sus lentes y sus ideas acerca de la racionalidad y el cosmos, decidió un día escribir un opúsculo acerca de la tontería connatural a la especie humana mientras era huésped de Tomás Moro. El título en latín era explícito: '*Laus stultitiae*', es decir, elogio de la estupidez, elogio de la necedad o, como diría mi abuela, elogio de la majadería.

El libro era una crítica acerva de la estupidez, de la propensión humana a las simplificaciones irracionales, a preferir una mentira consoladora a una verdad incómoda, y principalmente era una crítica profunda a la Iglesia romana. Los efectos de su libro sobrepasaron lo que Erasmo hubiera imaginado, y provocaron fenómenos indeseados para él como la Reforma Luterana, a propósito de la cual tuvo un intercambio epistolar feroz con Martín Lutero con quien se mandaron eruditamente a la mierda, y digo eruditamente, porque yo no sé cómo mandar a alguien a la mierda en latín, y a quien muy gentilmente le indicó que podía meterse sus 95 tesis de Wittemberg directamente culo arriba, todo en latín, por supuesto.

El libro fue muy rápidamente traducido a otros idiomas, '*In Praise of Folly*', '*Éloge de la Folie*', '*Lob der Torheit*', '*Lof der Zotheid*', '*Ellogio de la Follia*'. En todos estos idiomas conserva, así sea de manera ambigua, la relación del título con la estupidez y con la insensatez. Sin embargo, la traducción al español adquiere otra dimensión porque el 'Elogio de la locura', como se le conoce en el mundo hispánico, automáticamente pierde toda su explosividad subversiva. Cuando Erasmo critica la estupidez y la insensatez, está criticando el orden establecido, son los insensatos, los estúpidos, los majaderos codiciosos los que están en el poder. Pero cuando se traduce '*stultitia*' por locura, el título deja de criticar a los poderosos y se vuelve contra los marginados. Y es que, en Occidente, mientras los estúpidos y los majaderos están dentro del sistema y lo operan irracionalmente para el beneficio espurio de unos pocos, los locos están por fuera del sistema: en el asilo, en el desierto como Juan el Bautista, o en una comuna hippie de Sasaima cocinando con el gas que produce su propio popó.

148

Así que el poderoso señor que tradujo a Erasmo al español por primera vez muy ladinamente despojó al Elogio de toda su fuerza desestabilizadora, traduciendo estulticia por locura. De forma que Erasmo pareciera criticar a los orates y no a los majaderos con poder que es lo que realmente pretende.

Para la época en que leí el 'Elogio', estaba estudiando Ingeniería a pesar de que no tenía las más mínimas aptitudes, dando muestras claras de lo estúpido que podía ser. Entonces, tenía una compañera cartagenera, llamada Ingrid Jácome, con la que a veces me quedaba charlando un poco. Recuerdo que una vez me preguntó si antes de dormir, no me daba miedo amanecer muerto, como el papa Luciani, que varios años antes había muerto misteriosamente de un infarto durante el sueño, justo cuando se disponía a destapar la olla podrida de las finanzas vaticanas. El papa feliz, le decían las monjas del colegio, en una demostración de que la de papa es una profesión triste y hasta de pronto macabra. A mí nunca me había acechado el temor de amanecer muerto; hubo una época siendo niño, en que me preocupaba más bien amanecer con alguien que hubiera muerto. En televisión habían presentado una versión de Jane Eyre y la escena que más recordaba era la de Jane durmiendo en la misma cama con Helen Burns, justo en la noche en que ésta moría durante el sueño, durante la epidemia de tifo. Como muchas noches dormía al lado de mi abuela, lo primero que hacía al despertar por la mañana, era comprobar que estuviera viva, porque temía haber pasado la noche con un cadáver.

Así que cuando Ingrid Jácome, me hizo esa pregunta, solo le pude contestar:

–No. Me da miedo amanecer loco.

Eso era lo que realmente me atemorizaba, perder el nexo con la realidad, amanecer convertido en un orate. Con el tiempo aprendí que Erasmo tenía razón, hay que temerle más a la estupidez que a la locura, hay que tenerles menos miedo a los locos que a los pendejos.

II

Esta distinción Erasmiana entre un pendejo y un loco es de graves consecuencias políticas, porque generalmente estamos gobernados por pendejos, y cuando, excepcionalmente nos gobierna un loco, es porque uno o varios pendejos lo pusieron allí. Hay un famoso verso de Facundo Cabral que tiene diferentes versiones:

–'Solo le tengo miedo a los pendejos, porque son mayoría y pueden elegir presidente'.

149

Cuando el bardo lo repetía en sus conciertos, todo el auditorio soltaba una carcajada general, lo que significaba que nadie se daba por aludido. Todo el mundo piensa que los pendejos son los otros, pero si esto fuera cierto, pues no habría tanto pendejo. En realidad, las personas prefieren ser calificadas de locas y no de pendejas, aunque todos sepamos que la mayoría de los que son llamados locos, en realidad son pendejos. Por eso las artes, el espectáculo y los deportes están llenas de pendejos a quienes cariñosamente les dicen locos. Pero sabemos que no son locos, porque la locura es o subversiva o peligrosa, de modo que a los locos se les margina y nunca se les dispensa tanta simpatía.

En cuanto a eso de conocerse a sí mismo, debo decir que soy muy socrático, y llevo mucho tiempo sabiendo que soy un pendejo. Pero aun esto no es sinónimo de ninguna virtud, porque también es sabido que quienes presumen de pendejos, lo hacen con autosuficiencia porque, en realidad, creen que no son tan pendejos. Esto lleva a muchas paradojas encadenadas, como es el caso del pendejo, que como cree que no es pendejo, es tan pendejo que posa pública y teatralmente de pendejo, esperando que todo el mundo piense que realmente no es tan pendejo. Entre todos ellos, el más grande pendejo debe haber sido Simón Bolívar que, derrocada su dictadura y huido de Bogotá, todavía tuvo la grandilocuencia de decir que: "los tres más grandes pendejos de la historia hemos sido, Jesucristo, don Quijote y yo", lo cual es una manera bastante tramposa de quedarse con el título del más grande pendejo de la historia, porque los otros dos finalistas son un personaje literario y Jesús, de quien los ateos dirán que no es un personaje histórico, y los creyentes dirán que hay que ser un muy grande pendejo para compararse con él. Sin embargo, en esto finalmente Bolívar no fue tan pendejo, porque con el paso de la historia durante doscientos años muchos pendejos, de derecha y de izquierda, han creído realmente que Bolívar no fue tan pendejo.

III

Millones de personas en el mundo están dispuestas a matar o a hacerse matar, en nombre de lo que, escritores que no los conocieron, afirman que dijeron dos señores que nunca sabremos qué dijeron, porque nunca escribieron nada de lo que dijeron, Mahoma porque no sabía escribir, y Jesús porque no quiso hacerlo. Se aferran entonces a unas pocas gotas de sabiduría que se extraen de dos libros, en los cuales hay un océano de majaderías que exaltan o bien crímenes horrendos o bien prejuicios atroces, tamizados con rituales sin sentido, y que sirven para recordarnos, que somos tan atorrantes que bautizamos a nuestra especie como 'homo sapiens', cuando no somos más que un homo pendejus.

IV

Desde que tengo memoria, en este país han sobrado los nombres despectivos para señalar a los pobres: ñeros, corronchos, iguazos, guaros, indios, guaches, cafres, zarrapastrosos, patirrajados, muertos de hambre, pelagatos. Cuando alguien comete alguna incorrección, le dicen que parece de estrato dos. Alguien decía que nuestra forma de ser racistas es discriminando a los pobres, odiamos al pobre que fuimos y al pobre que podríamos ser. Dividimos a las mujeres en dos, las que son para casarse y las que son para comerse, de acuerdo con la condición económica. Mi papá contaba el chiste de un hombre pobre que lleva a su hijo a bautizar y el cura le pregunta qué nombre le va a poner, a lo que el papá responde que lo va a llamar Doctor. Entonces el cura le pregunta por qué razón le va a poner ese nombre, y el pobre hombre contesta:

-Para ver si a él si lo respetan.

Durante la república se persiguió a los pobres por diversas razones, por hablar muisca, por crear sindicatos, por tomar chicha o por llevar ruana. Por eso cuando el Estado aplica la ley de manera selectiva, se dice que la justicia solo es para los de ruana, porque para los de arriba está el privilegio. Cuando era niño se decía que tarde o temprano todo indio sacaba el puñal que llevaba debajo de la ruana. Llevamos 500 años odiando a los indios y 200 años odiando a los pobres, a esta guerra infatigable se la ha llamado de diversas formas, amor a la patria, regeneración, defensa de la moral cristiana, pacificación, defensa de la democracia, modernización, apertura, neoliberalismo, todas esas cosas que defiende la gente de bien y la gente divinamente, pero cada vez que alguien se levanta en contra de la desigualdad de esta sociedad estamental, se lo acusa de ser un pendejo que incentiva el odio de clase.

V

En "Cien años de soledad", García Márquez cuenta que cuando Francis Drake atacó a Riohacha, la bisabuela de Úrsula Iguarán se sentó en un fogón encendido, presa del pánico. Esa es la estampa perfecta de Colombia, un pueblo tan cagado del susto, que cada cuatro años pierde el control de los nervios, y vota en las elecciones como si se sentara en un fogón encendido.

Entre 1958 y 1966 la gente votaba por el Frente Nacional porque les daba miedo que volviera la Violencia. En 1970 los pusieron a votar por Pastrana porque les daba miedo Rojas Pinilla. En el 74 la gente votó por López por miedo a Álvaro Gómez. En el 78 la gente votó por Turbay por miedo a la protesta social de 1977 que casi tumba a López. En el 82 la gente votó por Belisario, por miedo a tener que hacer el mundial de fútbol (si, así somos de pendejos, nos dio miedo hacer un mundial). En el 86, la gente votó por Barco por miedo al narco, y en el 90 votamos otra vez por miedo a Pablo Escobar. En el 94 la gente votó por Samper por miedo a que nos gobernara un pendejo como Pastrana. En el 98, la gente votó por Pastrana, por miedo a Serpa. En el 2002 y en el 2006, la gente votó por Uribe, por miedo a las Farc. En el 2010, Uribe le dijo a la gente que votara por Santos por miedo a las Farc. En el 2014 la gente votó por Santos, por miedo a Uribe. En el 2018, votaron por Duque por miedo al castrochavismo. Así nos tienen, 60 años cagados del susto, atolondrados, dominados por el miedo. Pero qué se puede esperar de un país donde la gente es tan pendeja que deja enfriar el asiento del bus, porque les da miedo sentarse en un asiento caliente dizque para evitar las almorranas.

VI

El calentamiento global y los resultados de las elecciones en los que casi siempre salen elegidos los más notoriamente corruptos, son la prueba fehaciente de que la razón humana no es suficiente para resolver nuestros problemas, apenas sirve para ser conscientes de cómo somos de pendejos.

***

Si todos los hombres fueron creados a imagen y semejanza de Dios ¿a quién realmente se parece Dios? ¿a Marilyn Monroe o a Adolfo Hitler? ¿a Cervantes o a Hugh Heffner? ¿a Brad Pitt o al Hombre Elefante? ¿a Kim Kardashian o a Stephen Hawking? ¿A un académico de Cambridge o a un youtuber? Tal vez se parezca al pendejo promedio; eso explicaría muchas cosas.

***

El miedo es el arado de los tiranos, y los pendejos son sus bueyes.

DE LA LIBERTAD

I

La crisis actual del derecho Constitucional en el mundo me hace pensar en mi maestro de Jurisprudencia Constitucional: Dídimo Páez. El maestro Dídimo era un gran jurista, y a pesar de ser magistrado de la Sala Penal de la Corte Suprema de Justicia (o más bien, precisamente por eso), tenía un profundo amor por los derechos constitucionales, por las garantías individuales y por la integridad de las instituciones, y era autor de unas ponencias magníficas en sentencias constitucionales que se habían decidido en Sala Plena. Buena parte de mi amor por la libertad y las garantías constitucionales se lo debo a él.

Recuerdo que, a pesar de su altura intelectual era de una profunda sencillez, así que siempre se sentaba a charlar con nosotros y nosotros nos sentábamos en mesa redonda, rodeándolo. Sus clases eran de una altura intelectual tan grande, que algunas veces me hacía pensar que estaba en una de esas academias griegas, donde se cultivaba el espíritu crítico y el amor por el conocimiento, por eso a esta clase quise darle un nombre griego que le diera prestigio, de modo que aprovechando que todos nos sentábamos alrededor de Dídimo, a mí me gustaba llamarla el 'epi-dídimo'.

II

Cuando trabajaba en el banco, para entrar al baño de empleados se necesitaba una llave y una tarjeta, además había que contar con suerte porque quedaba lejos de la oficina, detrás de los ascensores, y si uno no tenía suficiente información, uno podía llegar a la puerta, encontrar el baño ocupado y perder el viaje. Odiaba ese baño, sobre todo la sensación de que orinar se convirtiera en un problema logístico. En cambio, el vicepresidente jurídico tenía un hermoso baño dentro de su misma oficina. Para sacudirme un poco de esa sensación de asimetría, lo que yo hacía muchas veces, era aprovechar las ausencias del jefe y los descuidos de la secretaria para entrar a su baño. Algunas veces llegaba muy temprano a la oficina, solo para poder entrar al baño del vicepresidente. En esa época mi segunda esposa estudiaba un posgrado los sábados, así que yo aprovechaba el tiempo para ir a la oficina a trabajar, y lo que más disfrutaba en esos sábados de oficina solitaria era meterme al baño de la vicepresidencia con un buen libro y sentarme en el retrete de mi jefe a leer por largos minutos.

Cuando me despidieron del banco y empecé a trabajar desde mi casa, descubrí que casi dos años después, yo no había podido quitarme la costumbre inconsciente de meter las manos en mis bolsillos y buscar las llaves, cada vez

153

que iba al baño. Ese baño era un área libre, un reducto mío al que podía entrar sin mayor trámite y que me pertenecía enteramente, yo era el señor feudal de mi propio escusado, y, no obstante, mis manos no se acostumbraban a esa realidad libertaria. Mis manos eran todavía esclavas de la época en que no era dueño de la evacuación de mis propios miasmas, y llevaban todavía la marca indeleble del tiempo en que no eran libres. Ese manojo de llaves era mi grillete, la evidencia concreta de que había entregado a otros la responsabilidad de mi propia vida, hasta el punto de delegar en ellos el gobierno de mis propias entrañas.

III

En Colombia, la gente paga fortunas para inscribirse en academias de fitness, en las cuales un entrenador los presiona sin descanso, los obliga a exigirse hasta el extremo y cuando no cumplen con sus metas, los castiga poniéndolos a dar vueltas a la manzana o a los parques cercanos, en una especie de militarización del tiempo libre. Cuando yo los veo sudar, mientras corren a la vista de todos, me pregunto cómo es que están tan descontentos con su propia libertad, que le pagan a un desconocido para que les dé órdenes.

Yo, por mi parte, estoy esperando que abran el primer gimnasio para no hacer nada, y salgo trotando a inscribirme.

IV

Cuando recogí a Valeria de la escuela, la tarde amenazaba lluvia, así que cuando pasamos por el parque, de camino a la casa, no había niños en los juegos infantiles, sin embargo, ella insistió en jugar un rato y caminamos hasta allí. Cuando llegamos, nos encontramos a una mujer sola que estaba en un columpio. Tenía una bata larga y abierta adelante que le bajaba por la espalda hasta los tobillos y se tapaba la cabeza con un hermoso hiyab, que llevaba a la manera elegante y primorosa en que lo usan las mujeres turcas. Estaba tan ensimismada columpiándose, que no nos prestó la menor atención. Debía frisar los 50 años, pero se columpiaba con tanta energía que parecía por momentos que iba a dar la vuelta entera. Su cuerpo se balanceaba de una manera tan suelta que parecía flotar, suspendida en el espacio y sustraída del tiempo, como si la eternidad la hubiera alcanzado sin querer, en la mitad de la tarde. Valeria jugó unos diez minutos, y en ese tiempo, la mujer no dejó de columpiarse, ni abandonó su sonrisa plácida en ningún momento.

Cuando me siento a leer todas las tardes para la clase siguiente, cuando paso las tardes reflexionando por el único placer de pensar, sin ningún sentido práctico, cuando paso las noches en vela terminando un ensayo, cuando reinvento todas las tardes todo lo que creo saber o haber sabido, siento que soy esa mujer, feliz, ingrávida y liberada de todas las cargas, que se columpia en el parque.

V

Toda esa gente que dice que uno tiene que salir de su zona de confort, se me hace que les da es envidia.

***

No sé por qué dicen que el que se mete a redentor termina crucificado, si la historia ha demostrado que el que se cree mesías termina crucificando a los otros.

***

Alguien que está a punto de pensionarse dijo: hay una edad en la vida, en la que uno ya no debería tener que preocuparse por las cosas del trabajo. Debo reconocer que esa edad de no preocuparme me llegó a mí hacia los 23 años.

DE LA COLONIALIDAD

I

El relato de la doncella raptada se halla presente en muchas tradiciones culturales. Para el caso de Occidente, el modelo narrativo más común es el que se deriva del mito de san Jorge: una doncella secuestrada por un dragón es rescatada por un valiente caballero de brillante armadura. La literatura de caballería y el cine de Hollywood están llenos de ejemplos de este topo que tanto nos conmueve. Entre el siglo XVI y el siglo XVIII, millones de doncellas fueron raptadas, pero para ellas no había esperanza de rescate, porque el raptor no era ningún dragón, sino el caballero de brillante armadura. Millones de personas fueron arrancadas de su tierra en África y otros millones fueron despojadas de la suya en América. Quienes sobrevivieron al encuentro, perdieron el amparo de sus dioses, perdieron las palabras con las que sus abuelos acunaban sus sueños. Los europeos sometieron sus cuerpos e invadieron su memoria. Yo sé de cierto que desciendo de todos ellos, mis antepasados fueron los padres que entregaron a sus hijas para salvar la aldea, las doncellas que sedujeron a los invasores para evadir la miseria, pero también, los violadores que saciaron su apetito con las cautivas. Yo vengo de todas esas violencias, pero también de todos los versos que llevaban con ellos, mi sangre y mi mente son el punto de encuentro, el campo de batalla entre su dios y los nuestros.

II

Cuando Roma construyó su imperio, hace más de 20 siglos, sus soldados, además de militares eran ingenieros, por eso construyeron acueductos que todavía funcionan, puentes que todavía se usan, baños donde usted podría bañarse, y carreteras sobre las cuales todavía transitan carros modernos. Cuando España construyó su imperio, sus soldados, además de militares eran abogados, por eso 500 años después, la demanda de Jiménez de Quesada contra la corona aún no se ha resuelto, y cada vez que hay que hacer un puente, es probable que dure en pie, menos de lo que dure el proceso.

III

Cuando en 1637, el conde Johan Maurits Van Nassau-Siegen fue nombrado por la república holandesa gobernador general de la Colonia de Recife en Brasil, llegó a la conclusión de que la única manera de mantener los cultivos de caña de azúcar era llevando esclavos africanos para trabajar. Sin embargo, el tráfico de esclavos era considerado ilegal por parte del gobierno holandés, por lo que el gran abogado Hugo Grocio, pionero del Derecho Internacional fue consultado al respecto y llegó a la conclusión de que los únicos que podían ser esclavizados eran los prisioneros de guerra en una guerra legítima. Como Holanda no estaba en guerra con ningún país africano, en principio no tenía el derecho de esclavizar africanos, pero entonces en un giro jurídico brillante, se conceptuó que como los reyes de la costa occidental africana estaban en guerra con las tribus del interior, éstos podían legítimamente esclavizar a sus prisioneros de guerra y venderlos a los holandeses, quienes, por transitividad adquirían el derecho de propiedad sobre estos esclavos "legítimamente" capturados por los señores de África occidental. Así, haciendo uso de este subterfugio legal, los holandeses se involucraron en el tráfico de esclavos hacia sus colonias del Caribe, sin reatos de conciencia.

Esto ocurrió para la misma época en que la pimienta y la cebolla se vendían por precios astronómicos. Se cuenta que la razón de su gran demanda tenía que ver con las condiciones insalubres de la comida en Europa; ante la escasez de sal y conservantes, muchas de las carnes se comían en estado de descomposición, por lo que eran francamente impotables, de manera que la cebolla, la pimienta y las especias se usaban para cubrir con su intenso sabor el gusto a mortecino de las carnes en el plato. Así son a veces los abogados, la pimienta que se usa para tapar el mal sabor de boca de una decisión que ya han tomado los poderosos.

IV

Hace unos 30 años, cuando estaba en la universidad, algunos amigos y yo conocimos a un gringo que acababa de llegar de turismo a Bogotá. Como no tenía hotel, y quería conocer la Catedral de Sal en Zipaquirá, y tenía un morral muy pesado, se metió a la iglesia de San Francisco y tuvo el siguiente razonamiento: los que entran a la iglesia son cristianos, los cristianos no roban, luego, si dejo mi morral aquí, cuando vuelva por la tarde todavía va a estar ahí. Así que dejó su mochila con todas sus cosas junto al confesionario y cuando volvió por él, ya nunca pudo encontrarlo. Durante meses nos reímos de la estúpida ingenuidad del gringo, nos parecía toda una carencia, esa tonta capacidad de dar papaya. He estado en varios países en los que vamos con mi hija, y dejamos el coche junto con nuestros morrales en la calle, o en la entrada de un edificio, o en un parque, y al volver un par de horas después, allí está todo: el coche, los morrales, los pasaportes, la plata, las bolsas de compras. Apenas ahora, que me estoy volviendo viejo, y veo lo que pasa cotidianamente en Colombia, empiezo a entender que los pendejos éramos nosotros.

V

Mi abuela me daba café negro desde que era muy pequeño, tendría 4 o 5 años cuando probé el tinto. En Colombia llamamos tinto a lo que en Europa conocen como café americano, ese café negro un poco aguado que se utiliza como estimulante en el trabajo, a diferencia del café espresso que es utilizado principalmente para sentir placer. Para mí el único café americano que existe es El café de Rick en Casablanca, que algún día quisiera visitar, aunque sepa que no es más que una trampa publicitaria para atrapar turistas, porque el café original de la película fue montado en un estudio de Hollywood y nunca existió realmente, aunque por ahora me toca conformarme con pasar de vez en cuando por el frente del Café Americano de Ámsterdam, que por sí solo amerita una foto con sus interiores art decó. El tinto colombiano se divide en dos, el tinto urbano que se endulza con azúcar y se prepara en unas máquinas llamadas grecas, que sospecho que son todo menos griegas, y el tinto campesino que se prepara en olla directamente sobre el aguapanela.

Hoy en día, no le dan tinto a los niños por la cafeína, pero cuando yo era niño, no solamente me daban café, sino además vino, porque las abuelas creían que media copita todos los días de un moscatel barato, llamado vino 'Sansón' desarrollaba la capacidad cerebral, lo cual no tiene mucho sentido, porque cualquiera que haya leído la Biblia sabe que Sansón era un idiota redomado. Lo cierto es que probablemente los primeros sabores que recuerdo con inmenso placer son precisamente el gusto dulzarrón del vino Sansón y la amarga caricia del tinto tomado en ayunas. Nuestra vecina, que estaba casada con un profesor muy respetado, se burlaba de mí por tomar tanto tinto, y tenía la costumbre de señalarme al marido y decirme:

- Dieguito, no tomés tanto tinto que vas a terminar igual de negro que el profesor Moreno

Así que yo estaba convencido de que el color de la piel dependía de la cantidad de café que uno tomara, hasta el extremo de que, para vergüenza de mi mamá, una vez estando en la escuela, le pregunté a un niño si estaba así de negro porque tomaba mucho tinto. En el colegio nos enseñaban conceptos directamente racistas, por ejemplo, que los indios eran débiles y perezosos, que los indígenas del altiplano eran dóciles y cobardes y fáciles de cristianizar, mientras que los indios caribes como los pijaos eran caníbales imposibles de civilizar y que por esto habían sido exterminados. También nos dijeron que los negros, además de llevar el ritmo en la sangre, eran fuertes y que resistían sin problema el trabajo insalubre en las minas, y las duras jornadas cortando la caña. En la televisión colombiana salvo una o dos excepciones no había negros, y cuando se necesitaba un afro para un protagónico embetunaban a algún actor más clarito, como en la adaptación de una novela de Germán Espinosa a la que le cambiaron el nombre y le pusieron 'La pezuña del Diablo', y cuyo protagonista era un mestizo embadurnado de betún hasta la calva y se hacía pasar por adorador de un ídolo africano llamado Busiraco. Cuando Pambelé o Mohamed Ali subían al ring y peleaban contra algún boxeador de piel más clara, los comentaristas desde antes de empezar la pelea daban por ganador al negro, porque se le suponía más resistente al dolor.

Así como los judíos ortodoxos bendicen a Dios todos los días por no haberlos hecho mujer, era común que las mujeres en Colombia se felicitaran por no haber parido un hijo demasiado negrito. Durante siglos, para millones de personas, la única posibilidad de movilidad social era blanquear la descendencia, por eso los padres mestizos no veían con malos ojos que sus hijas le dieran un bastardo al amo blanco. 'Indio, ni cana ni barba' decía un amigo mío, entre toda una serie de clichés con los que la gente se entrenaba para descubrir la indianidad de quienes les rodeaban, hasta un grupo folclórico llamado 'Los amerindios' estaba compuesto por unos muchachos rubios y barbones como un profeta bíblico de película gringa, de esos que parecen nacidos en Oklahoma y no en el Medio Oriente, y se acercaban a los ritmos indígenas con un cierto aire de superioridad antropológica.

Era un mundo en el que éramos racistas y ni siquiera nos dábamos por enterados, y en el que a veces nos avergonzábamos del espejo cuando nos devolvía los rasgos inconfundibles de nuestro pasado aborigen. Pero qué se podía esperar, si nos habían quitado todo. Sucesivamente los gobiernos españoles y republicanos habían prohibido las lenguas originarias, y salvo por algunos topónimos, nos habían quitado hasta el nombre de la tierra, una tierra que era otra antes de que ellos llegaran. Porque América no existía, de modo que tampoco fue descubierta, sino que fue inventada, para lo cual no hacía falta mayor esfuerzo, porque la tierra de los antípodas ya existía en el imaginario medieval y en los relatos de Plinio el viejo. Y ni siquiera fue inventada el 12 de octubre de 1492, sino varios años después, cuando Vespucio le puso su propio nombre por razones que tenían que ver con los intereses de la banca genovesa y florentina.

Claro está que inventarse un continente no era cosa nueva. Ya lo habían hecho los griegos dos mil años antes cuando segregaron artificialmente a Europa del resto de Asia, como una forma de separarse culturalmente del oriente persa, y de justificar sus guerras míticas con los pueblos anatolios. Aunque por supuesto, la Europa de los griegos era geográficamente distinta, y como no existe más que en la construcción identitaria de los europeos, las fronteras orientales de Europa se mueven con el vaivén de los tiempos, y seguirán haciéndolo, porque en realidad Europa no es más que una península de Asia, que se ve a sí misma como una tierra distinta.

Y es que, por supuesto, los continentes no son realidades geográficas en sí mismas, sino creaciones culturales con implicaciones políticas. De modo que donde nosotros vemos un solo continente, los estadounidenses y los europeos ven, por lo menos, dos: Norteamérica y Suramérica. Y por ahí derechito, también terminaron despojándonos del nombre que nos había dado el invasor, porque cuando los demás hablan de América o de los americanos, no se refieren a nosotros, sino a los Estados Unidos, de modo que ya no somos los americanos que éramos en el siglo XVIII, sino que ahora en todas partes nos llaman latinos, como si viniéramos todos del Lacio, o hispanos, como si hubiéramos nacido en la Hispania romana de dónde venía Séneca. De manera que al final ya ni siquiera nos quedó el nombre que nos dieron nuestros amos, y no tenemos muy claro cómo nos llamamos, sino que quedamos en la misma orfandad en la que vivió Cassius Clay, el mejor boxeador de todos los tiempos que cuando decidió renegar del nombre que le había asignado su antiguo esclavista blanco, no tuvo más remedio que ponerse un nombre árabe, Muhammad Ali, porque ya no quedaba nada de su antiguo apellido bantú o yoruba.

Pero además nos tocó construir nuestra identidad fingiendo lo que no somos, porque los españoles que llegaron a América no solo eran invasores, sino también perseguidos, judíos conversos que huían del acoso de la inquisición y que hacían todo lo posible por pasar como cristianos viejos. De modo que nuestros antepasados eran judíos conversos, indígenas avasallados y africanos esclavizados, que aprendieron que la mejor forma de sobrevivir era negando su propia sangre y traicionándose a sí mismos.

Durante la independencia, el grupo más progresista quiso darle al país el nombre que le habían dado los indígenas: Cundinamarca, la tierra del cóndor; pero los bolivarianos prefirieron darle el nombre que había escogido Francisco de Miranda: Colombia, la tierra de Colón. De modo que, en vez nombrar al país por el ave sagrada de los pueblos andinos, pasó a tomar el nombre del invasor. Cundinamarca se convirtió en el nombre de una pequeña región alrededor del altiplano, y en el objeto de nuestro racismo reaccionario. Cada vez que hay un intento de darle algún sentido progresista a la legislación o a la administración pública, cada vez que hay alguna idea que pretenda sacarnos del marasmo de nuestra desigualdad, las élites usan el mismo aforismo lleno de sorna: 'esto no es Dinamarca, sino Cundinamarca'. Con ello queda patente que, en su visión autocomplaciente, todo debe ser igual y nada puede ser mejorado en este páramo de indios, cosa distinta sería si éste fuera un enclave de caballeros nórdicos.

La otra cara de ese mismo racismo es, por el contrario, la romantización del pasado prehispánico, como si antes de la invasión hubiéramos vivido en una arcadia feliz, en medio de una inocencia infantil, negando con ello todas las contradicciones, la violencia y el dolor que se vivían también aquí, como en todas las culturas que en el mundo han sido. Así que, en esta visión los indígenas pasan a ser vistos con un paternalismo que alterna entre verlos como adultos niños que deben ser protegidos, o como abuelitos bonachones e irrelevantes encerrados en un asilo sin que nadie escuche sus sabios consejos, de modo que tenemos una atávica incapacidad de verlos como iguales, tan capaces de lo atroz y de lo sublime, como lo podemos ser nosotros.

El mito del bárbaro incivilizado y el del salvaje feliz terminaron alternando en nuestro imaginario, y perdimos de vista toda la complejidad demográfica que implicaron alternativamente, el genocidio y el mestizaje, la migración y el despojo, y el despoblamiento brutal que generó la viruela. Nosotros que hemos estado en medio de la pandemia, ya podemos entender que hasta el gesto más amistoso puede provocar un genocidio, como sucedió con la expedición de Hernando de Soto por el Mississippi, en la cual se limitó a explorar y conocer el territorio, sin instalar ninguna colonia. De Soto no tuvo que dispararle a nadie, solo le bastó con saludar a los pobladores para que, a la vuelta de un par de décadas, se extinguiera casi el 90% de la población.

Al final, cuando miro el bello rostro de mis hijas, puedo entender que somos los descendientes de esos aborígenes diezmados por las enfermedades y la espada, de esos africanos que fueron desarraigados de su tierra, de su familia, de su comida y de sus tradiciones para trabajar como esclavos, y de los judíos conversos españoles y portugueses, que, sometidos a los peores vejámenes se vieron obligados a abandonar sus tierras. Podríamos renegar del entrecruce de tantas violencias, pero no podemos pasar por alto que, sin este encuentro traumático no habríamos nacido, ni podríamos amar las palabras, los bailes, la comida, y las, a veces, insensatas creencias que nos hacen lo que somos.

VI

Juanita Ramos era muy bella, y yo estaba enamorado de ella como nunca, con esa convicción que uno siempre cree tener por primera vez en su vida. Su boca turgente, su nariz fina, un poco respingada, sus ojos negros grandes, sus cejas pobladas y expresivas, y sus pómulos afilados, la convertían en una especie de arquetipo esplendoroso de nuestra estética mestiza. Pero Juanita no me amaba de la misma manera. Salíamos juntos todo el tiempo, almorzábamos, conversábamos, reíamos y teníamos una complicidad de camaradas, pero no tenía la más mínima intención de prestarme algún tipo de atención romántica o erótica.

- Tú no eres para mí. No es solo que seas divorciado, es que quiero un hombre apuesto, atlético, de buena familia, con buenos medios económicos, con un buen puesto, que tenga por lo menos un doctorado o una maestría en el exterior, que hable dos o tres idiomas, que sea buen cocinero, que sea galante y romántico, que baile bien y juegue golf.

Durante la colonia, prácticamente la única vía de movilidad social era el matrimonio. Los caciques hacían todo lo posible por casar a sus hijas con los encomenderos, o por lo menos de lograr que éstas les dieran un bastardo. Durante generaciones, fue obsesión de las gentes aclarar la piel por la vía de los nacimientos, porque buena parte de las oportunidades de sus hijos y nietos dependía de dejar atrás el tinte cobrizo de sus antepasados. Eso nos dejó una tara cultural que se ha convertido en un triste atavismo: la fascinación invencible por las cabezas blondas, los ojos zarcos y las mejillas rubicundas, en lo que parece una versión racista del síndrome de cenicienta. Quizás fuera mi despecho, pero no pude interpretar las palabras de Juanita sino como una expresión de este complejo ancestral de subordinación frente al hombre blanco. Así que decidí que era tiempo de darle un baño de realidad amerindia.

- No puedes pedirle a un hombre, algo que no tienes. Porque por muy hermosa que seas, no eres ni atlética, ni de familia aristocrática, ni tienes un buen empleo, ni has hecho ningún posgrado en el exterior, solo hablas español, y no cocinas, ni juegas golf. Los príncipes azules salen con princesas rosaditas, y tú no eres más que una plebeya fascinante.

Creo que mi discurso, un tanto crudo, tuvo algún efecto en Juanita Ramos, porque durante años, olvidó a su príncipe azul y salió con varios sujetos bastante pedestres, por no mencionar algunos que además eran declaradamente estúpidos; por desgracia, ninguno de esos estúpidos con los que salió jamás fui yo, a pesar de que me tenía tan a la mano.

Varios años después de aquellas palabras, Juanita terminó casada con un hombre apuesto, atlético, de buena familia, con buenos medios económicos, con un buen puesto, que tiene un doctorado en el exterior, políglota, buen cocinero, bastante galante y romántico, y el que recibió un baño de realidad fui yo.

VII

Cuando uno ve el altar de Zeus o la Puerta de Ishtar en el Museo de Pérgamo en Berlín o cuando recorre el Museo del Louvre o el Museo Británico, tiene la sensación de estar en una cueva de piratas, llena de todos los tesoros que los arqueólogos europeos se robaron entre el siglo XIX y el siglo XX.

La misma sensación de despojo se siente cuando uno piensa que los archivos de Gabo terminaron en la Universidad de Texas.

Luego recuerdo a los idiotas de ISIS dinamitando a Palmira, o al antiguo procurador de Colombia quemando en hoguera pública a "Cien años de soledad" o a los petroglifos de Facatativá destruidos por la gente que iba a hacer piquete a las piedras del Tunjo, y deseo de todo corazón que vengan los blancos y se lo lleven todo a un museo, incluida la selva amazónica, antes de que destruyamos nuestros tesoros por completo.

VIII

Cuando Colón llegó a las Antillas, reportó que los indígenas que los recibieron eran bastante más altos que los europeos. Esto se debía a que los indígenas tainos tenían una dieta y un estilo de vida más ricos y saludables que los europeos. La razón por la cual los europeos son más altos hoy en día que los latinoamericanos tiene que ver con el despojo y no con la etnia, con la nutrición y no con los genes. Mientras crecía, escuché cientos de veces que los latinoamericanos somos más bajos por nuestros genes indios, pero es que uno de los éxitos del invasor fue enseñarnos a usar su racismo en contra de nosotros mismos.

IX

En 1992, para conmemorar los 500 años del descubrimiento de América, el Banco de la República emitió la primera edición del billete de 10.000 pesos en cuyo anverso se podía ver el rostro de una mujer emberá. Ese supuesto homenaje, con el paso del tiempo, se volvió un ejemplo arquetípico de lo que implicó la llegada del hombre blanco, para los pueblos originarios. Menos de quince años después, la mayoría de los emberá habían sido desplazados por la guerrilla, los paramilitares, la minería legal e ilegal y la construcción de la represa de Urrao. Muchos de ellos viven sujetos a poderosas mafias callejeras que los obligan a pedir limosna, y ahora el rostro de aquel dudoso homenaje numismático está omnipresente en las estaciones de buses en Bogotá. La violencia física ejercida contra ellos no fue suficiente, en la época en que salió el billete, la mejor manera que encontraba la gente de ofender a una mujer con rasgos indígenas era gritarle que parecía un billete de diez mil.

X

Durante el siglo XIX, Panamá se separó 4 veces de Colombia, hasta que consumó su independencia en 1903. Colombia trató a Panamá como una región de segunda categoría, hasta el extremo de que ocasionalmente la utilizó como lugar de destierro para delincuentes políticos. Bogotá quedaba a más de 4 meses de viaje y solo se preocupaba de la provincia cuando los ejércitos rebeldes de las guerras civiles incursionaban en el territorio. En la guerra de los mil días los panameños fueron víctimas de una violencia que no les pertenecía y luego vieron como el Congreso se negó a ratificar el tratado para la construcción del Canal, con lo que se rebozó la copa y se entregaron a los americanos que les escoltaron en el camino a la independencia bajo la amenaza de los cañoneros del acorazado Wisconsin. Algo parecido le pasa al Chocó, el problema es que, aunque se quieran ir de Colombia, no tienen para dónde.

XI

Cuando se crece en una sociedad tan estratificada, una de las primeras habilidades que se adquiere es la de distinguir el estatus del otro. Colombia está llena de códigos no escritos, muchas veces inconscientes que permiten clasificar a las personas a golpe de vista, sin necesidad de mayor intercambio social. La vida cotidiana de un colombiano se parece mucho a la del profesor Henry Higgins en la Pigmalión de George Bernard Shaw, tratando de descubrir a partir de la dicción y del lenguaje el origen social o geográfico del que tiene en frente, aunque no por razones académicas. Por supuesto, estos códigos sociales normalmente operan de arriba hacia abajo, porque su función es excluir. De modo que el que está abajo, como desconoce los códigos queda permanentemente expuesto en toda su humana miseria o en toda su condición inferior. El país es pródigo en vocablos para señalar al que está más abajo: guaro, ñero, manteco, corroncho, charro, iguazo, guiso, montañero, nea, ñámpira, galapea, mañé, patirrajado, desechable, calentano, indio, sobre todo indio.

La dicción al hablar, o los giros idiomáticos, también descubren al excluido. Cuando uno va de camino ascendente por la escala social, es muy fácil, decir o hacer algo que demuestra que uno no es más que Eliza Doolittle haciéndose pasar por My Fair Lady. Pero no es solo el idioma el que revela las diferencias: la forma de vestir, el modo de peinarse o la manera de combinar los colores pueden ser una forma de señalar al que viene de abajo. De niño, los colores encendidos eran una muestra inequívoca del origen descastado de alguien. Había un rosa escandaloso que solo podía encontrarse en los caramelos de Zipaquirá, o en los sacos o pañolones de las señoras pobres: rosado Soacha, le decían con desprecio, era la época en que la gente de bien vestía de colores oscuros y sobrios. Pero como la moda es inestable y cambiante, un día el rosado Soacha amaneció convertido en fucsia y adquirió carta de ciudadanía de primera clase.

Por supuesto, el color de la piel y el tipo de pelo eran un indicador de casta, no se podía ser ni demasiado moreno, ni demasiado colorado, no se podía tener el pelo ni demasiado liso, ni demasiado crespo, los hombres de verdad eran de pelo en pecho, y los indios lampiños estaban excluidos de la masculinidad: indio ni cana ni barba, decía un amigo mío.

El sudor también era de mal gusto, García Márquez suele describir esos abogados cachacos vestidos de negro como chulos que recorrían Macondo bajo un sol canicular sin que aparentemente fueran capaces de sudar. Porque claro, la gente decente era bien educada hasta para sudar, solo se suda en algunos espacios y de una manera discreta, y por supuesto, no puede sudarse en el trabajo, sudar en el trabajo era para gentecita, era cosa de indios o de negros. La gente decente solo sudaba en espacios regulados, como jugando tenis o yendo al gimnasio, a diferencia de la gentecita nada que ver que sudaba copiosamente en las situaciones más inopinadas, como cuando trabajan o cuando bailaban en alguna fiesta pretendidamente elegante. En la adolescencia tenía una amiga que tenía un olor corporal penetrante, pero sus padres se negaban a comprarle desodorante, porque no había tenido su primera menstruación, y se suponía que era imposible que una niña divinamente pudiera sudar y mucho menos tener mal olor. Así que todos hacíamos fuerza para que le llegara pronto la regla para que los papás la dejaran usar desodorante, porque había consenso acerca de que la pobre niña olía como un estibador, lo cual viéndolo en retrospectiva, era completamente falso, porque ahora que he trabajado como estibador puedo decir que los estibadores no huelen así.

Así que por puro clasismo, durante años tuve la buena educación de nunca sudar profusamente, no importaba si estaba a más de 40 grados en Ibagué sacando un elefante de la cárcel, o en Villavicencio rescatando unos archivos secuestrados en una finca en medio de los llanos, o en Montelíbano discutiendo un incumplimiento contractual en una termoeléctrica, o en Roldanillo dictando una conferencia sin aire acondicionado, jamás en mi vida profesional nadie me vio sudando, lo cual siempre atribuí a mi buena educación, y a mi condición de señorito distinguido, hasta que, en este verano, terminé trabajando en una juguetería en Breda; allí descubrí que podía sudar a chorros, y por primera vez comprendí que mi discreción al sudar no se debía a mi buena educación, sino que tenía que ver con que en realidad nunca había hecho nada.

XII

A partir de la baja edad media, la civilización occidental, incluyendo el occidente musulmán se erigió a partir de los principios aristotélicos. Tal cosa tuvo un fuerte impacto en la valoración social que se hacía de los trabajos manuales, ya que Aristóteles casi que equiparaba a los trabajadores manuales con los esclavos. Es sabida la lucha que mantuvieron Miguel Ángel y Leonardo por ser reconocidos como intelectuales y, por ende, como trabajadores liberales y no como meros trabajadores manuales. Diego Velásquez incluso demandó al rey Felipe IV, su patrón y mecenas, en un proceso jurídico larguísimo de casi dos décadas para que le fuera reconocido su estatus como profesional liberal y no como simple artesano. Su lucha fue tan vana, que al final tuvo que contentarse con un título de la nobleza menor, pero su trabajo como pintor no fue reconocido como una profesión liberal.

El desprecio que sentían los españoles por el trabajo y sobre todo por el trabajo manual, fue trasladado a las colonias. No habiendo encontrado la ciudad de El Dorado, los encomenderos descubrieron algo más atractivo, la posibilidad de sacar provecho del trabajo manual de los indios encomendados y de compartir el derecho a la holganza que tenían los hidalgos en el viejo mundo. El desprecio al trabajo era de tal magnitud que, si un hidalgo trabajaba o llegaba a ejercer el comercio, corría el riesgo de perder su título nobiliario. De modo que, entre nosotros, el trabajo manual era cosa de indios, y de negros o de mestizos descastados, y entre todos los trabajadores manuales no había nada más mal visto que un jornalero levantisco, que al fin y al cabo la gracia de una sociedad de castas es que cada quien se quede en su sitio, por eso en Colombia pocos seres generan más desprecio, que un trabajador sindicalizado.

Sobra decir, que aun los trabajos administrativos en Colombia están fuertemente estratificados, así que los trabajos operativos siempre están por debajo de los trabajos profesionales. En un banco en el que trabajé había un abogado que rechazaba la opinión de todo trabajador operativo con un perentorio: "al que le pagan para pensar es a mí, usted límitese a hacerme caso". Había un consenso generalizado de que el fulano era un maldito atarván, pero las risas de todos cuando aparecía con estos exabruptos eran una muestra fehaciente de que en el fondo todos estábamos de acuerdo. Por eso, las pirámides laborales en Colombia no se construyen con base en la capacidad o en el conocimiento, sino a partir del miedo y el autoritarismo, y eso explica por qué el sistema premia con tanta frecuencia en los organigramas no al más idóneo, sino al más hijueputa, y por qué los jefes prefieren al más lambón y no al más inteligente. Esa obsecuencia resulta muy rentable, porque el país está lleno de trabajadores dispuestos a trabajar 16 horas al día, sin horas extras solo para no perder el puesto. Recuerdo mucho a una empleada de un banco a la que obligaban a trabajar largas jornadas por una remuneración miserable, y cuando yo le preguntaba si no se sentía vilmente explotada, siempre contestaba "es que yo no le tengo miedo al trabajo". A lo que yo siempre le contestaba:

- Yo en cambio sí le tengo mucho miedo.

Y pues sí, entre la clase media, el trabajo manual pende sobre las cabezas de la gente como una espada de Damocles: 'estudie si no quiere trabajar de carguero', solían decir las mamás de mi infancia, porque no había más deshonra que la de ganarse el pan con las propias manos. Crecimos temiendo no ser lo suficientemente inteligentes como para escapar del destino indeseable de todos aquellos que tenían que trabajar. De manera que, cuando con ocasión de la pandemia en los Países Bajos nos fue imposible conseguir un trabajo en nuestra profesión y agotamos nuestros ahorros, decidí que ya había llegado la hora de buscar un trabajo manual, y empecé a buscar todo tipo de trabajos en diferentes áreas. Pero allí descubrí que estos trabajos requerían de una serie de calificaciones que yo no tenía. Por ejemplo, necesitaban una persona que tuviera más de tres años de experiencia en enredar las ramitas de la mata de tomate en el alambre, y necesitaban plomeros y carpinteros, y operadores de montacargas y torneros, incluso necesitaban alguien que tuviera dos años de experiencia ordeñando gallos para inseminar gallinas. De modo que cuando intenté buscar un trabajo manual, descubrí que yo no sabía hacer nada.

En mis años de universidad, alguna vez Daniel Peña me dijo que yo había decidido estudiar Derecho porque me parecía muy sencillo y se me daba muy fácil ser abogado sin mayor esfuerzo, en medio de los tragos me dijo que mi actitud hacia el Derecho era una falta de respeto hacia los que en realidad se lo tomaban en serio. En resumen, cerró diciendo que yo estaba en la facultad porque no tenía el suficiente valor de poner a prueba mi intelecto estudiando ciencias sociales donde podría muy fácilmente abrir la boca y quedar como un pendejo.

Durante los días de pandemia, buscando un empleo con el que mantener a mi familia, descubrí que quizás estudié Derecho no porque fuera un perezoso o un cobarde como creía Daniel Peña, sino que lo hice simplemente porque para cualquier trabajo productivo no soy más que un completo inútil.

XIII

Este es el mejor vividero del mundo, aquí uno siempre encuentra quien haga el aseo por uno, quien lave el carro por uno, quien saque la basura por uno, quien cocine por uno, y lo que es más importante, quien piense por uno y quien vaya a la guerra por uno.

***

Cuando le dieron el premio Nobel de Paz a Obama, muchos se quejaron porque en realidad no había hecho nada para ganar el premio. Pero quizás por eso mismo se lo otorgaron, pocas cosas pueden contribuir tanto a la paz, como un presidente de Estados Unidos que no hace nada.

***

Las dos primeras cartografías del Nuevo Mundo se produjeron casi al mismo tiempo, la de Vespucio y la de Juan de la Cosa. Si, para ponerle nombre al continente, en vez del mapa de Américo Vespucio, Fernando de Aragón hubiera usado el mapa de don Juan de la Cosa, el mundo sería muy diferente: los gringos vivirían en Estados Unidos de la Cosa, la Cosa de Cali habría perdido 4 finales de la Copa Libertadores de la Cosa, los europeos visitarían felices la Cosa Latina, nosotros viviríamos en la Cosa del Sur, y los costarricenses serían felices miembros de la Cosa del Centro.

***

En Haití se necesitó un terremoto en 2010, para que entraran los Marines, en Colombia los presidente normalmente lo que hacen es firmar un decreto.

***

Hace más de dos siglos, antes de la independencia, regalábamos nuestros recursos naturales a la explotación extranjera, le robábamos la tierra a los indios y una aristocracia hacendaria imponía sus privilegios. Hoy en día, como homenaje a las luchas de aquella época, cada 7 de agosto, con orgullo podemos decir que hacemos exactamente lo mismo. Feliz cumpleaños Colombia, nunca cambies.

***

Durante la revuelta de 1810, que condujo a la independencia de España, los criollos santafereños decidieron constituir una nuevo Gobierno. Para reafirmar el ánimo independentista de los rebeldes, el doctor Juan Miguel Pey tuvo la brillante idea de nombrar presidente de la Junta de Gobierno independiente, al mismo virrey de España.

168

DE LA VIOLENCIA

I

La rectora del colegio donde estudié, Josefina Escobar Soto, era sobrina de Foción Soto, un famoso general liberal de la guerra de los mil días, entre 1899 y 1902.

Este Foción, a su vez, era hijo de otro Foción que también participó del lado liberal, en las guerras civiles del siglo XIX, incluyendo la guerra de 1885.

La mamá de Josefina era de apellido Soto Uricoechea, y era prima hermana de Jorge Soto del Corral, un conocido representante liberal que fue herido por el representante conservador Carlos Castillo en plena sesión del Congreso, y murió por causa de sus heridas, en 1949.

El hermano de Josefina, Nicolas Escobar Soto, fue asesinado por el M-19 en 1979.

Así se marca el tiempo en Colombia: de violencia en violencia y de muerto en muerto.

II

Durante el siglo XIX, a pesar de que Panamá formaba parte de Colombia, la distancia que la separaba de Bogotá era inenarrable. Mientras un viaje a París demoraba menos de 15 días, un viaje a Bogotá podía demorar 6 meses. Bogotá y Medellín eran ciudades tan aisladas, tan encumbradas en medio de la cordillera que en muchos aspectos parecían detenidas en el tiempo. Su aislamiento era tan proverbial, que aún hoy, en lo más profundo del altiplano, los campesinos hablan con modismos del siglo XVI, como si don Quijote viviera a la vuelta de la esquina. En la primera mitad del siglo XX, esta situación de aislamiento no había cambiado mucho.

Mi abuela viajó a Francia desde Bogotá con la familia Ben-Rei. Era el año 36, y la única forma de hacer el viaje era en barco. Se tomaba el tren de camino a Honda, en un descenso por entre precipicios de vértigo y allí se tomaba el vapor a Barranquilla, donde se podía subir finalmente al trasatlántico. El barco de línea en Honda era un vapor de ruedas que les hacía pensar a quienes viajaban en las historias de Mark Twain en el Mississippi, y que, cincuenta años después, García Márquez inmortalizó en *El Amor en los tiempos del cólera*.

El barco estaba escrupulosamente estratificado, con una cubierta de primera, una de segunda y una de tercera clase. Las familias acomodadas viajaban en la cubierta superior, los estudiantes solían viajar en segunda, y los pobres viajaban en tercera, casi bajo la línea de flotación del barco. Los tripulantes del barco eran bastante estrictos evitando que la gente pasara de una cubierta a la otra, sobre todo para evitar que los de segunda y tercera subieran a primera. No obstante, en ocasiones las muchachas de primera se las arreglaban para ir de visita y bailar con los estudiantes en la cubierta de segunda.

Pero la estratificación del barco no terminaba en las cubiertas. Como no existían cuartos fríos, ni refrigeradores, la comida siempre tenía que estar fresca, por eso el barco siempre arrastraba tras de sí, un enorme planchón lleno de frutas, legumbres y animales vivos, y además a veces se apiñaban en el planchón, viajeros ocasionales que eran tan pobres que ni siquiera podían ocupar la cubierta de tercera.

El viaje de bajada entre Honda y Barranquilla podía durar 6 o 7 días y las horas eran largas, sobre todo para mi abuela que, como niñera, tenía que cuidar y entretener a las dos hijas del matrimonio Ben-Rei. En los primeros días, mi abuela llevaba a las niñas a la popa, para mirar los animales del planchón desde el balcón de la cubierta superior. Las niñas se divertían mirando las vacas y los marranos, hasta el extremo de que empezaron a ponerles nombres y a distribuírselos entre ellas, como si fueran las dueñas. Así, empezaron a identificarlos, a llamarlos y a tratar de jugar con ellos y alimentarlos, tirándoles trozos de comida. Estaban distraídas con este juego, cuando Monsieur Ben-Rei, apareció en cubierta y les dijo cariñosamente a las niñas:

-Es mejor que no se encariñen con esas vacas.

Al día siguiente mi abuela entendió por qué razón era mejor que las niñas no se encariñaran con los animales: una de las dos vacas a quienes las niñas habían bautizado el día anterior ya no estaba en el planchón, y en cambio, los pasajeros de primera se estaban atracando con jugosos filetes que servían meseros de guantes blancos en el salón comedor.

Al llegar a esta parte del recuerdo, no puedo evitar sentir que estoy arribando a un grosero lugar común. Y es que no hay que hacer ningún esfuerzo para entender que ese vapor y ese planchón son una irresistible metáfora de Colombia, con ese barco segregado en tres cubiertas, y detrás, en el más obsceno rezago, en los márgenes, las miserables criaturas del planchón, con las cuales no hay que encariñarse porque su sacrificio es un natural destino para que los demás podamos darnos nuestros atracones de carne.

III

Para las elecciones de 1974, mi abuela se despertó más temprano que de costumbre. Aunque era un niño pequeño, recuerdo su preocupación, su cara de susto. Fue la última vez que salió a votar, pero lo hizo con la mayor de las urgencias, mis papás también votaron, igual que millones de personas. En aquella época todas las personas votaban en el mismo lugar, en la calle 26, por lo que toda la ciudad se aglomeró en un muy pequeño espacio y los trancones eran monumentales, pero ni el sol, ni el calor, ni el llanto de mi hermano pequeño los detuvo. La razón de la angustia de mi abuela tenía un nombre propio: Álvaro Gómez. En aquellas elecciones se enfrentaron dos delfines, Alfonso López, el pollo, hijo del único presidente reformador del siglo XX, y Álvaro Gómez, hijo de un presidente de ultraderecha, que estuvo al mando de una dictadura constitucional de unos 3 años, durante una guerra civil no declarada y que dejó más de 300.000 muertos. Aunque mi mamá era muy pequeña, recuerda todavía el ambiente de miedo que se respiraba en la ciudad a principios de los años cincuenta, y cómo había un pacto de silencio entre los liberales, por miedo a los delatores que se agazapaban en las tiendas o en las filas, para tratar de fisgonear quien hablaba mal del gobierno. Los años de terror del gobierno de Laureano Gómez debieron dejar una huella honda en mi abuela, porque ese día de 1974, su desasosiego no cesó hasta que fue claro en los noticieros, que el hijo de Gómez no iba a ser presidente.

Los años de mayor activismo político de Laureano tuvieron lugar durante el gobierno de Alfonso López el viejo, el presidente liberal que aprobó la primera ley de reforma agraria en Colombia. Para Gómez, furibundo anticomunista, las reformas constitucionales de 1936, en el espíritu de la constitución mexicana de 1917 y la ley de reforma a la propiedad rural no eran más que una manifestación del bolchevismo en Colombia. En poco tiempo, los conservadores más radicales organizaron grupos paramilitares para defender su sagrado derecho a la tierra, y comenzaron un lento pero constante desangre del campo colombiano, y principalmente de los propietarios liberales. Para finales de 1953, y durante el gobierno de Laureano, también conocido como 'el monstruo', millones de personas habían sido expulsadas de sus tierras, y cientos de miles habían sido asesinadas de las maneras más crueles, en una extensión tal que toda la estructura de la propiedad rural de la región del eje cafetero tuvo una transformación brutal durante este período. Álvaro Gómez también había tenido un papel preponderante en la represión de unos grupos de campesinos en la región del Tolima que buscaban llevar a cabo un proyecto de tipo agrarista en 1964. La ofensiva militar desatada contra estos campesinos por parte del gobierno condujo a la creación de las Farc y al desarrollo de una nueva etapa de violencia. Desde 1936 y hasta fines de los años 60s, los Gómez, Laureano y su hijo Álvaro fueron sinónimo de lo más atávico del conservatismo ultramontano de un país que no tiene como inclinarse más a la derecha, porque no hay espacio. A pesar de ello, al final de su vida, Álvaro Gómez empezó a tener posiciones más moderadas, y además fue el único miembro de las élites que reconoció públicamente su papel en la violencia desatada de los años cincuenta, cuando dijo en una entrevista en 1986, que había actuado como un comandante militar en tiempos de guerra, aunque nunca reconoció que era una guerra sucia. Para 1991, se había convertido en corredactor de una constitución progresista, trabajando codo a codo con uno de los autores de su secuestro un par de años antes. En 1997 fue asesinado, aparentemente por las mismas guerrillas que habían nacido como reacción a su discurso incendiario de más de tres décadas atrás. Paradójicamente la violencia que había ayudado a fomentar cincuenta años atrás, lo alcanzó de manera definitiva, cuando había comprendido lo estéril de la confrontación armada.

En 1936, su padre, Laureano Gómez, frente a la aprobación de la reforma agraria, prometió sumir al país en una escalada de violencia de tal magnitud que hiciera invivible la República. Esa misma vorágine que propició fue la que terminó llevándose a su hijo sesenta años después. Casi un siglo de sangre después, Laureano Gómez terminó siendo el único político colombiano que fue capaz de cumplir una promesa.

IV

En los años 80, el secuestro urbano estaba disparado en Colombia. Las fuerzas de policía tenían una política de tierra arrasada en los rescates: todos los secuestradores resultaban muertos y el único sobreviviente era el raptado. Estas ejecuciones nos parecían tan de sentido común (aunque la historia demostró que no lo eran), que si alguien me secuestraba esperaba que los mataran a todos. Solo una persona parecía separarse de aquel unanimismo. Luis Hernando Beltrán siempre repetía lo mismo: "no sé si podría soportar que alguien tuviera que matar, para salvarme la vida". Ese tipo de situaciones son las que terminan naturalizándose en un país en guerra: durante décadas hemos sido incapaces de construir un país en el cual nuestra libertad y nuestra seguridad no dependan de que alguien tenga que matar o hacerse matar. Es como si a nadie le cupiera en la cabeza que puede existir un mundo en el que nadie tenga que meterse a las selvas a matar en nombre de nosotros.

V

En 1987 fue asesinado Héctor Abad Gómez, en medio de la masacre de miles de líderes sociales y miembros de partidos de izquierda. Aunque el crimen tuvo gran resonancia, yo no tenía conocimiento exacto de quién era, hasta que en 2006 su hijo publicó una hermosa biografía, que fue un éxito editorial y lo convirtió en un símbolo de las víctimas de la guerra sucia, uno de los episodios más oscuros en la historia de Colombia.

172

Recién ahora, encerrado por cuenta de la pandemia del coronavirus, entiendo la relación que hizo Camus entre la peste y la guerra, ahora que ha vuelto a mi vida la misma incertidumbre, de aquellos años en que los días no pasaban contando las horas, sino desgranando los muertos.

VI

En 1986, Luis Carlos Galán, en su campaña a la presidencia, prometía modernizar la cultura política utilizando el eslogan: "Renovación, ahora o nunca". Ante su derrota estrepitosa, el jefe de la clase política más retardataria, Julio César Turbay, quien estaba al frente de una maquinaria clientelista que terminó aliada con los narcotraficantes, declaró con una risa de sorna: "Pues ahora será nunca". Sus palabras resultaron proféticas, pero terminarían por alcanzarlo a él también.

En medio de una borrasca de corrupción y violencia, Galán empezó a perfilarse como el seguro presidente para 1990. En las series de narcos, la expresión 'plata o plomo' luce divertida, casi inocente, pero para muchos de mis conocidos tuvo consecuencias dolorosas. A una amiga, los sicarios de Escobar le mataron al papá que era juez en la puerta de la casa, a uno de mis profesores lo mataron saliendo de la universidad. La prensa llamaba a estos asesinos, grupos de justicia privada, como si matar al que no se dejaba sobornar o amedrentar fuera un acto de justicia.

Para 1989, Galán parecía la única luz para los que todavía teníamos esperanza. Algunos ya le habían perdido la fe a Colombia. Mi abuela, por ejemplo, no dejaba de repetirme: 'lo van a matar como a Gaitán, a los buenos no los dejan llegar'. De tanto repetirse, esa frase se volvió un lugar común, una fatalidad insuperable. Lo cierto es que Galán fue otro de esos futuros alternativos que no pudo ser. Tal vez sea mejor así, para no perder del todo la esperanza, mejor una ilusión truncada por las balas, que una decepción confirmada por los hechos.

La noche que los sicarios de Pablo Escobar mataron a Galán con la ayuda de los mismos escoltas que le había entregado el Estado para protegerlo, yo estaba en teatro con Adriana Sánchez, en el centro de la ciudad. Me habían regalado unas boletas para una de las últimas funciones de lo que todavía quedaba del TPB, y como Adriana estaba sola en la universidad, le propuse que nos tomáramos algo en la cafetería, mientras se hacía de noche y nos íbamos al teatro. Esa salida con ella fue causa de que un amigo me dejara de hablar durante casi seis meses, aunque yo, la verdad casi no me di cuenta de su disgusto, porque por un lado soy muy distraído, y por el otro, soy muy malo para conservar amigos, así que me parece normal que se desaparezcan. La razón

173

de su disgusto era que él estaba intentando salir con ella, pero como no tenían realmente nada y yo no tenía intención distinta de ir a teatro acompañado con alguien, no le di la menor importancia. Lo bueno de ser un bicho raro, es que a veces uno es tan inconsciente de las normas no escritas de la amistad, que la gente se disgusta con uno, y uno pierde por W.O. sin haberse dado cuenta. La verdad nunca me enteré si hubo algo entre ellos, y nunca volví a ver a Adriana Sánchez hasta que hace un par de años, descubrí que había abandonado el derecho para dedicarse al yoga, la vida vegana y la felicidad profesional en un canal de YouTube.

Cuando salimos del teatro, el portero estaba oyendo la radio y nos contó a todos los asistentes lo que acababa de pasar. En minutos todo el mundo salió rápidamente buscando el camino de su casa. Cuando llegué a la mía, los noticieros confirmaban la noticia. A los pocos días, vino el sepelio, la estupefacción de la gente, la pérdida de la esperanza, y las marchas luctuosas por las diferentes ciudades. Una semana después, las universidades privadas organizaron una marcha hacia el cementerio central, cuyo objeto nunca estuvo claro y que termino en un anticlímax, cuando los organizadores, en vez de realizar algún pronunciamiento o emitir alguna proclama, le pidieron a todo el mundo que se fuera pacíficamente para su casa y se sintieran satisfechos de haber hecho parte de ese momento histórico. Recuerdo perfectamente mi sensación de que aquella marcha no tendría efecto alguno. Ni siquiera se escuchó una arenga, un grito que permitiera desahogar la frustración o la rabia, lo que sea que tuviéramos por dentro. En un anticipo de lo que serían las redes sociales décadas después: la marcha no fue más que una manera de acallar la conciencia de quienes caminamos. Así, en medio de nuestra impotencia, podíamos por lo menos conformarnos con ese gesto inútil, como esa gente que expresa su descontento pinchando un like en Facebook, y con ello siente que ha cumplido con su deber y un par de segundos después está mirando algún video cómico o el tutorial de algún youtuber que explica detalladamente y con aires de erudición, de qué modo le gusta hacer la sopa de fideos. Para hacer más evidente la inutilidad de nuestra manifestación, sobre un puente de la avenida 26 se aglomeró un grupo de estudiantes de la universidad pública a reírse de nosotros. Yo los conocía de otros escenarios, y con aire de superioridad se burlaban de nuestra marcha de zombis, de nuestro silencio, de nuestros pasos desorientados, de nuestra pasividad de corderos, como si ellos tuvieran mucho que mostrar, como si 60 años de quemar buses, y tirar piedras, y correr a la policía hubiera servido para algo distinto de ser una justificación para la represión y la pretensión que tenían muchos en las élites de marchitar la universidad pública. Cuando los vi allí quise contestarles algo, decir algo en nuestra defensa, pero para mí era tan claro como para ellos, que estábamos tirándole guijarros a la luna, para colmo, cualquier atisbo de seriedad de la marcha se vino al traste, cuando en la calle 26 con avenida Caracas se nos unió la columna de la Universidad Javeriana que, en vez de caminar en silencio, venían entonando una canción mariana de las que cantábamos durante la misa

174

en el colegio de monjas donde estudié la primaria. De repente, una marcha de protesta con pretensiones de algún resultado político se convirtió en una reunión del grupo de oración de la parroquia. Meses después, el gobierno de César Gaviria y los promotores de la Asamblea Constituyente de 1991, pretendieron convertir esa manifestación paupérrima en un irrefrenable movimiento de masas que condujo inexorablemente a promulgar esa nueva constitución, como si esos pocos miles hubiéramos derribado el muro de Berlín cantando 'Santa María del camino'. Pero los que estuvimos allí, sabemos que esa corta caminata no fue más que la versión comunitaria de una visita de pésame.

La marcha tenía un tan corto sentido político que recuerdo que hubo un momento en que me atrapó el aburrimiento y la bostezadera, hasta el punto de que decidí aprovechar el paseo para apreciar la arquitectura que hay en la carrera décima entre la calle 19 y la calle 26, algo que normalmente no se podía hacer por el stress del tráfico y por la gente que se movía por las aceras, y, sobre todo, por el susto de terminar atracado por andar distraído. Sobre todo, me llamó la atención un edificio que quedaba casi en la esquina de la calle 22, que sobresalía por su fachada a la francesa, como si el barón Haussmann se hubiera pegado una corta pasada por aquí. Así andábamos, en dos filas indias a lado y lado de la calle, porque al final éramos unos cuantos cientos, quizás unos miles, y si nos hubiéramos aglomerado a todo lo ancho de la calzada, habríamos ocupado a lo sumo una cuadra, así que las largas hileras comenzaron a caminar a un ritmo constante, cada uno a su paso, casi que sin mirar hacia el frente. Estaba tan adormilado, tan distraído, que empecé a recordar una historia que me contaba mi papá acerca de John D. Rockefeller, cuando yo era pequeño. Según mi papá, luego de que terminaba la jornada laboral, Rockefeller recorría las oficinas vacías buscando clips tirados en el piso, hasta que hacía un montoncito, los juntaba en un vaso y los reciclaba. "Así son los millonarios", decía mi papá. Como soy un majadero, durante mucho tiempo creí que Rockefeller se había hecho millonario recolectando clips, cuando lo que quería decir esa historia era más bien, que el señor era un viejo tan avaro que prefería andar a gatas debajo de las sillas, antes que perder el medio centavo que podía valer un clip. Todas esas ideas me volvieron a la cabeza en una fracción de segundo, cuando vi sobre el pavimento, justo al frente mío, un clip tirado en el piso. Con el ímpetu de un nuevo Rockefeller que va a dar su primer paso como millonario, me abalancé sobre el clip para recogerlo, sin darme cuenta de que, al agacharme, me había detenido intempestivamente, y las que venían detrás mío, tan ensimismadas como yo, no tendrían tiempo de esquivarme. De modo, que no tuve tiempo de guardar el clip en mi bolsillo cuando Mónica León ya había tropezado conmigo y pasado por encima, cayendo justo delante mío. Al darme cuenta de la majadería que había hecho, mi instinto fue pararme lo más rápido posible, pero cuando intenté levantarme, Soraya Caro ya estaba sobre mí y lo único que hice con ese movimiento brusco fue lanzarla por los aires en una voltereta que la hizo caer justo encima de Mónica León, así que decidí más bien apartarme del camino para no seguir tumbando personas, por lo que intenté gatear hacia el lado derecho lo más rápido que pude con el resultado de que hice caer también a Cristina Larrota que estaba tratando de esquivarme. Con el tiempo aprendí que cuando estoy triste o deprimido no debo conducir carro o manejar un torno porque tengo comportamientos muy erráticos, bueno de hecho soy tan torpe que tampoco debo manejar un torno, cuando estoy contento. En resumen, con un solo movimiento estúpido, tres personas terminaron con los huesos en tierra.

En realidad, Colombia fue aún más errática que yo, la clase política que creyó que podría usar a los narcos terminó, como era previsible, convertida en rehén de los mafiosos. Y si bien, bajo el influjo de esos políticos clientelistas Pablo Escobar mató a Galán, poco después se volvió contra ellos y terminó asesinando a la hija del propio Turbay, en lo que fue un caso arquetípico del hombre que crea un monstruo que termina devorándolo a él. La posterior muerte de Escobar no fue sino el preludio de los oscuros años que se avecinaban para ese país atávico que se aferraba violentamente al pasado. Nunca un eslogan tuvo tanta razón: la renovación no fue nunca.

VII

Entre 1989 y 1993, Pablo Escobar le declaró la guerra al Estado colombiano. La ofensiva tuvo lugar en varias oleadas que incluyeron una ola de secuestros de personalidades, una bomba en un avión comercial que mató a 107 personas y una ola de atentados terroristas indiscriminados que no terminaron sino hasta junio de 1991, cuando la Asamblea Nacional Constituyente prohibió la extradición de nacionales, y el gobierno de Colombia le construyó a Escobar una cárcel a su propio gusto. Un año después, cuando Escobar escapó, una última oleada de carros bomba se desató en una cacería delirante de ciudadanos inocentes. Durante meses, Escobar acostumbró a la gente a una rutina en la cual las bombas estallaban en el momento menos pensado, cobrando las vidas de los transeúntes, lo que hizo que salir a la calle en Bogotá y Medellín se convirtiera en una actividad azarosa. Mucha gente se despedía de sus familiares como si nunca más los volviera a ver, y cada vez que había una bomba, se multiplicaban las historias de personas que habían pasado por allí, justo dos minutos antes, o de personas que se arrepintieron a último momento de pasar por el lugar equivocado. Solo para dejar constancia, Escobar a veces dejaba bombas pequeñas en los parques de los barrios, para que nadie se hiciera a la idea de que estaba a salvo.

A mediados de 1993, empezaron a aparecer muertos los socios y sicarios de Escobar, y se puso de moda en la prensa un apodo, los Pepes, el nombre que los enemigos de Escobar le dieron a un grupo paramilitar que, al parecer con la colaboración de la fuerza pública, empezó una persecución feroz contra la organización de Escobar. En la televisión se había vuelto conocido un gran cartel con el organigrama de la organización de Escobar, y en el cual se incluía una recompensa para cada lugarteniente. A medida que los Pepes los iban matando, los noticieros los iban tachando como en un juego de mesa, y las ejecuciones eran seguidas mediáticamente como si se tratara de un evento deportivo.

El miedo a Escobar era tan grande, y la impotencia del Estado había sido de tal magnitud, que todos empezamos a hacerle barra a los asesinos y a celebrar los muertos como si se tratara de goles en un partido de fútbol. Cuando finalmente mataron a Escobar en diciembre de 1993, el sentimiento general fue de alivio. Ninguna de las ejecuciones llevadas a cabo por los Pepes fue investigada por la justicia, la muerte de Escobar fue como el final de una larga cuarentena en la que todos, salvo algunos pocos, habíamos cometido de pensamiento u obra actos indecorosos, y ahora que podíamos salir a la calle, queríamos darle un carpetazo y olvidar los métodos no santos que había utilizado el gobierno para acabar con el capo. Pero no se puede liberar a un monstruo, y después esperar que regrese voluntariamente a su cueva. Habíamos salvado el pellejo, pero habíamos perdido el alma.

VIII

Las señales de lo que iba a pasar y de lo que estaba pasando, estaban por todas partes. Yo que siempre he sido un don nadie, no tuve que hacer nada para verlas, solo quedarme quieto. En 1983, en Medellín había un hombre cargado de docenas de cadenas de oro, que atendía en una cafetería de la Avenida la Playa, y contaba enormes fajos de billetes, mientras la gente hacía fila para hablar con él. Cuando estuvimos de visita en la ciudad, mi papá nos llevó a desayunar a esa cafetería solo para verlo, como si se tratara de una atracción turística. Fue en el mismo viaje en el que entramos a la hacienda Nápoles de Pablo Escobar, que funcionaba como un zoológico abierto al público y cuyos famosos hipopótamos todavía medran por el Magdalena medio. En 1986, terminamos por casualidad con un amigo en un bar, sentados en una mesa de borrachos, donde un supuesto juez de instrucción militar empezó a contar historias escabrosas acerca de una peña en Usaquén, a donde llevaban a los prisioneros secuestrados ilegalmente por los militares, y de los métodos de un torturador y asesino al que llamaba jocosamente el doctor Mortis. En 1990, terminamos en la Dorada, en un hotel de un cliente de mi papá en el banco, el papá del hombre era un ganadero que había sido secuestrado un par de años antes. Recuerdo cómo, delante de nosotros, simplemente fue muy explícito acerca de lo que estaba pasando, de cómo se estaban armando y nunca más los iban a volver a joder, recuerdo su desconfianza hacia todo lo que tuviera que ver con los pobres, "nos cansamos de trabajar solo para darles de comer a los pobres", me dijo. Era la misma época en que los miembros de la Unión

Patriótica eran asesinados sistemáticamente, en un rosario de muertos que no daba descanso, ni tan siquiera un día. Cuando el muerto era muy importante, en Bogotá cerraban la ciudad durante el sepelio, para aislar los disturbios. Era casi un protocolo: mataban a alguien, y ya no había ni que preguntar, porque se sabía que al día siguiente los colegios y las universidades cerraban y los buses no viajaban al centro. En general todas las violencias terminaron ritualizadas; por ejemplo, los disturbios en las universidades funcionaban como una danza, en la que estudiantes, policías y público cumplían cada uno con su parte. Y digo público, porque los tropeles se anunciaban con anticipación como una función de teatro, y los que querían se podían acomodar en los cafés cercanos de la universidad a mirar las pedreas, mientras se tomaban una ronda de cervezas.

IX

Las familias bien del país, siempre se han vanagloriado de tener algún pendejo en la familia. Debe ser por esa idea tan aristocrática de que una tara bien administrada es símbolo inequívoco de esa endogamia de la que presumen tantos colombianos que se creen de la nobleza. Para fines del siglo pasado, conocí a uno de estos personajes en una hacienda del altiplano. Era celebrado en su familia porque se hallaba sujeto a interdicción, pero no por demencia, se apuraron a decirme, sino por disipación. Efectivamente, el señor era un dilapidador profesional, que aparentemente era un poco ludópata, y había derrochado un par de fortunas, de modo que ahora se encontraba interdicto y estaba bajo la tutela de su hermano, quien le prodigaba una jugosa mensualidad para atender a sus necesidades, que no debían ser tantas porque vivía frugalmente. Por supuesto, Germán, como se llamaba el señor, era mucho más divertido y mucho menos afectado que sus hermanos y primos, y su conversación era mucho más interesante, porque se permitía una candidez que les estaba vedada a los demás en su condición de varones y damas prudentes. Al poco rato empezó a hablar de un hacendado vecino que acababa de ser asesinado, ante las protestas de los demás que le pidieron que guardara silencio. Él simplemente continuó contando que el pobre hombre había sido secuestrado por la guerrilla haría unos dos años atrás, pero que como era un tipo amigable y jovial había quedado en buenos términos con ellos. Posteriormente, por razones humanitarias, había intercedido como negociador en un par de secuestros, lo cual le había valido que los paramilitares lo hubieran declarado colaborador de la guerrilla y lo hubieran fusilado.

-Su error fue no haberse quedado callado. Cuando empezó a contarle a todo el mundo que estaba sirviendo de mediador, algún vecino debió contarle a los paras. Así es aquí, a veces los malos son menos peligrosos que los buenos.

Un par de meses después, una alianza de paramilitares y miembros de la policía secreta acabó con la vida de Jaime Garzón, un humorista que fue acusado por sus asesinos del mismo crimen: haber mediado en la liberación de algunos secuestrados por razones humanitarias. Como a los dos o tres días del homicidio, una señora muy elegante, gerente de crédito del banco donde trabajaba, estaba hablando conmigo sobre algunas operaciones y al terminar me dijo:

> -Yo siempre he estado de acuerdo con la buena labor que han hecho los paramilitares en contra de la guerrilla, pero con esto de Jaime Garzón, ya no sé qué pensar.

La buena labor de los paramilitares de la que hablaba la dama respetable, para 1999 incluía entre otras cosas cientos de masacres de público conocimiento en pueblos y lugares que solo se conocían cuando sus muertos aparecían en las noticias, miles de inocentes asesinados y millones de personas desplazadas, así como la instalación de varios campos de concentración, incluyendo uno en una isla del Magdalena Medio para hijos desobedientes; eventos éstos tan normales, tan incorporados en el universo de lo cotidiano, que difícilmente alguien levantaba una ceja.

X

Fanny solía decir que la máxima aspiración de todo mayor del ejército era trabajar en un banco. Y parecía cierto, porque en todos los departamentos de seguridad de los bancos había siempre un mayor de alguna de las fuerzas. Si uno no conocía a los que trabajaban en el departamento de seguridad, lo único que tenía que hacer era llegar y preguntar dónde estaba el mayor, y con seguridad alguien iba a responderle.

Durante un tiempo, trabajé con un banco pequeñito, tan pequeñito que tenía menos empleados que varias oficinas de abogados. Yo decía que era un banco de garaje. En la oficina de Cartagena, tenía tan poquitas cuentas corrientes, que resultaba más práctico llevar las cuentas a mano que usar el software. El departamento de seguridad estaba conformado por una sola persona, por supuesto era un mayor de apellido Señor, razón por la cual, cuando iban a buscarlo la gente preguntaba: ¿Dónde está el mayor Señor? A mí me hacía pensar en Diógenes con su lamparita, preguntando: ¿dónde está un hombre?

El mayor Señor era un buen hombre, varias veces tuvimos que trabajar en equipo e hicimos buenas migas. Durante años había patrullado con el ejército en áreas de orden público, pero no se sentía cómodo con la idea de haber matado a alguien, ni era un cultor de la guerra. Cuando era capitán, en uno de esos patrullajes, luego de un combate en medio de la selva, capturaron una

179

guerrillera. Estaban lejos de cualquier base militar, así que no tenían manera de entregar a la capturada a la justicia. El sargento le recomendó que la fusilaran para evitarse problemas, pero el entonces capitán Señor no quiso hacerlo, y le dijo al sargento que tenía que interrogarla. No tengo ni idea que contestó la muchacha en el interrogatorio, pero lo cierto es que al ratico no más el capitán Señor ya estaba enamorado de ella. Así que, la convirtió en informante oficial. El comando le reclamaba que mandara la muchacha a alguna base militar para que la incorporaran al programa de informantes, pero la información que entregaba la muchacha, en realidad solo le importaba a él. Durante nueve meses patrulló por la selva con su amante cautiva, en una luna de miel de guerrero nómada, evadiendo por todos los medios su obligación de entregarla al batallón, hasta que ya no pudo embolatar más a la burocracia y tuvo que separarse de ella. Llegó incluso a pensar en liberarla, pero al haber estado tanto tiempo con él, la había condenado a muerte y si la volvían a encontrar sus compañeros guerrilleros, con seguridad la someterían a consejo de guerra. Así que un buen día la recogió un helicóptero y se la llevó para siempre, y él se convirtió en una especie de huérfano, patrullando la selva sin la enemiga que amaba.

Pero no todos los mayores eran como el mayor Señor. Años después, trabajando en otro banco, estábamos tomándonos unos tragos con los de seguridad, y uno de los mayores empezó a contar que se había comprado un fusil con mira telescópica. Lo primero que me pregunté era para que quería un fusil con mira telescópica alguien que trabajaba en un banco, y a renglón seguido comenzó a contar que desde la ventana de su apartamento se veían a lo lejos las bases de un puente vehicular donde pasaban la noche varios indigentes, así que, solo por jugar abrió la ventana y apuntó la mirilla laser hacia el pecho de un negro grande que estaba sentado descansando, y pues, ya entrados en gastos, no se le ocurrió mejor idea que disparar. Durante unos segundos no pasó nada, así que él creyó que no le había atinado a nadie, pero de repente todos los habitantes de la pobre covacha empezaron a agitarse y a recoger a su herido, y a buscar un transporte, hasta que finalmente un taxista se apiadó de ellos, subió al herido y se lo llevó quién sabe para qué hospital. El mayor imitaba histriónicamente los gestos y las expresiones de angustia de los compañeros del malaventurado, mientras soltaba unas sonoras risotadas, que eran acompañadas por algunos de los que estaban con él. Yo solo me quedé callado y miré hacia otro lado y pensé en otra cosa, como hace la gente de bien.

XII

El 17 de noviembre de 2012, Tanja Nijmeijer dio su primera entrevista en La Habana a un medio independiente, el diario 'De Volkskrant'. Es cierto que, en 2010, le había dado una entrevista a Jorge Enrique Botero, pero ésta era más una pieza propagandística que periodística. Confrontada por el periodista holandés con preguntas que no estaban libreteadas, Tanja Nijmeijer hizo gala de toda su formación estalinista en las FARC, y justificó públicamente, los actos atroces con los que el grupo violó durante años el Derecho Internacional Humanitario: los traidores merecían ser ejecutados, los campesinos considerados enemigos merecían ser desplazados o fusilados ("¿o qué esperaban? ¿que nos pusiéramos a educarlos?"), los secuestros no eran secuestros, sino retenciones para asegurar el pago de impuestos, algo parecido a los embargos de la DIAN, según ella. Durante su época de miliciana, Tanja Nijmeijer participó en una serie de atentados contra el transporte público, en los que murió un niño de 10 años. Preguntada sobre si se arrepentía, contestó que ese era el tipo de cosas que pasan en la guerra. (Algo así como: ¡de malas el chino, ¡quién lo manda a estar ahí!). Tanja Nijmeijer había interiorizado en su conducta este comportamiento atroz de una manera tan normal, que al final de la entrevista le preguntó al periodista por qué la miraba como si ella viniera de otro planeta.

Por supuesto, un país no puede pasar setenta años masacrándose en medio de una violencia fratricida, sin que sus ciudadanos empiecen a confundir las reglas más elementales de la civilidad. Y esto no solo les sucede a los combatientes de primera línea como la guerrillera holandesa, al final da la impresión de que, en mayor o menor medida nos ocurrió a todos. En 2019, el ejército bombardeó un campamento de un grupo disidente en medio de las montañas, a sabiendas de que el personero municipal había advertido de la presencia de una docena de niños incluyendo una niña de doce años, que habían sido reclutados forzadamente por el grupo armado un par de semanas antes. El bombardeo terminó en una masacre indiscriminada, en la que todos los niños resultaron despanzurrados por las bombas o rematados por las fuerzas en tierra. Pero lo más chocante, fue la justificación del ministro de Defensa, de algunos políticos y columnistas, que justificaron la operación, con el argumento de que la culpa de la masacre fue de los grupos disidentes que los reclutaron, como si los niños muertos fueran una anécdota sin importancia en nuestro largo proceso de exterminio. En las redes sociales, miles de ciudadanos justificaron la acción recurriendo al recuerdo de los crímenes pasados cometidos por otros grupos, o señalando como almas perdidas a todos los niños que han entrado en contacto con las guerrillas, repitiendo los mismos argumentos, con los que se ha justificado la sangría durante casi un siglo. Era la misma retahíla justificativa de Tanja Nijmeijer siete años antes: '¡de malas los chinos, quien los mandaba a estar ahí! o ¿qué esperaban? ¿que nos pusiéramos a educarlos?'.

Yo la verdad, era lo mínimo que esperaba, que el Estado colombiano hubiera educado a esos niños, y por ahí de paso a todo ese coro de extraviados que justificaron sus muertes.

XIII

En septiembre de 2016, Nairo Quintana ganó la Vuelta a España y en su discurso de premiación señaló que "Colombia es paz, es amor y es ciclismo". Seis semanas después, el pueblo colombiano votó en un plebiscito en contra del Acuerdo de Paz con las Farc. Temerosos de que El Centro Europeo del Consumidor iniciara una investigación por publicidad engañosa en contra de Nairo Quintana y el Equipo Movistar, los publicistas del equipo le pidieron que no volviera a incluir en sus referencias a Colombia la palabra paz, el eslogan debía ser solamente: "Colombia es amor y ciclismo". Sin embargo, durante toda la campaña del plebiscito, y con ocasión del premio Nobel de Paz otorgado al presidente Santos, los opositores al acuerdo, inundaron las redes sociales con mensajes de odio, que empezaron a caldear el ambiente político. Por lo anterior, los publicistas del equipo le pidieron al ciclista que la próxima vez que ganara una vuelta, se limitara a declarar que "Colombia es ciclismo".

XIV

Durante años, en un centro comercial de Bogotá hubo un acuario con especies exóticas. Un día el alcalde ordenó que decomisaran los peces por considerar que estaban siendo objeto de maltrato. El traslado de los animales fue tan traumático que casi todos murieron y los sobrevivientes tuvieron que ser sacrificados. El día siguiente el alcalde explicó que los animales habían sido sacrificados con el fin de salvarlos. El alcalde anterior había hecho algo parecido con los caballos que usaban los recicladores para jalar sus carretas. Decomisó miles de caballos, indemnizó a los zorreros, y promovió un programa de adopción para los caballos rescatados. Sin embargo, solo unos pocos fueron adoptados, y el resto tuvieron que ser sacrificados y terminaron convertidos en salchichas, con lo cual pudieron evadir el maltrato. Es que en Colombia el amor es la principal causa de muerte: el amor a la patria, el amor a la mujer, el amor a la plata, el amor a los animales.

XV

De los homicidios en Colombia, el 16% son causados por el conflicto interno, y 10% son causados por inseguridad ciudadana. El 74% son causados por deudas, venganzas, riñas callejeras o de bares, riñas por accidentes de tránsito, riñas familiares, riñas en el día de la madre, violencia doméstica e intolerancia. Esto implica que para acabar con la violencia en Colombia no hay que firmar en un acuerdo de paz, ni acabar con la delincuencia, sino que toca: cerrar los bares, prohibir las fiestas familiares, prohibir el sexo, no prestar plata y caminar.

***

En mi país se mata principalmente para silenciar: para silenciar a los testigos, para silenciar el descontento, incluso para silenciar el sonido de los bosques. En mi país todas las armas que mataron a alguien venían con silenciador.

***

Las normas sobre los derechos de los animales y las que castigan los tratos crueles en su contra, son tan numerosas y tienen tanta aceptación general, que tal vez lo mejor para muchas de las personas sería acogerse a ellas.

***

Como resultado de años de desplazamiento y de violencia, en Colombia el promedio de hectáreas a disposición de cada res es mayor que el promedio de hectáreas a disposición de cada campesino. Ahora se entiende por qué en la sabiduría oriental el mayor sueño es reencarnar en vaca.

***

Bojayá, Machuca, Mapiripán, El Aro, El Salado: si no fuera por la guerra, no conoceríamos tantos lugares de Colombia. Marx pensaba que la violencia era la partera de la Historia, pero en este país es, más bien, partera de la Geografía

***

Colombia: principal productor mundial de carne ... de cañón.

***

En Colombia las víctimas siempre son sospechosas, por eso, en la época de los secuestros políticos por parte de la guerrilla de las Farc, se presentó el síndrome de Estocolmo, al contrario: en vez de que los secuestrados se enamoraran de los secuestradores, sucedió que la gente odiaba más a los secuestrados y a los que luchaban por ellos, que a los secuestradores mismos.

***

En este país se nos enseña desde la cuna, la importancia del sacrificio patriótico, en especial del sacrificio ajeno.

***

183

De acuerdo con el Índice Global de los Derechos de la CSI, Colombia es desde hace años, el país del mundo con mayor cantidad de sindicalistas asesinados por año. Entre 1995 y 2015, en Colombia asesinaron 2.500 sindicalistas, esto es el doble de todos los demás países del mundo combinados. Esto explica por qué Colombia es uno de los 10 peores países del mundo para trabajar. Así es como Colombia conmemora cada 6 de diciembre, el aniversario de la Masacre de las Bananeras ocurrida hace casi un siglo, reproduciéndola cada vez que es necesario.

DE LA PARRANDA

I

Nunca se supo cuántos trabajadores fueron asesinados en la masacre de las bananeras. El Gobierno reconoció la existencia de 13 muertos, Alberto Salcedo, uno de los huelguistas habla de 5.000, y García Márquez dejó para la posteridad, la cifra de 3.000. Esta falta de precisión en los números ha servido a los intereses de los perpetradores, que pudieron convertir los testimonios de las víctimas en meras fábulas. Algo parecido sucedió el 9 de abril; al día siguiente, muchos de los habitantes de la ciudad no eran conscientes de los alcances de la tragedia. Josefina Escobar no comprendió las dimensiones del cataclismo que ella misma había atravesado a pie, sino varios días después, cuando aparecieron en la prensa las fotos del horror. Las que más le impresionaron fueron las fotos del cementerio central. Las galerías del cementerio, destinadas para una sola persona, eran ocupadas por tres o cuatro cadáveres como si estuvieran rellenando cigarrillos. Docenas de empleados municipales, además abrían enormes huecos en los solares del cementerio y recogían tandas de muertos que echaban de manera indiscriminada en esas fosas comunes, cuya existencia vino a ser confirmada 70 años después cuando decidieron construir un museo sobre ese mismo terreno. A casi 80 años de la hecatombe, nadie sabe a ciencia cierta cuántos murieron aquel día, ya que ni siquiera se llevó a cabo un recuento de los desaparecidos, aunque se presume que las víctimas fueron miles.

Hace un par de años, cuando se volvió a incrementar la sangría de líderes sociales, sindicalistas, ecologistas, defensores de derechos humanos, indígenas, reclamantes de tierra, y todo un largo etcétera de personajes incómodos para el poder, el ministro de defensa se atrevió a decir, que todos los homicidios eran por líos de faldas, como si el país fuera el acto final de una ópera, en el cual todos se van apuñalando alegremente por motivos pasionales, mientras entonan un aria y se despiden con donaire del universo. Hoy en día, cuando las madres o las esposas de los desaparecidos van a denunciar su ausencia en las estaciones de policía, los inspectores no tienen empacho en decirles que "seguro se habrán ido con alguna novia, seguro estarán de rumba durmiendo la borrachera con alguna bandida, y usted llorándole la ausencia a ese sinvergüenza". Como si los miles de desparecidos hubieran aprovechado el tumulto para desaparecer y evadir un matrimonio mal avenido, como sucede en "Confesión a Laura", la película más bella del cine colombiano.

La gente cree que es inocente de este baño de sangre, al fin y al cabo, hay una tropa de asesinos de todos los pelambres y espectros ideológicos que se lucran de la muerte y la tortura, pero el crimen nuestro es haber trivializado el crimen, convertirlo en parte del folclor, de nuestra identidad un poco barroca. Esa

185

inconsciencia absoluta de lo que pasó y de lo que está pasando es la que nos ha permitido vivir en medio de la normalidad durante más de medio siglo, mientras se acumulan montañas de cadáveres. Fiesta sin muerto no es fiesta, decía mi papá cuando yo era niño. Y, pues vea usted, que la tragedia de los otros se ha convertido en la música de fondo de nuestra eterna parranda.

II

'Sin muertos no hay carnaval', decía la gente cuando era niño. Desde que era muy pequeño, me gustaba leer el periódico que llegaba todos los días a mi casa, y lo que más me impresionaba era que al final del Carnaval de Barranquilla, siempre sacaban un balance de muertos. En 1978, estaba de moda una canción sobre un tipo al que se le había perdido una cadenita con un cristo. Sonaba y sonaba en todas partes, en la radio, en las fiestas, en el bus del colegio, y hasta recuerdo que la cantaban los niños que se subían a los buses para pedir plata. La historia de la canción era la de un pobre hombre que había perdido la cadena con el cristo que le había regalado Carmen, el problema era que Carmen había muerto, y lo único que le quedaba de ella eran esa cadenita perdida, un pañuelo y un mechón de pelo. Pero Carmen no había muerto así no más, la había matado una bala perdida que atravesó su corazón una madrugada de carnaval en Barranquilla. Como mi papá era auditor viajero, mi mamá rogaba para que los viajes a Barranquilla no coincidieran con el carnaval, porque temía que él engrosara las listas de los muertos. Hoy en día el carnaval es algo más turístico y organizado, pero en aquellas épocas para los que vivíamos en el altiplano, sonaba como la antesala del caos, o como la entrada a quedarse a vivir en un cuadro de 'El Bosco'.

En las noches de enero, los noticieros de televisión mostraban las imágenes de las corralejas en las sabanas de Sucre, y hablaban de los muertos que dejaban los toros encabritados, cuando los humildes manteros borrachos se ponían en su camino para tratar de rescatar un billete miserable que los hacendados amarraban en la punta de los cuernos. Así de barata era la vida en las fiestas, y así de criminal era la desigualdad que le permitía a los ricos divertirse con la desesperación de los que iban a terminar muertos. Cuando éramos niños mi papá nos llevaba a un pueblo diferente cada fin de semana, sobre todo si había ferias y fiestas en el pueblo. Recuerdo alguna vez que había un concierto en la plaza de un pueblo, y todos estábamos muy contentos tomando una gaseosa en una tienda. De repente, mi papá pagó la cuenta se puso de pie, y nos dijo: 'bueno, es hora de irnos, que no demora en empezar la hora de los muertos'. Mi papá decía que el primer recuerdo que tenía en la vida era de muy pequeño, alrededor de los tres o cuatro años, una tarde de ferias y fiestas en Nocaima, cuando de entre la multitud salieron dos hombres borrachos que empezaron un duelo a machete, al parecer uno de ellos era bastante más ducho que el otro, porque en pocos instantes el menos hábil intentó arrancar a correr en vano, antes de recibir un tajo que lo decapitó al instante. En el seminario sobre la semiología del carnaval que cursé para olvidar mi triste vida de abogado, leímos a Mijaíl Bajtín y a Umberto Eco, acerca de la relación simbólica entre el carnaval y la muerte, algo sobre lo que yo ya había reflexionado años atrás cuando encontré un hermoso librito sobre las danzas macabras del medioevo, pero cuando pienso en la experiencia de mi papá, es evidente que en Colombia todo era bastante más real que simbólico. En el colegio donde yo estudiaba, era común que se armara algún baile, por cualquier pretexto, porque salíamos de paseo, o porque había un bazar, o alguna vez, a las 10 de la mañana, porque Colombia clasificó a segunda ronda en un mundial juvenil de fútbol. En la mitad del baile, el maestro Lucho Grondona solía resumir esta relación orgánica en una sola frase: 'a bailar, a bailar, que el mundo se va a acabar'. Ahora se entiende por qué el colombiano tiene la reputación de ser el pueblo más alegre, y a la vez, el más cagado del susto.

III

Los años entre 1996 y 2007 fueron los más críticos de la violencia reciente en Colombia. Esos años para mí, y para muchos de nosotros fueron años de una interminable juerga. Teníamos la alegre falta de empatía del zar Nicolás II, que la noche de su coronación se entregó al baile, a pesar de que, en esa misma mañana más de dos mil personas habían muerto en una estampida tratando de alcanzar los pocillos con la imagen de los zares y toda una parafernalia de miserables souvenirs que se repartían al pueblo con motivo de la coronación. 'Ojos que no ven, corazón que no siente', y si no siente el corazón, mucho menos iban a sentir los pies que se afanaban por no perder el ritmo de nuestra omnipresente rumba. 'A falta de pan, buenas son tortas' solía decir mi abuela. Un dicho que quedó en el imaginario popular luego de la famosa frase de María Antonieta cuando le fueron a contar que las mujeres de París reclamaban porque no tenían pan. 'Que coman torta' dicen que dijo despreocupadamente y con ello clavó la primera tabla del cadalso donde instalaron la guillotina que le iba a cortar la cabeza. Así, con esa arrogante indiferencia nos entregamos a la parranda, mientras los esbirros pasaban la guadaña por el campo, matando a cientos de miles y desterrando a millones, solo que, a diferencia de la reina austriaca, a ninguno de nosotros nos alcanzó el irónico brazo de la justicia poética. Pero ¿qué más se podía hacer?, si todos bailaban: bailábamos nosotros para no ver nada, bailaban las víctimas mientras les quedara tiempo para hacerlo, y bailaban los asesinos con sus grupos vallenatos, mientras jugaban al fútbol con las cabezas de los muertos.

IV

Aquí en los Países Bajos funciona todo de manera perfecta. La única manera de que no se trague el mar a esta planicie submarina es asegurándose de que cada quien cumpla con su parte, de forma que funcionen al unísono todos los diques y todos los molinos que mantienen el mar a raya, en una sinfonía sincronizada de bombeos, puentes, canales, exclusas y dársenas, que operan con la misma armonía de los famosos organillos neerlandeses que son como computadores de madera del siglo XIX, y cuya belleza barroca se puede contemplar en el museo Speelklok de Utrecht. Ese mismo precario equilibrio entre el hombre y el mar, y entre clavijas y música, es el que han alcanzado en la logística de todas las mercancías imaginables y en la armonización de los derechos de todos, en un estado policivo que no se ve, porque como dice un historiador francés, los neerlandeses han aprendido a vivir en un caos organizado. Por eso, resulta tan especial ver el show de Navidad de la escuela, porque, en esos números artísticos de fin de año, se desata el caos y cada niño se mueve en un espacio anárquico, en el que es imposible discernir algún orden, y la escenografía se cae, y los disfraces se deshacen, y cantan dos o tres niños, mientras los demás van por su lado, y los bailes son completamente desincronizados, como si cada quien estuviera escuchando una canción diferente. Esto contrasta con los espectáculos de fin de año que organizan los colegios en Colombia, que algunas veces parecen más bien espectáculos de Las Vegas, que presentaciones infantiles. Recuerdo aun, el vestuario, la coreografía y la sincronización perfecta con los que bailaban mis hijas. A medida que sube la edad de los niños, el performance llega casi a la perfección, recuerdo un espectáculo de mapalé en un jardín infantil de Medellín y a dos niñas de cuatro o cinco años, que bailaban como si llevaran años de práctica en alguna academia. En el colegio, la mejor forma de evadir la clase de matemáticas o el examen de inglés era pertenecer al grupo de baile. En tanto se iba acercando la función de fin de año, el profesor de danzas se convertía en rey del colegio: fulanito no puede presentar examen de álgebra porque lo necesita el profesor de danzas, zutanito está suspendido de clases, pero tiene que venir al colegio a ensayar, encuentren a menganito donde sea porque sin él no se puede iniciar el ensayo. En retrospectiva, ese culto desmesurado por el baile, esa preponderancia que le damos a nuestra interpretación rítmica del mundo, parecen un cliché, como si de verdad los que venimos del sur, fuéramos esos danzantes que pintó Matisse, tratando de retratar el espíritu primitivo cuando incursionó en el fauvismo.

Y sí, para mí los años de la larga parranda, fueron principalmente eso, un arrebato orgiástico para no mirar, para pasar por alto, porque en medio de la sangría en la que los pobres de los lugares alejados se llevaron la peor parte, tal vez el baile era lo único que nos quedaba a todos, el último refugio cuando la precariedad de la vida en común no tiene ningún sentido. Desde la colonia española, el baile tuvo un sentido político muy fuerte, las contradanzas y los minués del hombre blanco, encontraban su contraparte en los bailes afro indígenas de los sometidos, así como hoy, ante la presión de la economía extractiva, los habitantes de los territorios apartados se refugian en la música tradicional y los viejos de izquierdas en los bares de salsa.

DEL GENOCIDIO

I

En Bruselas hay un hermoso parque con un portal de tres arcos flanqueados por un par de columnatas. Se conoce como el parque del cincuentenario y fue construido por el rey Leopoldo II en 1880 para celebrar los 50 años de la independencia. Al lado de la arcada está el Museo de Arte e Historia, que tiene una hermosa colección de arte medieval, una colección de gobelinos que va del gótico al barroco, una colección de hermosos mosaicos romanos y una increíble maqueta de la Roma imperial construida por Paul Bigot que es un gusto de ver.

En una galería está una estatua ecuestre de Leopoldo II, originalmente destinada a estar en el parque, pero que fue recluida en el recinto para protegerla de las protestas. Este rey de Bélgica de nombre infame es uno de los mayores genocidas de la historia, responsable de la muerte de más de 10 millones de personas, según Mark Twain. Creador del Estado Independiente del Congo, se enriqueció con la explotación del caucho y la esclavización de sus habitantes. Para satisfacer su codicia, convirtió a todo el país en un campo de concentración de trabajos forzados y exigía unas cuotas de caucho impagables a los nativos, por lo que castigaba el incumplimiento con la ejecución de sus niños o la mutilación de sus manos, narices y nalgas. El horror de esta masacre es narrado por Joseph Conrad en 'El corazón de las tinieblas' y por Vargas Llosa en 'El sueño del Celta'.

Leopoldo II fue procesado por este genocidio y en 'castigo' el gobierno de Bélgica le despojó de la colonia y asumió directamente la explotación de los nativos y sus recursos. Más de cien años después, el Congo no ha podido recuperarse de esta atrocidad. A pesar de todo esto, el museo conserva este monumento que abofetea a las víctimas, al lado de una escultura kitsch de un cisne belga que rodea orgásmicamente el marfil tallado de un elefante mutilado, en un obsceno recordatorio de la opresión sufrida por los pueblos africanos. Este ofensivo homenaje a la maldad, esta veneración hacia el crimen me resulta totalmente repudiable, pero a la vez comprensible: esto es lo que sucede cuando las víctimas no tienen voz en la memoria, cuando el enorme poder de narrar queda en manos de los perpetradores.

II

Los campos de concentración alemanes no fueron creados por los nazis. Ni siquiera los campos de exterminio fueron una creación hitleriana. Casi cuarenta años antes de la solución final, el gobernador alemán de Namibia ordenó el exterminio del pueblo herero. El 4 de enero de 1904, los hereros atacaron una base del ejército alemán en Okahandja, matando a más de cien colonos y destruyendo los ferrocarriles y las líneas telegráficas. Para castigar la humillación, el brutal Lothar Van Trotha, sustituto de Heinrich Göering, utilizó un método expedito que presagiaba lo que más tarde sería el sufrimiento de los judíos en Europa. Primero, declaró que los hereros no estaban sujetos a la protección del Reich alemán, luego de lo cual los alemanes los persiguieron por todo el territorio. Aquellos hereros que no fueron fusilados fueron abandonados en medio del desierto, cuyos pozos habían sido secados previamente. Finalmente, los sobrevivientes, principalmente mujeres y niños, fueron encerrados en campos de concentración, donde fueron obligados a trabajar en condiciones letales. De los quince mil que fueron internados en los campos, menos de la mitad sobrevivieron. Los campos fueron utilizados por el doctor Eugen Fischer, famoso eugenista y mentor de Josef Mengele para practicar la experimentación médica y antropológica con los prisioneros. En resumen, cuando los nazis comenzaron a exterminar a los judíos, ya contaban con la experiencia administrativa del estado alemán en África.

III

Mi abuela Teresa me contaba un chiste que decía más o menos así: en medio de una discusión, un hijo le mentaba la madre a la mamá. El muchacho apenado ante semejante irrespeto se arrodillaba delante de la madre y lo único que atinaba a decirle para disculparse era: "perdóneme, mamá y quiero decirle que aquí, el único hijueputa soy yo."

En Colombia la palabra hijueputa tiene una connotación tan diversa, tan rica semánticamente, que cuando finalmente llegó a La Haya 'Memorias de un hijueputa' de Fernando Vallejo, no me pude resistir a comprarla. Cuando, Carina, la librera mexicana me lo entregó, me dijo que había sido difícil de conseguir porque la primera edición se había agotado rápidamente en España, y cerró con una pregunta: "¿Por qué se habrá vendido tanto?". Después de leerlo, yo me hago la misma pregunta. Fernando Vallejo llama novela a este farragoso monólogo que demuestra que está cautivo del personaje que ha creado alrededor de sí mismo. En esa Antioquia goda, pero fértil en poetas malditos como Barba Jacob y Gonzalo Arango, cargar todo el peso de ser el único que lleva la contraria, debe ser muy grande y se nota en este libro que pareciera tener por único objeto escandalizar, porque de lo contrario la gente podría pensar que con la vejez Vallejo es menos Vallejo que antes. Pero, en realidad la calidad literaria del libro es lo de menos, lo que resalta de esa prosa panfletaria sobre la que uno se arrastra inútilmente tratando de encontrar si dice algo, es el hecho de que más que una novela, es la exposición ininterrumpida de una fantasía genocida. Como no se construyen personajes, ni se desarrolla ninguna narración, lo único que le queda al lector es la idea de que Vallejo deja una constancia por escrito de ese deseo tan colombiano de solucionarlo todo a bala. Vallejo además deja claro que allí se reflejan los delirios de él, no los de un personaje ficticio, y entonces, en esa confesión, nos queda claro que él no es tan marginal, ni tan transgresor como quiere hacernos creer, porque su fantasía genocida es la misma de tanto señor de bien, de tantas señoras divinamente que creen que la mejor forma de arreglar a Colombia es pasando al papayo a todo el que está del otro lado del abismo social y a todo el que piensa diferente. Por eso Vallejo usa el vocablo desechable como sustantivo para llamar a los pobres, y por eso el libro vomita racismo y misoginia, porque para él los negros solo son buenos para complacer las manías de su deseo, y las mujeres, sobre todo las pobres, son subhumanas culpables de seducir hombres y andarlos pariendo. El libro es la versión exacerbada de esa clase media excluyente y machista, cuyas apologías homicidas de la limpieza social, uno puede escuchar en conversaciones casuales en Bogotá o Medellín o Barranquilla o Pereira. Por eso el libro falla en su intento de escandalizar, porque no hace más que repetir lo que la gente dice mil veces en los cocteles, y en los estadios, y en las juntas directivas, y en las canchas de tejo y en las plazas de toros, y en los colegios. Que los maten a todos, parece ser la consigna en esas charlas que se repiten hasta el cansancio. Y la matazón de Vallejo arranca con los congresistas para complacer a la galería, pero después se pone del lado de los esbirros del establecimiento, por eso en su libro fusila a todos los guerrilleros y ex guerrilleros, y sobre todo fusila a los pobres, pero a los paramilitares y a los militares de los falsos positivos los deja vivos, y fusila a Santos, a Duque, a Uribe, a Pastrana y a Gaviria, pero solo por ladrones o por zánganos, porque su responsabilidad en el desangre de la violencia no le parece punible, y debe tenerle una gratitud especial a Samper, porque ni lo fusila, ni lo menciona. Este libro no pasaría de ser una anécdota efímera de literatura comercial, de no ser porque termina siendo el manifiesto de esa sociedad colombiana (de derecha, pero de izquierda también) que cree que hay muertos que son buenos muertos, de esa amplia mayoría que cree que si matan a alguien por algo habrá sido, y que cada uno de los miles de desaparecidos, al fin de cuentas son un guerrillero o un desechable menos. En fin, este libro es el testimonio de que, en Colombia, al final del día, no hay que culpar a Vallejo, porque los hijueputas somos todos.

IV

En el colegio de monjas donde estudié la primaria había una pequeña alameda, cubierta de gravilla. Al caminar sobre los guijarros, nuestros pasos de niños se multiplicaban como si un gran ejército caminara y pisoteara al unísono. Mi amigo Adolfo Samudio y yo, solíamos jugar a los soldados, marchando al compás de una canción, mientras imaginábamos que formábamos parte de un regimiento en el desfile del día de la independencia. El sábado pasado, caminando desde el crematorio 3 al 'sauna', el centro de desinfección de Auschwitz-Birkenau, noté que el camino estaba cubierto de la misma gravilla. Y el sonido de mis pasos que, hasta ese instante, me evocaba momentos de alegría infantil y despreocupada, terminó convertido en un recordatorio del horror. Al escuchar mis propios pasos multiplicados, ya no pude pensar en mi infancia, sino que imaginé a los soldados de la Wehrmacht entrando como una aplanadora en Polonia, pisoteándolo todo, aplastando las flores con sus botas manchadas de sangre, seguidos por los macabros pasos de las SS, que convirtieron esta tierra negra en un lodazal de huesos triturados.

Alguna vez vi en un video, una discusión de varios teólogos acerca del lugar donde supuestamente estaba el paraíso. Durante media hora discutieron sin ponerse de acuerdo: en Irak, decía uno, no decía el otro, al norte del Cáucaso, en Etiopía, decía un tercero. Nino Bravo cantaba que cuando Dios hizo el Edén pensó en América, algo similar opinaba Colón, que creía haberlo encontrado en las costas de Venezuela. En cambio, nadie parece tener dudas acerca de dónde se encontraba el infierno: estaba aquí, dentro de estas alambradas. Por eso debe ser que el ominoso aviso de '*Arbeit macht frei*' que se encuentra a la entrada de Auschwitz I, me hace recordar la inscripción que se encuentra a las puertas del infierno de Dante: "*Lasciate ogne speranza, voi ch'intrate*". Los que entraban no sabían que las dos frases significaban lo mismo. 'El trabajo te hace libre' de los nazis, era equivalente al 'perded toda esperanza' de los demonios dantescos: en un lugar donde el trabajo se utilizaba como una forma de exterminio, la única liberación que podía esperar el que entraba, era la que daba la muerte.

¿Por qué venir aquí, a visitar este lugar horrendo? Vine porque era mi deber. A 75 años de la liberación por parte del ejército soviético, los últimos sobrevivientes están empezando a morir. Dentro de poco no será posible escuchar su testimonio de viva voz, ni habrá nadie que pueda dar fe de lo que sucedió aquí de manera directa. Estoy aquí, porque es mi obligación recordar cuando ellos ya no puedan, estoy aquí porque es mi obligación que mis hijas recuerden y que los hijos de mis hijas recuerden. En esta explanada, donde los trenes se detenían para la selección de prisioneros, se juntaron lo más sublime y lo más vil del ser humano. Los oficiales del campo enviaban a los ancianos, a las mujeres embarazadas, a los niños y a los bebés a las cámaras de gas, mientras en los altavoces sonaba la música de Mozart y de Vivaldi. En este lugar inverosímil, tuvieron lugar acciones heroicas y nobles, al tiempo con las más sádicas y las más abyectas. Las cenizas de más de un millón de personas asesinadas fueron esparcidas cerca de los crematorios del campo, tiradas al agua, y en algunos casos, mezcladas con arena para usarlas de relleno en los patios de descanso de los oficiales de las SS y sus familias. Mientras perpetraban el horror, los guardias y los oficiales del campo tenían vidas normales, jugaban con sus hijos y amaban a su familia. Los que idearon y ejecutaron esto no eran monstruos anormales, sino personas normales que hacían cotidianamente cosas monstruosas. Este lugar es un camposanto donde reposan las cenizas de más de un millón de víctimas, pero lo que más perturba es la aptitud para el mal que tienen los seres humanos. Esa es la primera pregunta que nos hacemos todos

193

los que vinimos aquí desde Holanda, ¿cómo es posible el mal en una dimensión tan inconmensurable?, seguida de una pregunta aún más inquietante, cómo es posible que un mal tan grande se albergue dentro de nosotros.

Aquí, entre los hornos dinamitados por los nazis antes de huir, para borrar las huellas de su borrachera genocida, soy perfectamente consciente de que el mal también habita en mí. Como en esas novelas victorianas de Stevenson o de Wilde, todos tenemos un monstruo agazapado que tenemos el deber de hundir bajo la férula de nuestra ética y de nuestra conciencia. Pero también sé que soy tan frágil y estoy tan estupefacto como los seres que murieron aquí. La sangre que se derramó en Auschwitz también era mi sangre. Los niños que murieron aquí también eran mis niños. Las volutas que se elevaban desde las chimeneas de los crematorios también se llevaron consigo mi despreocupación y mi inocencia.

Una frase se repite por doquier en Auschwitz, en los libros conmemorativos, en los folletos que se llevan los turistas, en los sitios de internet, en las palabras de los guías: 'nunca más'. Pero luce vacía, porque yo sé que volvió a suceder, sé que sigue sucediendo, no a esta enorme escala, no con este talento organizativo para el exterminio, pero sé que afuera de aquí, a miles de kilómetros está sucediendo. Los nazis no son exclusivos en su gusto por el genocidio. Como dijo Jaap, el teólogo que nos acompaña en la visita, los alemanes no fueron peores que otros pueblos en su esfuerzo por borrar poblaciones enteras de la faz de la tierra, 'simplemente fueron más eficientes'. Para construir la máquina de la muerte más eficaz de toda la historia no se requirieron grandes esfuerzos de ingeniería, la línea de producción del exterminio era simple, sencilla, de una racionalidad incontestable, uno de esos casos en que la inteligencia nos llena de espanto.

Al terminar la visita por Auschwitz-Birkenau, en un edificio llamado el 'Sauna', donde los prisioneros eran desinfectados antes de ser enviados al infierno de los trabajos forzados, me sentía agobiado por el peso del dolor, de la impotencia y de la culpa, me sentía avergonzado como miembro del género humano por lo que pasó en Auschwitz, y como colombiano por lo que pasó y está pasando en Colombia. El peso de más de un millón de personas que murieron aquí me agobió profundamente y cuando me acerqué a una ventana descubrí que, a pesar del frío, hacía un sol espléndido, los rayos se estrellaban contra la ventana y el cielo azul reverberaba a lo lejos por sobre los árboles. Entonces, al ver tanta belleza, la misma que muchas veces contemplaron los prisioneros desde esa misma ventana, no pude más que preguntarme: ¿De qué putas sirve un lindo día en Auschwitz?

V

El fracaso de la humanidad en Auschwitz es mi fracaso, y el fracaso de los colombianos en Colombia, también es mi fracaso. En su discurso ante el monumento de Auschwitz en Ámsterdam, el 26 de enero de 2020, el primer ministro de los Países Bajos, Mark Rutte, se preguntaba: "¿qué hubiéramos hecho bajo estas extraordinarias circunstancias?", "¿qué tan valientes hubiéramos sido?" y luego añadía que "ojalá, nunca tengamos que averiguarlo".

Lamentablemente, bajo otras circunstancias y con otros actores yo si averigüé como me comporté durante tiempos aciagos, yo si pude comprobar qué fácil es pasar de largo cuando nos rodea la más criminal injusticia. Durante los peores años del conflicto en Colombia, también yo callé o permanecí indiferente, como callaron tantos otros. Escuché a personas justificando el genocidio que se perpetró y no dije nada, simplemente para no dañar el ambiente de una comida o para no arruinar unas copas de vino. Oí a señores de bien y a señoras divinamente declarando que había buenos muertos, pontificando sobre quien tenía derecho a vivir o morir y, yo simplemente cambié de tema para evitarme un problema. Escuché a agentes del Estado vanagloriarse de sus atrocidades mientras reían, y solamente pensé en salir huyendo, en apartarme de su vista para olvidar lo que dijeron. Yo no hice nada, ni siquiera fui un buen testigo.

VI

Primero los judíos mataron a otros judíos porque seguían siendo politeístas, después mataron a los adoradores de Baal, y a los adoradores de Astarté, y a los cananeos y a los filisteos, y mataron a miles de mujeres acusándolas de putas. Después mataron a los romanos por politeístas, y se hicieron matar, y se suicidaron en masa. Luego aparecieron los cristianos, y los cristianos romanos mataron a los arrianos, y a los maniqueístas y a los gnósticos y a los ateos y a los paganos. Un día se dividieron y los católicos mataron ortodoxos y mataron musulmanes, y mataron judíos y mataron cátaros, y los ortodoxos mataron judíos y mataron musulmanes. A partir de 1492, los cristianos además mataron indígenas paganos, y en la península ibérica empezaron a matar judíos. Después de la reforma, los católicos mataron protestantes y mataron judíos y mataron a otros católicos, los luteranos mataron católicos, los baptistas mataron anabaptistas, los calvinistas mataron a otros calvinistas y mataron a otros protestantes, y todos mataron a millones de mujeres, acusándolas de brujas. Entre tanto los sunitas mataron paganos, y mataron a otros sunitas, y mataron a chiitas, y los chiitas mataron a otros chiitas, y mataron a miles de mujeres acusándolas de putas.

Voltaire, al igual que Hobbes y Swift, había sido testigo de los horrores que provocan la intolerancia religiosa y las guerras de religión. Por eso, culpaba de ese fanatismo homicida al monoteísmo, y planteaba que, en una sociedad atea, o politeísta o ilustrada, donde imperara la diosa razón, la intolerancia religiosa asesina desaparecería. Voltaire murió antes de poder ver los crímenes de odio de los deístas ilustrados de Robespierre, y antes de ver los 20 millones de personas que mató el nihilismo pagano de Hitler, y antes de ver los más de 100 millones de personas que mató el ateísmo militante de Mao y Stalin, tampoco pudo ver los crímenes que cometieron los hindúes politeístas contra los musulmanes, ni los crímenes de los sijs politeístas contra los hinduistas politeístas y viceversa. Ahora los hindúes matan sijs y matan musulmanes, los musulmanes matan hindúes y los judíos matan musulmanes, los cristianos metodistas evangélicos se inventan guerras en Irak para matar sunitas, y los musulmanes matan judíos, los sunitas matan chiítas, los sunitas bajabíes matan a otros sunitas, y los sunitas matan cristianos y ateos en teatros y en estaciones del metro, y se hacen matar y se suicidan en masa.

Al final parecía que los únicos confiables eran los budistas con esa especie de espiritualismo pacifista que medra entre el ateísmo y el panteísmo. Finalmente vino la violencia genocida contra los rohingyas, por parte de la mayoría budista de Myanmar. Este inesperado episodio es tranquilizador, porque demuestra que los budistas no son mejores que nosotros, y que, en últimas, el problema no es la religión, el problema es la gente.

VII

Las utopías políticas son nocivas para la salud, sobre todo para la salud de quienes se oponen a la utopía.

***

En Colombia todos están dispuestos a hacer un sacrificio por la patria: a sacrificar a los indígenas, a los secuestrados, a los campesinos, a los pobres...

***

Los colombianos llevan doscientos años convencidos de que este país solo se arregla cogiendo a todo el mundo a bala. Viven agarrados entre sí, porque no se han puesto de acuerdo acerca de a quien hay que matar.

***

En un programa deportivo, un par de periodistas discutían cuál era el futbolista más inteligente de la historia de América, si el Pibe Valderrama o Ricardo Bochini. Recordé entonces que hubo una época tan triste en Colombia que, en un mismo día en la prensa, podías leer que fulano 'usaba la cabeza para jugar al fútbol', bien en la sección deportiva o en la sección de orden público.

**

Durante décadas los colombianos les vendieron el alma a los paramilitares para acabar con la guerrilla. Fuimos como un rebaño de ovejas, que se acostumbró a votar por el carnicero para que las salvara del lobo.

**

En Colombia a todo el que es un atarván atrabiliario o un asesino sin conciencia, le van diciendo hijueputa. Como si la palabra puta fuera una mala palabra, como si las mujeres que se dedican a ese oficio tan ingrato además tuvieran la obligación de cargar con el estigma de que las llamen putas y de cargar con la maternidad ficticia de tanto mal nacido, como si todos los responsables de este baño de sangre no fueran hijos de esas señoras divinamente, de esa gente de bien que decide quién tiene derecho a vivir y quien no, y se sienten más cerca de Jesús que la misma María Magdalena.

DEL ESTADO

I

A principios del siglo XX, la Casa Arana ocupó las zonas colombianas entre el río Caquetá y el río Putumayo. Durante dos décadas, la Peruvian Amazon Company, sociedad con domicilio en Londres, que cotizaba en la bolsa de esa ciudad, y que era propiedad del peruano Julio César Arana ocupó el territorio, esclavizando a cientos de miles de huitotos, matando por lo menos a veinte mil, flagelando, mutilando, violando y castrando a los demás, restaurando la esclavitud 50 años después de su abolición y ocasionando un genocidio que ha sido olvidado, todo para obtener el látex de las plantas de caucho. Para satisfacer la voracidad de las economías del primer mundo que necesitaban el caucho del Putumayo para producir en serie los automóviles de Henry Ford, primero, y luego los aviones, camiones y tanques de la primera guerra mundial, la Casa Arana contaminó ríos, deforestó la selva y extinguió especies nativas como el árbol de Castilloa. El presidente Rafael Reyes, que conocía la región, fue informado de estas atrocidades, cuando apenas empezaban, pero no solamente no hizo nada al respecto, sino que nombró en su gabinete a un abogado que representaban a la Casa Arana en Colombia, y le entregó el Putumayo al capitalismo salvaje, con indios y todo, como se decía de las transferencias de encomiendas en la época de la Colonia. Esta nefanda traición debería haber causado un escándalo, pero pasó desapercibida, y se convirtió en uno de los tantos episodios en los que un presidente ha vendido a Colombia sin que a nadie le asombre.

Pero al Putumayo no solo se lo robaron físicamente. Cincuenta años después de que el novelista y poeta José Eustasio Rivera denunciara en una hermosa novela toda la tragedia de las caucheras del Putumayo, y de que abanderara una campaña para expulsar a la Casa Arana de Colombia, al Putumayo se lo volvieron a robar. En 1975, una compañía de Nueva York registró la marca Putumayo, para producir ropa, y en 1997, la empresa se transformó en una disquera: la 'Putumayo World Music'. Putumayo es una palabra inca que significa río de los totumos, y que tiene una enorme carga simbólica y cultural, ya que el totumo permite crear vasijas biodegradables que son de altísima utilidad, y que eran muy usadas en Colombia cuando yo era niño. Con la apropiación marcaria de la palabra Putumayo por parte de esta transnacional para su beneficio económico, se invisibilizaron las culturas de los tukanos y de los huitotos, que derivan su sustento del río, y se borraron de la percepción de Occidente todos los ecosistemas asociados con la palabra. A la vuelta de un par de décadas, el nombre Putumayo que se había asociado siempre con la lucha en contra de la esclavitud y el colonialismo, y cuya mención hacía referencia a las consecuencias nefastas e inmorales del capitalismo salvaje y del extractivismo depredador, quedó reducido a una simple marca de la industria de la música, ajena a las luchas históricas de los pueblos originarios de la región. En esto, nuevamente el Estado colombiano brilló por su negligencia.

En lo que no ha sido negligente ha sido en fumigar la región con glifosato con el pretexto de acabar con los cultivos de coca, así que de nuevo las especies y los pobladores nativos terminaron a merced de intereses ajenos, y sus ríos y tierras fueron envenenados por órdenes de los señoritos de la capital a más de 900 kilómetros de distancia. La carga tóxica fue de tal magnitud que el gobierno colombiano se vio obligado a indemnizar a la República del Ecuador por las afectaciones que sufrieron las aguas y los campesinos ecuatorianos. A principios del siglo XXI, la Corte Constitucional, de la mano de un ministro de salud extrañamente consciente, prohibió el glifosato con base en estudios científicos que demostraron que es un agente canceroso. Desde entonces, los colombianos y los gringos más retardatarios han insistido en la necesidad de volver a fumigar las selvas con veneno, argumentando que la relación entre el glifosato y el cáncer no es cierta, hasta el extremo de que un ministro de Defensa se ofreció a tomarse un litro de glifosato delante de la prensa. Y de pronto hasta tienen razón: desde que se está fumigando el Putumayo, nadie se ha muerto de cáncer por esa causa, ni en Bogotá, ni en Miami, ni tan siquiera en Wisconsin.

II

La semana pasada, de camino a Villavicencio, el avión voló sobre la represa del Guavio. Este cuerpo de agua es una hermosa mancha lapislázuli que irrumpe entre el esmeralda de la cordillera y genera una visión que quita el aliento. El proyecto empezó a construirse en 1982, siendo presidente de la Empresa de Energía de Bogotá, un político antioqueño llamado Fabio Puyo Vasco, por orden del presidente Betancur. La gestión de Puyo estuvo marcada por las corruptelas y el robo descarado. La represa que debía estar terminada en 1985, no se concluyó sino hasta 1992, afectando la planeación energética del país y ocasionando el famoso apagón del Gobierno Gaviria en 1991, el cual vino acompañado de otros escándalos de corrupción como el de las barcazas, pero esa es otra historia. Lo cierto es que los sobrecostos de la obra llegaron a más de 800 millones de dólares de 1985. Puyo fue llamado a juicio y condenado a 7 años de prisión, pero se escondió en Miami y después en España, hasta que la pena prescribió, y hoy puede venir a Colombia sin ningún apremio. Durante todo este tiempo vivió como un dandi internacional, dándose grandes lujos y posando como coleccionista y marchante de arte. Incluso fue acusado en España de vender unos Picassos falsos, aunque el proceso no prosperó. Esto demuestra que este país es tan rico, que se lo roban cada 4 años, y siempre queda plata para el siguiente bandido. Sin embargo, Puyo no fue un completo desastre, y como tenía ínfulas de historiador e intelectual, pagó un equipo de historiadores y pudo publicar una obra monumental de 3 tomos, llamada "Bolívar día a día", la cronología más detallada y precisa de la vida del Libertador. Un libro maravilloso que a Colombia le costó 800 millones de dólares de 1985: el libro más caro jamás publicado en la historia editorial.

III

Durante años visité varias regiones de Colombia, y me encontré con cientos de campesinos. El Estado no les ha dado nada, ni educación, ni salud, ni seguridad, ni justicia, y en cambio les ha garantizado la violencia y los ha abandonado a la competencia desleal de los productores extranjeros subsidiados y a la opresión de los actores armados. Sin embargo, ellos se obstinan en acariciar la tierra y honrarla con sus cosechas. Algunos no han terminado el bachillerato, pero se las arreglan para exportar al Japón, no hablan inglés, pero negocian con los chinos y los alemanes, no son genetistas, pero han aprendido a desarrollar nuevas variedades de café. Tienen un espíritu de gigantes que empequeñece aún más a los siniestros actores políticos que los gobiernan. Es entonces cuando me vuelvo anarquista y estoy convencido de que estarían mejor sin el Estado, porque no esperan nada de él, a ellos les basta con que no los jodan.

IV

Hace 2 años en una de mis charlas de Proexport conocí una señora ya mayor, en la sesentena, que había trabajado toda la vida en el reciclaje. Por alguna razón que no recuerdo, sus hijos no estaban y ella se había visto obligada a criar a varios nietos. Para sacarlos adelante se había inventado unas artesanías con llantas viejas que vendía y le habían permitido que sus nietos estudiaran y algunos ya pensaban en ir a la universidad. Para cuando la conocí, a pesar de no tener estudios, estaba capacitándose porque estaba empezando a exportar; aún recuerdo su cuaderno primoroso y limpio de colegiala aplicada. Cada vez que la recuerdo, me pregunto qué habría sido de su talento, de su tenacidad, de su ingenio, si este Estado mezquino le hubiera dado a esa abuela la educación que se merecía. Nuestro fracaso como sociedad tiene que ver con la incapacidad que tenemos para darle educación a los millones de seres que desperdician sus aptitudes mientras se debaten en medio de un cúmulo de necesidades básicas insatisfechas. Una sociedad que no educa a los suyos está tirando por la borda su talento, cada vez que dejamos pasar la oportunidad de educar adecuadamente a un niño, nos robamos un trozo de nuestro propio futuro. No puedo dejar de pensar en todo el talento que desperdicia nuestro sistema educativo mendicante; a cambio de eso entregamos a nuestros niños a la prostitución, a la violencia y a la miseria de una vida despojada de sentido. En nuestra ceguera excluyente no somos conscientes de lo que nos estamos perdiendo: ¿y si en este momento en Pereira está haciendo la calle la niña que iba a descubrir la cura contra un cáncer? ¿y si en Medellín le está haciendo mandados a los combos delincuenciales el niño que iba a descubrir una fuente de energía limpia, renovable, barata y eficiente? ¿y si en Bogotá está cargando en un carrito media tonelada de basura, el niño que iba a revolucionar la teoría económica y posibilitar un mundo más justo? ¿y si en Barranquilla vende dulces en un semáforo, la niña que iba a resolver los misterios de la materia oscura y ganar el premio Nobel de Física? Cuando condenamos a las Farc por reclutar niños, olvidamos que ellos solo tienen la mitad de la culpa; la otra mitad es de este Estado indolente que no les da ninguna esperanza a millones de niños deficientemente educados, y de esta sociedad estamental que cree que es natural que millones de niños chapoteen en los pantanos de la ignorancia. Por eso nadie entiende, y a nadie le interesa entender el paro de los maestros, porque da lo mismo que los niños de los pobres no se eduquen o se eduquen mal, porque su abandono es la mejor manera de prolongar su sometimiento vegetativo a las peores formas de explotación. Ese es nuestro gran crimen como sociedad, aquél que nos va a cobrar la historia, somos los ladrones de nuestro propio futuro.

V

Durante la guerra civil inglesa, los anglicanos despanzurraron a los católicos, los católicos a los puritanos y los puritanos a los anglicanos y a los católicos, del mismo modo y en sentido contrario. Durante este conflicto infausto, millones de personas fueron sometidas a una muerte atroz por razones religiosas, algunas veces solo por la interpretación de un versículo de la Biblia. Thomas Hobbes estaba tan aterrado ante la barbarie que propuso que a la manera romana se creara un culto público alrededor del monarca y las distintas formas de cristianismo se redujeran al culto privado. John Locke pensaba más sensatamente que lo primordial era separar la iglesia del Estado y la religión de la política. Entre el siglo XVI y el siglo XVII, la mezcla entre religión y política produjo decenas de millones de muertos y el suplicio de más de 400 mil mujeres acusadas de brujería. Por eso cada vez que alguien quiere construir la Ciudad de Dios en la Tierra, suele comenzar por el cementerio.

VI

En 1983, Guillermo Cano escribió una columna sobre una pesadilla distópica y premonitoria, en la cual imaginaba un Congreso donde los mafiosos dictaban clases de moral a todos los colombianos desde sus curules. Tres años después fue asesinado por órdenes de Pablo Escobar. Guillermo Cano había adivinado el famoso Congreso de principios del siglo XXI en el que los paramilitares habrían de tener el 35% de las curules y se arrogarían el papel de guardianes de la moral. En 2017, marcharon lado a lado, en nombre de la moral, Popeye, el jefe de los sicarios que mataron a Guillermo Cano, José Obdulio Gaviria, primo de Pablo Escobar, y hermano del titular de la cuenta desde donde se giró la plata con la que les pagaron a los sicarios que mataron a Guillermo Cano, un expresidente, que poco antes, en noviembre de 1982, había sido destituido por Belisario Betancur, como alcalde de Medellín, por sus relaciones sospechosas y que como Director de la Aerocivil entregaba licencias aeronáuticas en menos de 24 horas a las pistas y aviones de Pablo Escobar, y Alejandro Ordóñez, quien en el año 1987 defendía los grupos de autodefensa del Magdalena Medio donde se fraguaba una alianza entre Pablo Escobar y Ramón Isaza. Pobre Guillermo Cano, su sacrificio resulto absolutamente vano, el proyecto de país que soñó Pablo Escobar sigue inquietantemente vivo.

VII

Las élites colombianas han venido abusando de la clase trabajadora y de la clase media durante generaciones. Desde el gobierno Gaviria, además, han venido desmontando toda la protección al trabajo y fomentando la informalidad y la inestabilidad laboral, y además han aumentado la tributación a las rentas de trabajo, para favorecer a las rentas de capital y de la tierra. Es la misma inconsciencia que tenía la aristocracia francesa que durante años exprimió al pueblo francés, y cuando las mujeres empezaron a reclamar pan, María Antonieta soltó un famoso chascarrillo que le costó la cabeza: "si no tienen pan, que coman pastel". Las élites están tan acostumbradas a que la gente vote en contra de sus propios intereses que creen que los colombianos son pendejos, pero no es así, solo están apendejados. Están jugando con el dragón a ver si lo despiertan.

VIII

El día en que los artistas o los maestros puedan dar un Golpe de Estado, recibirán el mismo presupuesto que los militares.

***

Durante décadas, las élites han hecho todo lo posible por destruir la educación pública de calidad e idiotizar a la gente, eliminando el espíritu crítico, así que me imagino que tienen un plan B para cuando terminen gobernadas por un idiota sin educación.

***

En Colombia, educar a un hijo en un colegio de primer nivel es equivalente, en términos de costo, a comprar un carro nuevo al año, por cada niño. Hemos sido injustos con nuestros gobernantes, ya que cuando ellos hacen todo lo posible por destruir la educación pública, en realidad están trabajando para disminuir las emisiones de carbono, cada niño educado es un carro que no salió a la calle.

***

Paulo Coelho dice que el dolor nos hace más sabios, es la pedagogía del dolor, la de la letra con sangre entra, eso explica por qué algunos gobiernos ven a los torturadores como maestros en potencia.

***

Existe una queja generalizada de que el Estado se desentendió por completo de la educación, lo cual es un poco injusto porque, en Colombia antes de matar a la gente siempre la gradúan de comunista.

***

Los funcionarios provida del Estado colombiano piensan que un aborto voluntario por parte de una mujer es un crimen, pero que los abortos que producen los pesticidas que se asperjan sobre los habitantes de las selvas son moralmente aceptables.

***

Los congresistas de la oposición no se cansan de decir que Colombia es una Plutocracia. ¡¡¡Tan brutos!!! Plutocracia es cuando gobiernan los ricos, no cuando los que gobiernan se hacen ricos.

***

En 1978, el presidente Julio César Turbay declaró que era necesario reducir la corrupción a sus justas proporciones. Por esas declaraciones pasó a la historia como un cínico y un estúpido. Después de décadas en las que la corrupción se volvió desbordada y generalizada, ese señor parece un sabio, una especie de Confucio criollo.

***

En las cárceles de Colombia hay tantos políticos que, en vez de hacer conteo de presos, verifican el quórum.

***

En otras partes los gobernantes reciben el apoyo de los intelectuales. En Colombia reciben el apoyo de los autores intelectuales.

***

Colombia es un país, donde un científico patentó una vacuna que no se había inventado y que nunca se inventó, y donde un alcalde nombró el Gerente de un Metro que nunca se construyó. La gente ya no asombra con estas situaciones y es común decir que son expresión de nuestro realismo mágico. Ya lo dijo alguien a finales del siglo XIX, el mayor problema de Colombia es que todos los políticos tienen aspiraciones literarias.

***

Conquistar el poder sería la derrota más estrepitosa del anarquismo.

***

Colombia es tierra infértil para el independentismo. El individualismo es tan fuerte que cada vez que alguien está descontento con el gobierno colombiano, o cada vez que alguien piensa que es mejor que el resto de los colombianos, la persona simplemente se va para el exterior por su cuenta a construir su propio país en otro sitio.

***

La ola neoliberal terminó privatizando y desmontando a nivel mundial, el Estado de bienestar en Europa Occidental y el Socialismo de Estado en Europa Oriental. En Colombia la discusión es distinta, el problema no es si estuvo bien o mal privatizar, el problema es que desde el siglo XVI, en este país, el Estado nunca ha sido público.

***

Colombia se parece cada vez más a un baño de restaurante: vamos para el fondo y a la derecha.

***

El presidente señaló en su alocución de hoy que la democracia es lo contrario de la violencia y de la corrupción. Es decir que, en un arrebato de contrición política, reconoció que su gobierno no había sido muy democrático

***

El efecto político de Perón en Argentina fue de tal magnitud, que sin importar lo que hagan o lo que piensen, todos los políticos terminan siendo peronistas.

En Colombia, sin importar lo que hagan o lo que piensen, todos los políticos terminan siendo llevados a la cárcel.

***

Los militares de Videla tuvieron que organizar y ganar un Mundial de Fútbol para lograr que el pueblo argentino aclamara como héroes a los genocidas y sus cómplices, aquí lo único que se necesita para eso, es organizar unas elecciones de vez en cuando

***

Los populistas se legitiman en la idea de que la voz del pueblo es la voz de Dios. Teniendo en cuenta todas las masacres que la voz de Dios le ordenó cometer a los israelitas, a todo lo largo del Antiguo Testamento, éste es el tipo de cosas que deberían preocuparnos.

***

A falta de un pasado heroico, un dictador inventará un futuro heroico.

***

Todo presidente defenderá la constitución hasta la muerte...de la constitución.

***

Toda dictadura sentirá un profundo desprecio por toda inteligencia, que no sea la inteligencia militar.

***

La democracia plebiscitaria que practicaba Napoleón III en el segundo imperio, y que se ha puesto tan de moda en el mundo a principios del siglo XXI, se parece a un viejo chiste de Facundo Cabral: "Come hierba, millones de vacas no pueden equivocarse"

***

Cuando un político te prometa el paraíso, recuerda que el camino más corto al paraíso pasa siempre por la tumba de alguien, muchas veces la tuya.

***

Todo rey es la mayor inspiración para fundar una república.

***

La Justicia es el principal objetivo de toda sociedad democrática. Esto también es aplicable a Colombia donde los jueces son el principal objetivo... militar.

***

En Colombia, el presidente saliente suele condecorar al presidente entrante. Gobiernan tan mal que ningún presidente entrante condecora al presidente saliente, porque no tendría cómo justificarlo.

***

Colombia podrá tener muchos defectos, pero no se le puede acusar que le dé tiempo a uno para crearse falsas esperanzas.

DEL CAPITALISMO

I

Hoy se celebró el día del Tulipán en Ámsterdam. Los tulipanes son responsables en buena medida del mundo moderno. Conceptos como el sistema financiero actual y la propiedad intelectual están relacionadas con estos bulbos de tulipán. A principios del siglo XVII, los tulipanes solo se daban en la actual Turquía, en el imperio otomano. Los tulipanes formaban parte de la simbología de la dinastía otomana, y al igual que sus gatos de angora y sus perros callejeros, los tulipanes eran especialmente protegidos por el Sultán, hasta el extremo de que intentar sacar bulbos de tulipán de Turquía era castigado con la muerte. Era la misma época en que los venecianos mantenían secuestrados a los artesanos vidrieros y sus familias en la isla de Murano y les prohibían salir so pena de muerte para ellos y los suyos, y cuyo afán por conservar y explotar sus secretos comerciales los llevó a esbozar lo que después sería el moderno derecho de patentes.

Pero como ningún conocimiento es eternamente secreto e inviolable, finalmente un embajador del imperio austriaco logró sacar unos bulbos de contrabando y llevarlos a Viena, donde no prosperaron. No obstante, un naturalista holandés trajo algunos bulbos al Jardín Botánico de Leiden, donde, gracias al suelo arenoso de Holanda, los tulipanes empezaron a aclimatarse de maravilla y a producir colores que los hacían apetecibles. Los holandeses del siglo de oro de los Países Bajos controlaban el comercio y las finanzas a nivel mundial, y amaron los tulipanes de tal manera que crearon una bolsa de valores alrededor de su comercio. La economía holandesa tenía grandes excesos de liquidez y la fiebre de los tulipanes llevó a un tal delirio, que muchas personas vendían sus casas o sus fincas para comprar un solo bulbo de tulipanes, en una economía especulativa que producía hasta el 500% de ganancias, con lo que se creó la primer gran burbuja del mercado de valores. Alrededor de los tulipanes se creó el mercado de futuros, de manera que tulipanes y bulbos que todavía no habían nacido se vendían por cifras astronómicas, mediante la transacción de papeles que representaban a los brotes que se esperaba nacieran varios meses después.

Los tulipanes no tenían ninguna utilidad, no sirven para crear perfumes, ni para curar, ni para comer, eran simplemente un símbolo de estatus altamente sobrevalorado. Cuando el mercado de los tulipanes colapsó, se inició el ciclo de grandes bonanzas y crisis que ha sido la constante del capitalismo financiero y especulativo moderno. El enamoramiento irracional y delirante de los holandeses por sus tulipanes, no era más que la aurora del mundo globalizado adicto al consumo que conocemos.

II

En un nicho de la sacristía de la iglesia de Santa Clara en Bogotá, hay un pequeño osario donde reposan los restos de María Gauguin de Uribe. Marie era hermana de Paul Gauguin, el famoso corredor de bolsa que lo abandonó todo para buscar una carrera en el arte, y nieta de Flora Tristán, pionera del feminismo moderno y del sindicalismo socialista. Se dice que en la familia Tristán de ascendencia peruana se creían doblemente nobles, y que supuestamente descendían tanto de la nobleza española como de la nobleza incaica. Es por esto, que cada vez que veo el osario de María Gauguin, me acuerdo de un abogado latinoamericano que conocí en San Cristóbal de las Casas en Chiapas en 1998. Este particular personaje reivindicaba de un lado ser descendiente de una princesa nativa de los Andes, y del otro ser descendiente de un duque escocés. Por esta razón, a todo aquél que le preguntaba su nombre, él le contestaba que se llamaba Roberto McLuis, ya que él se llamaba Roberto y el nombre de pila de su papá era Luis Hernando.

Roberto McLuis era además un cantante lírico atrapado en el cuerpo de un abogado, es decir, no solo era un melómano, sino que tenía talento para el bel canto, y no perdía oportunidad para demostrarlo. Además, tenía esa costumbre poco habitual de intercalar latinajos entre sus frases cotidianas, lo cual le daba la fama de ser un anacronismo ambulante que él no solo disfrutaba sino presumía. Pero no solo eso, sino que sus gustos musicales lo habían convertido en un germanófilo por lo menos desde el punto de vista cultural, por lo que, según contaba, sus compañeros de la universidad solían enrostrarle la canción de 'Los Prisioneros' en la cual les sugiere irse del país, a los que piensan que la cultura es mejor en Alemania y su apellido no es González ni Tapia. Pero Roberto McLuis no solamente no se fue de su país, sino que, como abogado había sido testigo de una serie de eventos que son ilustrativos de que en nuestros países impera más que nada un capitalismo de compadres, donde el libre mercado no pasa de ser una declaración de intenciones académicas. Roberto McLuis, además, se rehusaba a llamar a su país por su nombre, lo llamaba la república ilídica.

—Será idílica, le dije yo.

—No, ilídica, porque en griego ηλίθιος (Ilithios) significa idiota, y mi país es una república de idiotas.

III

En la República Ilídica, un reconocido empresario llamado Mateo Di Carlo, desde principios de los noventas montó un fuerte lobby a favor de la liberalización de las importaciones de tractores, ya que era el principal importador de tractores desde un país del extremo oriente. Durante años sus

208

abogados hicieron una pública defensa del libre comercio, y su poder era tal, que logró meter a sus propios abogados en el equipo negociador de un Tratado de Libre Comercio con el mismo país de origen de sus importaciones, con el fin de favorecer sus intereses y los de sus socios orientales en ese tratado. Las industrias de partes y de ensambladores nacionales hicieron todo lo posible por evitar la firma del tratado, pero con los abogados de Di Carlo en el equipo negociador ilídico, la suerte estaba echada desde el principio. Roberto McLuis conocía a Emilio, miembro del equipo de abogados de Di Carlo, y en medio de una conversación le preguntó si no sentía algún escrúpulo al defender un tratado que afectaba tan negativamente los intereses ilídicos, y él le contestó que el capital no era de ninguna parte:

-El capital no tiene patria, le dijo entre risas.

Dos meses después de que el parlamento ilídico aprobara el tratado de libre comercio, los socios orientales de Di Carlo decidieron quitarle la franquicia de sus tractores, para entregársela a un comerciante de otro país, por lo que los esfuerzos de Di Carlo por defender los intereses extranjeros en la negociación del tratado de libre comercio, no le generaron ningún dividendo. Ese día, seguramente el doctor Emilio aprendió que el capital no solamente no tiene patria, tampoco siente mucha gratitud por los traidores.

IV

Al principio de su carrera, Roberto McLuis empezó a trabajar en una compañía de seguros multinacional llamada Trustworthy. Llegó allí casi de urgencia, para remplazar a un compañero de la universidad que no pudo soportar la aridez del derecho, perdió la chaveta, se compró unos sellos con la figura del pato Donald y los personajes de Disney y empezó a poner estampas de colores sobre las firmas de los pagarés que servían de respaldo a las obligaciones de los clientes. Estando allí, y mientras exploraba en los archivos de la compañía, descubrió una de las evidencias más descarnadas de por qué mi cuñado llama a Latinoamérica, el cementerio tecnológico del primer mundo.

A principios de los noventa, el gobierno ilídico estaba privatizándolo todo con el supuesto fin de modernizar el país. Como consecuencia de ello, el Estado había privatizado los trenes y solo se quedó con las vías férreas. Como presidente de la empresa encargada de las carrileras, nombraron a Pedro Fernando Callejas, un profesor de Roberto McLuis, por lo que, al ver su nombre, éste se interesó en la carpeta. El profesor Callejas había empezado sus clases como un acérrimo defensor de la visión proteccionista de la Cepal y en sus clases había explicado la necesidad de continuar con un plan de sustitución de importaciones, pero tan pronto se dio el cambio de gobierno, se había convertido en un convencido defensor del neoliberalismo, el libre comercio, y la división internacional del trabajo, lo que le valió, de parte del nuevo presidente del país, su nombramiento al frente de las vías férreas.

Entre las razones que dio el gobierno, para el nuevo modelo era el hecho de que era imposible modernizar los ferrocarriles si se continuaba con un trazado de trocha angosta de 95 centímetros, y que era necesario cambiar las vías para ajustarlas al estándar internacional de 143 centímetros, y la única forma de financiar este cambio monumental era con los millones de dólares que se recogerían con la privatización de los trenes. En esencia la única misión del profesor Callejas era hacer esta modificación en las vías y modernizarlas, de modo que las compañías privadas que iban a operar los trenes pudieran utilizar una flota de trenes de última generación. Pero como el diablo está en los detalles, un encuentro con unos representantes de una compañía europea hizo que el concepto de modernización en la cabeza del profesor Callejas cambiara ligeramente. Para 1990, las líneas ferroviarias del país tenían más de un siglo, y además de angostas estaban tendidas sobre durmientes de madera, muchos de los cuales estaban en pésimo estado. Por otro lado, los gobiernos europeos estaban tratando de unificar sus tipos diferentes de trocha al ancho estándar, con el fin de facilitar la interconexión entre si. Eso implicaba que la compañía europea que había producido millones de durmientes en concreto para trocha de un metro se había quedado repentinamente sin un lugar para ponerlos en el mercado. Afortunadamente, el profesor Callejas estaba allí, y con su maravillosa flexibilidad académica, más algún poderoso incentivo disuasorio que jamás se conoció, decidió que mejor que actualizar el ancho de la trocha de 95 centímetros, lo que había que hacer era reemplazar los podridos y centenarios durmientes de madera, por flamantes durmientes de concreto para trocha de un metro, que la compañía europea tenía por millones en su stock.

Como constaba en el expediente que tuvo en sus manos Roberto McLuis, esta opción que por si sola condenaba por varias generaciones al atraso a las líneas de trenes ilídicas, ni tan siquiera llegó medianamente a cumplirse, porque la compañía europea no tenía durmientes suficientes para satisfacer la demanda, ya que había vendido los mismos durmientes de concreto varias veces en diferentes países del sur, y cuando los ingenieros del gobierno fueron a revisar las obras in situ se descubrió que los contratistas habían cambiado un durmiente si, otro no, otro si, otro no y otro tampoco. De forma que el profesor Callejas se gastó los millones de dólares de la privatización de los trenes, en unos durmientes que no solamente no servían para nada, sino que tampoco existían. El gobierno al parecer intentó cobrar la póliza de seguro a Trustworthy, pero finalmente no lo hizo y los trenes ilídicos se convirtieron en poco más que un recuerdo romántico del que solo se hablaba en las novelas o en los tangos. Quisiera decir que este descarado expolio pasó al olvido de la gente, pero no es cierto, ni tan siquiera eso, porque para olvidar hay que saber.

V

A mediados de los noventas, el gobierno ilídico decidió privatizar el banco más grande de toda la república. El banco como tal era un excelente negocio y producía grandes utilidades, así que la excusa de la ineficiencia que era tan común para justificar todas las privatizaciones de la época fue cambiada por la idea de que el Estado no podía ser banquero de nadie. El banco fue vendido por 320 millones de dólares de la época, y a pesar de tener varios postores, le fue adjudicado a un joven industrial de las frutas enlatadas que no tenía mayor experiencia en el sistema financiero, y que al parecer tampoco tenía el dinero para comprarlo. Jugada maestra de ingeniería financiera, la llamaron en los periódicos. Roberto McLuis solo entendería el significado de esta metáfora un par de años después, cuando el joven productor de enlatados terminó como cliente de la oficina de abogados donde trabajaba su esposa.

Lo que había hecho el nuevo banquero era muy sencillo. Tenía veinte millones de dólares propios, y entre los empresarios de su ciudad recaudó otros ochenta millones que le permitieron manejar cien millones de dólares con un poder fiduciario. Usando las conexiones de su padre, consiguió una línea de crédito de 220 millones de dólares con un banco de Nueva York, respaldada con las acciones del banco que pensaba comprar. Una vez el gobierno le adjudicó la propiedad del banco, el empresario entregó sus acciones en prenda al banco de Nueva York. Cumplida la fecha para el reembolso del crédito, el hombre le informó al banco en Nueva York, que no tenía como pagarle los 220 millones de dólares, y ofreció entregarle las acciones en pago. El banco de Nueva York recibió las acciones, pero le informó que no tenía ningún interés en tener una inversión en la república suramericana, así que firmaron un pacto de retroventa, en caso de que, en el plazo de un año, el empresario consiguiera la plata para readquirir sus acciones en el banco.

Fue en ese momento, en el que intervino la oficina de abogados donde trabajaba la esposa de Roberto McLuis. Todos los procesos de privatización del país estaban respaldados por una cobertura del Banco Central, que garantizaba que si, como consecuencia de la privatización, el inversionista sufría una pérdida superior al 20%, tendría derecho a que el Banco Central le cubriera el valor de la pérdida. Lo que hizo la oficina de abogados fue presentarle al Banco Central la reclamación de la cobertura por los 220 millones de dólares que valían las acciones que el empresario le había entregado al Banco de Nueva York, por un crédito que, desde el principio, no tenía como pagar. En pocas semanas, y sin que se filtrara la información a la prensa, el Banco Central desembolsó el dinero junto con los gastos de abogado, y el empresario de enlatados de fruta pudo pagarle al Banco de Nueva York el valor de las acciones que le había entregado en pago con pacto de retroventa.

211

Lo que la prensa llamaba una brillante maniobra de ingeniería financiera, no fue más que una triquiñuela leguleya para lograr que el Banco Central le pagara al Banco de Nueva York el valor de un préstamo que el empresario sabía que no tenía cómo pagar desde el principio. Así fue como un empresario de frutas enlatadas le compró al gobierno con solo veinte millones de dólares en el bolsillo el banco más grande del país, usando la plata del propio Banco Central, es decir el dinero de los contribuyentes. En pocas palabras, es como si yo encontrara la forma de obligar a la dueña del apartamento en donde vivo a que me regalara la plata para comprárselo.

Desde entonces, cada vez que Roberto McLuis lee en redes sociales esas reflexiones insulsas acerca de cómo la riqueza es el fruto del trabajo duro, no puede dejar de escapar una risa de sorna.

VI

Mi esposa le dijo a mi hija:

-¿Es que crees que la plata crece en los árboles?

Así que Valeria le contestó:

-¿De qué están hechos los billetes?
-De papel.
-¿Y de dónde viene el papel?
-De la madera
-¿Y de dónde viene la madera?
-De los árboles.
-Ves, la plata crece en los árboles.

Solo es cuestión de agregarle a este razonamiento un banco central emitiendo y ya entiendes qué tan sólido puede ser el sistema monetario.

VII

La primera vez que fui al *"Disney on Ice"* tenía seis años y apenas estaba empezando a leer, igual que mi hija Valeria hoy en día. El espectáculo no ha cambiado mucho en los últimos cuarenta años, pero en aquella época recuerdo mucho lo que sucedió a la salida. En la puerta del Coliseo El Campín, estaba la gente de Disney repartiendo comics del Pato Donald y de Mickey Mouse. Muy cerca, un poco retirados, estaban unas personas del sindicato de maestros repartiendo comics. Mi mamá que era maestra no quiso hacer la larga cola en el stand de Disney y nos llevó directamente donde sus compañeros maestros estaban repartiendo comics del gran Mizomba "El Intocable". En los sesentas y setentas el comic era muy importante en la industria editorial latinoamericana, y en todos los barrios había negocios de intercambio de comics, así que por un peso cada vez, se podía leer todo un repertorio inimaginable.

Cuando los socialistas de Allende llegaron al poder, encontraron que la editorial del Estado chileno producía una serie de historietas y decidieron usarlas para sus propósitos ideológicos. El proyecto editorial era liderado por Ariel Dorfman y Armand Mattelar, los mismos que escribieron un clásico de los setentas llamado "Para leer el Pato Donald". La más exitosa de aquellas historietas fue Mizomba.

Mizomba era un héroe blanco en medio de la jungla africana, pero a diferencia de Tarzán que es una apología del imperialismo británico, donde los nativos suelen ser o salvajes o estúpidos o criminales, Mizomba es educado en la sabiduría de los nativos y termina siendo uno más de los defensores de la tierra aborigen. En Mizomba son los negros quienes lideran la defensa del terruño y todos los villanos son blancos y rubios que vienen a robar los recursos naturales de los africanos. Mizomba es entonces un adalid de la lucha anticolonial en contra de las transnacionales que pretenden controlar los territorios nativos. En el año 1973, cuando llegó el golpe de estado, de las primeras cosas que hizo Pinochet fue cerrar la editorial. Sin embargo, millones de revistas fueron sacadas del país, y para mediados de los setentas, Mizomba era un clásico que se vendía y se regalaba masivamente en Colombia y del cual yo leí docenas de ejemplares. Aquella noche, cuando salía de ver el "Disney on Ice" fui testigo inocente de la última batalla de Salvador Allende por ganarse el corazón de los niños, aun después de muerto, para la construcción del hombre libre que pasaría por las grandes alamedas. Aunque venían de orillas ideológicas distintas, Mizomba y Condorito fueron mis grandes compañeros de la infancia.

Ahora, al salir del "Disney on Ice", ya no hay puestos de revistas, la lectura ha dejado de ser el escenario de esa confrontación ideológica por los cerebros y los corazones de los niños. Por el contrario, lo que hay es un enorme centro de venta de souvenirs con la marca y los personajes de la franquicia. Entre los productos más atractivos para los niños se encontraba un vaso de raspao que tiene la cara de los personajes. El raspao es bastante mediocre, bastante menos bueno que el raspao de dos mil pesos que venden en los parques, pero como está metido en un vaso con los personajes de las películas, lo venden por casi 25 veces más. Mi hija de seis años empezó a regatear para que le comprara el vaso, pero yo le dije que me parecía un robo y que no iba a pagar 45 mil pesos por un raspao que valía 1.500 pesos. Finalmente, su insistencia fue tal, que mi suegra terminó por comprarle el raspao en contra de mi parecer. Finamente, Valeria tuvo un accidente y se le cayó el raspao, regó toda la tapicería del carro de mi suegra, y un par de horas después andaba llorando por alguno de esos

213

conflictos infantiles que les amargan la vida a los niños. Tras verla llorar un rato, de repente sentí que este incidente podía tener un valor pedagógico importante, así que me acerqué y le dije:

-Ves que las cosas no hacen la felicidad, no sacaste nada con comprarte el vaso con la cara de Olaf, a esta hora ya te has olvidado de él y además estás triste y andas llorando. La felicidad que no encuentres en ti misma, no la podrás encontrar en un objeto que compres. Le dije en un tono un poco ridículo, como si acabara de leer a Paulo Coelho.

Entonces Valeria me dijo:

-Yo sé que la gente se aprovecha de los niños y cobra mucho por cosas que son muy baratas, porque quieren ganar mucha plata para ser millonarios y comprar muchas cosas, pero lo que pasa es que a veces no me puedo aguantar y me dan ganas de comprarlas.

Así fue como mi hija de seis años desnudó por si misma, una de las falacias vendidas por los Chicago Boys del general Pinochet: ¿No se suponía acaso que en un mercado libre un consumidor bien informado siempre tomaría decisiones racionales de compra?

VIII

Mi hija llevaba casi una semana quejándose de las uvas al desayuno. "No quiero comer más uvas", "¿por qué me das uvas todos los días?", "me cansé de las uvas", hasta que finalmente, durante dos días decidió no comer fruta en la mañana. En este país, las uvas son las únicas frutas que son baratas y abundantes todo el año, las demás están sujetas a diferentes temporadas. Aunque la vida cotidiana en los Países Bajos parece haberse estacionado hace más de cien años en la Belle Époque, con su arquitectura ecléctica de edificios modernistas, en los que se encuentran hermosas fachadas art Nouveau o increíbles vitrales art Deco, al lado de casas tradicionales del Siglo de Oro, o edificios victorianos del siglo XIX, y con ese gusto maravilloso por andar subidos en una bicicleta elegantemente vestidos; en materia agrícola e hidráulica, los holandeses ya están en el siglo 23. Por eso, las uvas se cultivan todo el año en grandes invernaderos verticales, que se asemejan a los jardines colgantes de Babilonia.

Sin embargo, los mercados de frutas, aunque llenos de abundancia, carecen de variedad. Comprar mango fresco es una lotería, en la que se puede pagar una fortuna por uno en mal estado, así que yo prefiero el mango congelado traído del Perú. Los aguacates tienen el tamaño de una breva, y si se compran verdes,

214

nunca maduran, porque el ambiente es tan húmedo que el moho, siempre es más rápido que la madurez. Incluso en la plaza de mercado de La Haya, una pequeña Babel donde se hablan más de 50 idiomas en menos de tres cuadras, es difícil encontrar frutas en mucha variedad. Las frutas colombianas, que alguna vez reinaron en algunos mercados europeos, ahora brillan por su ausencia (beneficios del neoliberalismo), en cambio se encuentran muchas frutas españolas, peruanas, chilenas o ecuatorianas. Por supuesto, las papayas son miserables y es imposible encontrar ninguna curuba o un lulo. El otro día encontré una guanábana a 14 euros el kilo. Comprarla completa costaba 34 euros.

Para los que se burlaban de la posibilidad de producir frutas en vez de petróleo, baste decirles que una guanábana vale más que un barril de petróleo, y es menos dañina con los ecosistemas. Pero para convertirnos en grandes exportadores de guanábanas, deberíamos proteger la pequeña propiedad rural campesina en vez de expropiarla, y además promover una economía campesina próspera con campesinos más educados y dignos, lo cual no les conviene a los señores de la guerra que necesitan sus ejércitos de ignorantes como carne de cañón, ni a los barones electorales, que necesitan bocas hambrientas para nutrir sus clientelas.

En fin, baste decir, que luego de la protesta de mi hija contra las uvas, salí al supermercado y compré unas manzanas en promoción, me llevé unas cuantas ciruelas españolas muy ricas, compré unos bananos Turbana que son lo único colombiano y tienen mejor sabor, cogí una red de mandarinitas tan pequeñitas que parecían de una plantación de bonsái, y un paquete de fresas que me salieron por un ojo de la cara. Así que ayer, a la hora del desayuno, le dije a mi hija con suficiencia:

-Bueno ¿qué quieres de fruta?, hay manzana, ciruela, banano, mandarina o fresa.

Y ella muy oronda, me contesta sin el más mínimo rubor:

-Sabes qué papá, mejor quiero uvas.

IX

Durante todo 2012, en Colombia se divulgaban noticias acerca de la escasez de papel higiénico en Venezuela. Mientras que en Colombia se le achacaba la culpa a la corrupción del régimen, en Venezuela se les echaba la culpa a los contrabandistas colombianos. En 2013, estuve de viaje en Cúcuta, justo en uno de esos momentos en los que la crisis del papel higiénico era más fuerte en Venezuela y Maduro insistía en que los colombianos se estaban llevando el papel para Colombia. Recién aterrizado, le dije al taxista que me parecía un acto de xenofobia de Maduro, culpar a los colombianos de su propia ineficiencia.

Entonces, el taxista me preguntó si yo estaba de afán o tenía tiempo para desviarnos un poco. Como tenía tiempo, me dejé conducir, y finalmente me llevó a una zona de Cúcuta donde había unas enormes bodegas. Allí había montañas de papel higiénico arrumadas hasta el techo. El taxista me explicó que el gobierno venezolano subsidiaba el papel higiénico a precios ridículos, por lo que los miembros corruptos de la Guardia Nacional Venezolana y los contrabandistas colombianos, no dejaban que el papel llegar a la gente y compraban grandes cargamentos de papel higiénico, los entraban a Colombia, los vendían a precios de mercado, y lo que no podían vender en Colombia, lo volvían a meter a Venezuela de contrabando, para revenderlo a precios de escándalo a los venezolanos que no tenían con que limpiarse las posterioridades.

Me impresionó constatar que el símbolo de tantas escaseces fuera precisamente el papel de baño. Recordé que, a finales de los setentas y principios de los ochentas, un primo de mi mamá se ganó una beca para estudiar en Cuba, y aunque aparentemente vivía bastante feliz, de lo que más se quejaba en sus cartas era de que solo le entregan un rollo de papel higiénico al mes. En pleno bloqueo americano, más que la comida lo que les faltaba a los cubanos era el papel tualé, como le decían las monjas, su proveedor de papel era la Unión Soviética, que también sufría de constante racionamiento interno de papel higiénico, lo cual era queja constante de todos los desertores y disidentes entrevistados por la prensa occidental. Es decir, al parecer el comunismo soviético se las había arreglado para construir una estación espacial, pero tenía problemas para satisfacer las necesidades de cagalera del proletario corriente. En esa época era bastante difícil viajar a Cuba, no existían los planes turísticos de ahora, y básicamente si uno quería volar a La Habana sin dificultades tenía que secuestrar un avión o una embajada. A eso se sumaba que durante unos meses los dos gobiernos rompieron relaciones, por lo que el primo de mi mamá estaba bastante incomunicado. No obstante, en las dos o tres ocasiones en que se supo de alguien que iba a viajar a Cuba, el papá se las arregló para mandarle varios paquetes de papel higiénico, lo que, al parecer, lo convertía en la isla en un gran magnate del culo limpio.

Todas estas escenas volvieron a mi mente con la crisis de la presente pandemia. Las imágenes de los supermercados arrasados alrededor del globo y de la gente peleándose por los paquetes de papel higiénico se salen de cualquier cálculo racional, entre otras cosas porque se trata de un virus respiratorio, no de una epidemia de cólera. En realidad, se hace difícil entender cuál es el origen de la obsesión de toda esta gente con el papel de baño. Creo que si Freud estuviera vivo estaría muriendo de la risa al constatar que la civilización capitalista básicamente se ha quedado en su fase anal. La cultura de la auto gratificación por encima de todo, del egoísmo individualista alrededor del consumo, se encuentra retratada patéticamente por esta obsesión compulsiva de los consumidores, que en medio de una crisis que debería apelar a la solidaridad, prefieren regodearse en su propia mierda.

X

A mediados del siglo XIX, Marx demostró que, en esencia, las utilidades del capital derivaban de la apropiación del trabajo, y puso a los trabajadores en el centro de la discusión política. En la primera mitad del siglo XX, Keynes demostró que el mercado no era capaz de ajustarse lo suficientemente rápido a las crisis, ni podía responder adecuadamente a las necesidades de la población por sí solo, creando las bases para el llamado Estado de Bienestar, que influyó en las reformas de López Pumarejo y Lleras Restrepo en Colombia. En las décadas de los 70s y 80s, los neoliberales decidieron dar marcha atrás a esa visión del mercado y el trabajo, y empezaron el desmonte del Estado de Bienestar a nivel mundial, y a poner la codicia en el centro del espectro político. Fue la época en que los trabajadores empezaron a llamarse Recursos Humanos, o como los llama el Banco Mundial, Capital Humano, convirtiendo a las personas en meros recursos productivos desechables sujetos a obsolescencia. A la vuelta de un par de semanas, el coronavirus le dio un baño de realidad al neoliberalismo depredador, y le recordó que sin gente (que trabaje y que compre) el petróleo no vale nada, los valores en la bolsa no valen nada, el capital no vale nada; en resumen, que sin gente no hay capitalismo.

XI

Cuando le preguntaron a Esteban Chávez qué se sentía hacer una contrarreloj de 40 kilómetros a fondo en el Giro de Italia, contestó que era una hora de dolor intenso en cada músculo del cuerpo sin ninguna pausa. Eso mismo sentí yo, la primera semana que trabajé en una empacadora de alimentos, solo que el dolor se extendía por ocho horas, divididas en tres turnos. Esto se debe a que las plataformas y bandas que se utilizan para el trabajo estaban diseñadas para personas más bajas que yo, pero además mis manos eran demasiado grandes para los pequeños ingredientes que había que empacar, eso explica porque la mayoría de los trabajadores eran mujeres. Entre todos los ingredientes que tenía que empacar, lo que más odiaba eran los dientes de ajo, por dos razones, porque eran muy pequeños para mis dedos y además muy resbalosos y se escurrían fácilmente por entre los dedos, a eso debe sumarse que se debían meter dos dientes de ajo en cada bolsa a una tasa de entre 4 y 6 bolsas por minuto, de modo que las posibilidades de equivocarse eran muy altas, así como la posibilidad de que los ajos se cayeran al piso. Y ahí viene la otra característica sensorial importante y es que los ajos eran omnipresentes en esa enorme bodega de varias hectáreas donde se encontraba la planta. Los ajos pululaban y aparecían en los lugares menos imaginables, por lo que el olor a ajo no se extinguía a ninguna hora, de modo que cuando llegaba a la casa le preguntaba a mi esposa y a mis hijas si podían sentir el olor que llevaba conmigo.

Esa sola semana fue más ilustrativa en mi vida que todas las lecturas de Foucault. Trabajar en una planta de producción me permitió entender de primera mano el concepto de institución disciplinaria. Una vez ingresado a la planta se perdía por completo el control del cuerpo y de las interacciones sociales. Las horas de comer, las horas de descansar, las horas de orinar, las horas de bañarse las manos, la manera de ponerse los guantes, el sentido de circulación del personal, todo está militarizado. Adentro no era posible decidir nada, los capataces escogían aleatoriamente los grupos de trabajo, así que nunca en toda la semana coincidí con nadie con quien pudiera establecer una mínima relación, aparte del hecho de que la mayoría de los operarios eran europeos del este que no hablaban inglés, y ni tan siquiera un poquito de holandés. Había también un grupo de africanos que hablaban algún dialecto del árabe, pero que se podían comunicar en perfecto inglés, era en ese contingente en el que trabajaban todos los africanos y musulmanes. El primer día estuve en un turno de trabajo con ellos, lo cual para mí fue muy agradable porque podía conversar y eran un poco más relajados, así que decidí que al día siguiente iba a integrarme con el grupo africano, pero tal vez los capataces decidieron que yo era demasiado blanco o demasiado católico para estar con los africanos y me hicieron trabajar con los europeos. Así que también se hizo evidente que, en una institución total como la fábrica, se entronizan muy rápidamente la racialización de las personas y los estereotipos de género, por lo que al interior de la planta había trabajos que se consideraban exclusivamente femeninos o masculinos. Al final de la jornada había que hacer el aseo, y cada vez que yo intentaba tomar una escoba, recibía el reproche de todas las mujeres alrededor que sentían que les estaba quitando el trabajo, cuando lo de los hombres era levantar cajas y organizarlas.

Las largas horas de trabajo mecánico eran perfectas para pensar, reflexionaba acerca de todo lo imaginable, pero sobre todo pensaba mucho en la plusvalía. Cuando trabajaba en bancos, sobre todo en los procesos hipotecarios, tenía perfecta claridad de que mi aporte era un pequeño eslabón en la cadena y que el banco se estaba apropiando de mi plusvalía, pero cuando estás trabajando en la línea de producción está idea se materializa de manera evidente; cada vez que empacaba un ingrediente en la bolsa y lo veía alejarse a lo largo de la banda, solo podía pensar, 'caramba allí va mi plusvalía', sabía que me la quitaban, pero nunca la había visto alejarse tan visiblemente de mí. Así que mi semana proletaria no solo fue una lección de Foucault, sino también de Marx. Cuando el trabajo de uno es meter dos dientes de ajo en una bolsa, que va a llegar convertida en una receta completa para un cliente lejano, la alienación del trabajo descrita por Marx se convierte en una realidad palpable, durante las largas horas en la cadena de producción, pensaba recurrentemente en los clientes, en las personas que estarían al otro lado de la bolsa, y en cómo cuando yo era ese cliente, perdía completo de vista a las cientos de personas que habían estado en la cadena antes de recibir el producto final. Esta sola idea me parecía perturbadora, el pensamiento de que mi condición humana se difuminaba por completo de la imagen que se hacía el cliente de lo que había recibido. Era mi yo evaporado, el que se deshacía en la bruma del trabajo en línea de producción y desaparecía a los ojos del consumidor final. Así que para evitar esta sensación de vacío, empecé a aprovechar los escasos momentos en que la línea de producción reducía un poco su velocidad, para hacer cosas como decorar un poco la bolsa, con la esperanza de que llegara un poco más bonita a manos del cliente, y ya para el quinto día de trabajo que no sabía que sería el último, lleve unas cinco hojitas pequeñitas con un mensaje en inglés y en holandés escrito a mano con la expresión "enjoy your meal/eet smakelijk", que, cuando el ritmo de trabajo lo permitía, escondía debajo de los ingredientes, con la esperanza de que, al desocupar la bolsa, el consumidor final tuviera la posibilidad de entender que del otro lado de la línea de producción había otra persona igual a él o ella, que había transmitido algo de su humanidad en el trabajo sencillo y mecánico de empaquetar un par de ajos en una bolsa.

Lo más difícil de soportar para mí no era tanto el trabajo duro, como los treinta minutos al final del turno, cuando no había casi nada que hacer, pero era obligatorio lucir ocupado. Ese quinto día me cansé de hacer la pantomima inane de lucir útil para recibir mi jornal completo, y me retiré de la fábrica quince minutos antes de lo que debía. A los dos días recibí una llamada de la agencia de empleo, creyendo que me iban a despedir por mi acto insignificante de rebeldía, pero lo que ocurrió fue que me cambiaron de trabajo y me mandaron a una juguetería a llevar cabo actividades mucho más agradables, y descubrí que en una semana había escalado muchos peldaños en la pirámide del proletariado. Tal vez si no hubiera pasado esa semana infernal en la empacadora de alimentos, no habría descubierto lo feliz que se puede ser descargando juguetes de un camión a treinta grados centígrados, contándolos e ingresándolos a la cuenta de inventario de la juguetería más grande de Europa, todo ello mientras intento imaginar cómo será la vida de los chinos, los italianos, los vietnamitas o los alemanes que fabricaron originalmente el juguete, y cuál será la reacción de los niños cuando lo reciban, en una especie de cotidiana película gringa de Navidad. Por eso cuando me preguntan en qué trabajo, me gusta contestar: "soy ayudante de Santa"

XII

El 1º de mayo es el día del Trabajo, porque el resto del año es el día del Capital.

***

La especie humana es un virus que se ha reproducido excesivamente y ha enfermado a la madre Tierra, pero que nadie se preocupe, el capitalismo es el anticuerpo que va a extinguir al virus.

***

Los seres humanos somos tan soberbios, que creemos que si se extingue la especie humana se acaba el mundo.

***

Las agencias espaciales rusa, norteamericana y europea, llevan décadas buscando vida inteligente en otros planetas. La verdad es que con la pésima experiencia que hemos tenido en el planeta Tierra, yo preferiría buscar un planeta sin vida inteligente.

***

El papa Francisco dijo hace unos años que el dinero es el estiércol del Diablo. Me imagino que tener mucho dinero es la manera que tienen los ricos de comer mierda.

***

Si el Estado le entrega subsidios alimentarios a una persona pobre para la alimentación de los hijos esto se llama asistencialismo, o socialismo parasitario que convierte a la gente en holgazana viviendo de la teta del Estado, pero si el Estado les da a los bancos subsidios millonarios, o les otorga créditos de liquidez a tasas de interés negativas, a eso se le llama paquete de estímulos para reactivar la economía y ayudar a los empresarios que generan empleo y están haciendo patria.

***

El socialismo es inmoral, a menos que los banqueros necesiten socializar sus pérdidas.

***

¿Si el avión de los hermanos Wright no hubiera volado, los conoceríamos como los hermanos Wrong?

***

A los empresarios les gusta el capitalismo y la libre competencia, a menos que el competidor vaya ganando.

***

En una economía de mercado, Keynes siempre va a tener la razón, cuando ya sea demasiado tarde

***

El exceso de liquidez en una economía en crisis creará infinitos problemas para todos, menos para los ricos que tienen el exceso de liquidez y causaron la crisis.

***

Siempre que en una economía sea necesario apretarse el cinturón, los ricos estarán usando tirantas

***

Siempre que una economía esté en crisis, la medida idónea para superar la crisis será la última en implementarse.

***

Históricamente las crisis mundiales han estado precedidas de un alza en las materias primas, es decir, que siempre que los pobres están a punto de volverse ricos, los ricos dirán que todos estamos pobres.

***

Las calificadoras de riesgos son como médicos forenses dedicados a la medicina preventiva, por eso le practican la autopsia a una economía justo antes de declararla muerta.

***

La experiencia me ha enseñado que quienes negocian los contratos con más inteligencia son los ingenieros: A diferencia de los abogados, ellos siempre imaginan el peor escenario y diseñan la manera de evitarlo. La diferencia estriba en que, si a un ingeniero se le cae un puente, se acaba su carrera, pero si a un abogado le incumplen un contrato, es una nueva oportunidad para ganar honorarios.

**

Cuando el capitalismo es corrupto, les echan la culpa a los corruptos, pero cuando el socialismo es corrupto, le echan la culpa al socialismo.

XIII

A principios del siglo XIX, Von Clausewitz creía que la guerra era 'la continuación de la política por otros medios'. Después del Congreso de Viena, con la consolidación de la primera revolución industrial y la carrera europea para consolidar los imperios coloniales, los siglos XIX, XX y XXI demostraron que la guerra ha sido la continuación del capitalismo por otros medios.

DE LA GUERRA

I

Cuando fuimos a dejar a Camila en Montpellier, caminamos varias veces por la plaza Jean Jaurès. Era pleno agosto y un sol canicular golpeaba la plaza, reflejando el color amarillo de las piedras que cubrían los edificios; la plaza quedaba en un promontorio y justo en el centro había una escultura de Jean Jaurès a la que solo yo parecía prestarle atención. Me gustaba detenerme unos segundos allí al rayo del sol, con un calor abrasador y mirar las mesas al aire libre y las personas alegres almorzando y tomando vino o cerveza; era el cliché perfecto para un verano caluroso en el sur de Francia. Durante esos primeros días Jean Jaurès era sinónimo de un agradable verano para mí.

Sin embargo, cuando fuimos a París, alquilamos un carro, y como era tan difícil parquear en la ciudad, conseguimos un parqueadero que quedaba bastante lejos del hotel Nadaud donde nos quedábamos. Como el verano en Montpellier estaba muy caliente, dejé toda la ropa abrigada, pensando que París estaría igual. Pero a pocas horas de llegar, la temperatura bajó drásticamente a 13 o 14 grados y empezó a lloviznar sin pausa, durante varios días. Así que la misma escena se repitió recurrentemente: yo dejaba a mi esposa y a mis hijas en el hotel, iba con el carro, lo estacionaba en el parqueadero y después salía a la noche lluviosa, mal vestido con una camiseta de manga corta, unas bermudas y unas sandalias sin medias. Y así, casi desnudo entraba a la estación Jaurès del metro de París, que es una estación elevada con unos hermosos semiarcos en acero, pero que está casi a la intemperie, donde esperaba el tren que me llevaba a la estación Gambetta. Mi presencia debía lucir bien patética, porque todos los demás en la estación y en el vagón estaban muy abrigados con pantalones largos y un sobretodo encima, y yo en cambio parecía un pollo mojado, semidesnudo y tembloroso, trotando en el mismo lugar para no enfriarme más de la cuenta. Así que, Jean Jaurès pasó a convertirse en sinónimo de estar aterido de frío, y en el símbolo de mi cotidiano ridículo de turista veraniego fuera de lugar, reproduciendo en mi propio pellejo la extravagancia involuntaria de tantos turistas gringos y europeos que llegan semidesnudos a Bogotá, creyendo que va a estar a 40 grados.

Por supuesto, me tomé una fotografía junto a una escultura de Jean Jaurès, ese destacado pacifista que se opuso firmemente al estallido de las hostilidades y a la entrada de Francia en la primera guerra mundial. Un nacionalista enajenado lo mató el 31 de julio de 1914, por su postura en pro de la paz y del diálogo. Más de cuatro años y catorce millones de muertos después, la realidad tozuda le dio la razón a Jaurès. En Colombia las guerras se han hecho con el pretexto de vengar a los abuelos. Con el pretexto de que no haya impunidad de los crímenes antiguos se han seguido cometiendo atrocidades nuevas. La paz en

223

cambio se construye pensando en nuestros hijos, con la esperanza de que solo conozcan el horror en los libros de historia.

En el Urabá antioqueño se constituyó la Comunidad de Paz de San José de Apartadó, su pretensión de neutralidad, de llevar una vida en paz, fue duramente castigada por todos los actores de la guerra que perpetraron contra sus habitantes numerosas masacres. Pero allí siguen, resistiéndose al destino trágico que se impone a través de la violencia, con una tozudez como la de Jean Jaurès. El pacifismo es el enemigo más temido de quienes viven de la guerra, porque es mucho más fuerte y mucho más valiente, al fin y al cabo, se arriesga menos haciéndole la guerra a la paz, que haciéndole la paz a la guerra.

II

Desde que tengo memoria, periódicamente aparece la sicosis de guerra con Venezuela. Los ejércitos de los dos países desarrollan juegos de guerra para preparar un conflicto entre ellas, y se ha vuelto una cuestión rutinaria que los presidentes de los dos países intercambien frases destempladas, por lo menos desde los años setenta. En 1987, la precaria armada de guerra colombiana envío una corbeta a la zona limítrofe en disputa, en una supuesta demostración de soberanía que desembocó en un sainete patético de amenazas mutuas de fuego, que la prensa magnificaba como si tuviera la trascendencia de la crisis de los misiles en Cuba. Luego del fiasco diplomático de la operación Emmanuel a principios de 2008, el gobierno de Venezuela ordenó el despliegue de 50 tanques en la frontera, y nuevamente se agitaron los belicistas de los dos lados de la frontera, pero el ejército venezolano descubrió que sus tanques no estaban operativos, y nunca salieron de Caracas. Ante esta amenaza de fuerza, el gobierno de Colombia respondió básicamente con nada, porque no tiene tanques, por lo cual la guerra terminó en un empate de inmovilismo. La prensa publica periódicamente un análisis de lo que sería una guerra aérea con Venezuela.

Hasta ahora, la guerra aérea con Venezuela ha arrojado como saldo 6 aviones colombianos que se han accidentado o que se incendiado solos en su hangar, y 2 aviones venezolanos accidentados, junto a varios más que simplemente no hay como encenderlos. Finalmente, algo tiene de bueno que seamos un par de pueblos tan incompetentes.

III

Durante un siglo, ucranianos, sirios, iraquíes, kurdos, turcos, balcánicos, libaneses, palestinos, israelíes, franceses, todos han estado pagando los pecados de los dirigentes franceses y británicos en 1919 que manipularon a su capricho

224

la paz de Versalles, hasta el extremo de que a veces me pregunto cuándo se acabará la primera guerra mundial.

Por otro lado, Giovanni Arrighi, en su libro 'Adam Smith en Pekín', dice que ninguna potencia emergente ha asumido la hegemonía mundial, sin un despliegue militar en una guerra. De acuerdo con su visión, la posibilidad de una confrontación entre Rusia y la Otán, podría implicar la desaparición de Rusia como potencia importante, el agotamiento de Estados Unidos como potencia hegemónica, y el surgimiento de China como nuevo árbitro mundial. Claro está que todo ello ocurrió antes de que se pudiera pensar que buena parte del panorama geopolítico se podía resolver en una pandemia. Creo que no es tanto que la primera guerra mundial no haya terminado, sino, en realidad que el siglo XVIII no se ha querido ir.

IV

La Guerra Fría fue un conflicto soterrado que causó enormes sufrimientos a millones de personas en Europa Oriental y en el Sudeste Asiático, en Corea y en América Latina (Todavía nuestros muertos de ayer, y de mañana son hijos de la guerra fría). No obstante, tuvo dos momentos llenos de poesía: la carrera espacial de los años sesenta, y los 11 meses en que los aliados occidentales bombardearon diariamente con chocolatinas a Berlín Occidental, durante el bloqueo soviético.

VIDA FILOSÓFICA DE UN MAJADERO

DE LA PERCEPCIÓN DEL MUNDO SENSIBLE

I

Una de las conclusiones más inquietantes a las que han llegado los físicos, es la de que todos los cuerpos conocidos no son más que espacios vacíos con apariencia de solidez. En efecto, para comprender esto no hay más que reducirse al tamaño del mundo subatómico y recordar nuestras más elementales clases de química.

Así, el átomo está compuesto por un núcleo muy pesado conformado por protones y neutrones, y rodeado por electrones que orbitan alrededor de ese núcleo. Los electrones son tan pequeños y livianos que su influencia en el peso atómico es despreciable por lo que, para medir éste, solo se tienen en cuenta protones y neutrones. También aprendimos que los átomos se enlazan entre sí a través de sus electrones, por lo que toda conformación molecular no es más que un concubinato de electrones de distintos átomos. Sabemos, además, que toda la materia, incluyéndonos, está compuesta por enlaces moleculares más o menos elaborados.

A la escala de su minúsculo tamaño, los electrones están alejadísimos del núcleo. Si nuestra talla fuera lo suficientemente pequeña para sentarnos en el núcleo de un átomo descubriríamos que, en relación con el tamaño de éste, los electrones estarían tan distantes como la mitad del camino que hay entre dos planetas. Más aun, posados en nuestra silla de protones nos daríamos cuenta de que el átomo más cercano estaría tan lejano como la Tierra está de Venus, nuestro vecino más cercano. Es decir que, en el nivel más ínfimo de la materia, un observador apostado en un átomo encontraría que el mundo material desde su perspectiva subatómica es tan inmenso, tan vacío, tan poblado de puntos lejanos, como podemos percibir nosotros el universo en una noche estrellada.

Todo lo anterior implica que, contrario a la evidencia de nuestro sentido común, todos los cuerpos no son más que enormes espacios vacíos donde vagan minúsculos núcleos atómicos separados entre sí por enormes distancias, pero cohesionados los unos a los otros gracias a la putañera tendencia a la promiscuidad que invade a los electrones de casi todos los átomos. En otras palabras, cada ser humano está separado de sí mismo por enormes distancias.

En esencia, somos espacios inocupados, somos seres baldíos. Así que en esos días que uno se siente vacío, no necesariamente es el principio de una depresión, ni la consciencia del absurdo propio de la existencia humana, tal vez ese vacío no es más que el percatarse de nuestra propia conciencia frente a la ineludible realidad de nuestra vacuidad molecular. Somos como una coladera con los hoyos muy grandes, somos huecos, pero encadenados, como una alambrada que deja pasar el viento.

II

Cuando estábamos en la universidad mi novia y yo vivíamos prácticamente juntos. Yo llevaba la ropa los domingos a mi casa, dormía esa noche y después me llevaba la ropa limpia los lunes. Mi mamá vivía molesta y me soltaba una frase que era un clásico de los padres de la época:

- ¿Es que acaso usted cree que esta casa es un hotel?

A lo cual yo respondía con una lógica y una coherencia aplastantes:

- Si pensara que es un hotel, por lo menos vendría a dormir, yo diría que me parece más bien como una lavandería.

III

En diciembre de 2005, mi mamá y yo estuvimos de visita en Buenos Aires. En el lobby del hotel conocimos a un par de colombianas, con quienes hicimos migas de inmediato. Una de ellas había terminado su doctorado en Neurofisiología y tenía una conversación intensa, elegante y brillante, y como era de esperarse, hoy tiene una destacada posición en la Academia. La otra, era el extremo contrario, se trataba de una proctóloga dicharachera y pronta a expresar los mayores disparates sin el menor sustento, lo que las convertía en una extraordinaria pareja de viajeras, como si al comer con ellas uno se sentara al mismo tiempo a conversar con Foucault y con el inspector Clouseau, y la conversación girara entre el más elevado espíritu y los más estrambóticos exabruptos sin mediar ningún tipo de transición.

Su compañía nos hizo tanta gracia que no nos separamos nunca de ellas durante todo el viaje. En uno de aquellos días nos subimos todos en un taxi, y sin que yo tuviera tiempo de evitarlo, mis amigas le contaron al taxista porteño, lo mucho que gustaban los tangos en Colombia, y cómo sus papás adoraban escuchar la música de esos famosos argentinos que tantas veces habían pasado de gira por Colombia: "Los Visconti".

El taxista en tono pedante les contestó:

-¿Los vis qué? ¿Pero a esos quién los conoce, che?

229

El taxista no los conocía, ni nadie en Argentina, pero entre los años setenta y noventa, los dos hermanos Visconti visitaban Colombia con regularidad, y en sus largas giras recorrían el país y se presentaban con frecuencia en los programas musicales de la televisión. Eran tan afectos a nuestro país que habían compuesto varias canciones a Colombia y muchas veces cantaban música folclórica, ajustándola a ritmo de tango. Empecé a sospechar de su argentinidad, desde que mi papá, que era un parrandero de grandes ligas, nos contó que había estado tomando trago varias veces con ellos en Medellín. Poco después se supo que los Visconti se habían radicado definitivamente en Pereira y que les gustaba tanto el país que habían obtenido la nacionalidad colombiana. A mí el nombre me empezó a parecer sospechoso, cuando comprendí que era un apellido demasiado renacentista para unos cantantes de tango, y presumí que debieron tomarlo de los duques de Milán, seguramente después de encontrarlo en algún libro. Muchos años después conocí a un taxista en Medellín que aseguraba que los Visconti no eran argentinos, sino que habían nacido en el barrio Manrique y habían ido a la escuela con él.

Lo cierto es que para 2005, ya hacía bastante tiempo que yo estaba convencido de que a Los Visconti solo los conocían en Colombia, y que ningún argentino había oído hablar de ellos. Esa misma sospecha la tuve siempre de otro dueto, éste australiano, que también se la pasaban de gira de conciertos por Colombia, presentándose en un musical de la televisión colombiana, con ínfulas de 'show de los hermanos Osmond', que se llamaba Espectaculares Jes. Tantas veces se presentaron en el programa, cantando las mismas canciones, y tantas veces vinieron de concierto, que todavía no sé si en Australia alguien, alguna vez, conoció a Air Supply, o si los dos viven una plácida vejez en Anapoima.

Recordé la escena del taxista, porque lo primero que intenté hacer cuando llegué a La Haya fue comprar un libro de Huizinga. Para mí forma parte de viajar, llegar a un país y comprar un libro de un autor que me interesa, en este caso, Huizinga. Pero cada vez que lo preguntaba en librerías, sucedía lo mismo, nadie conocía a Huizinga, y los dependientes me miraban con cara de extrañeza. No puede ser que no lo conozcan, les decía, Huizinga está al mismo nivel de Stefan Zweig, lo que para mí significa, dos grandes escritores que, en vez de hacer literatura, hacen historiografía. Todo fue inútil, nadie parecía conocerlo, ni siquiera en la Universidad de Leiden donde fue profesor. Llegué a la conclusión de que Huizinga era para los holandeses, lo que los Visconti eran para los argentinos: un perfecto desconocido que seguramente había nacido en las laderas de Medellín y que solo conocíamos en Colombia.

Finalmente, después de mucho preguntar, encontré un librero callejero a quien le comenté mis vicisitudes, y me dijo que, si bien él no conocía al tal Huizinga, si tenía varios libros en inglés de un historiador muy famoso y buscado por los turistas que se llamaba "Jauzinjá". Escarbó debajo de la mesa, y de repente, ahí estaban los libros que tanto había buscado. En ese momento comprendí dos cosas: que en holandés no se dice "uisinga", y que yo podía ser un verdadero majadero en varios idiomas.

IV

Algunos filólogos norteamericanos han llegado a la conclusión de que los griegos de la época homérica no tenían una palabra para el azul, según ellos, ni en la Ilíada ni en la Odisea se utiliza la palabra griega para este color. Los neurofisiólogos, a su vez, creen que, al no haber nombrado dicho color, los griegos de aquella época no tenían la percepción de este, y que probablemente veían el arco iris con un color de menos. Esto es lo que pasa cuando uno se pone a pensar qué sería de nosotros si Shakespeare y Cervantes, los dos fulanos que murieron casi el mismo día hace 400 años, nunca hubieran existido. Ellos en buena medida forjaron nuestra visión del mundo y nuestra manera de entender el género humano, sin ellos no se habrían forjado ni la novela ni el drama modernos, sin ellos no existirían ni el melodrama, ni el culebrón, ni el cine como los conocemos, sin ellos no habría habido ni Chaplin, ni Cantinflas, ni Lawrence Olivier, ni Orson Welles. Sin ellos, nuestra vida sería más gris. ¿Como decirlo?, sin ellos nuestro arco iris tendría dos colores menos.

V

Algunos podrían pensar que lo que cuento aquí no es necesariamente cierto, pero unas memorias tienen que ver con los hechos como uno los recuerda, no con los hechos como sucedieron realmente.

***

Durante años, la prensa mostraba una serie de encuestas en las que los colombianos figuraban como los más felices del mundo. Por supuesto, los colombianos no podían ser los más felices del mundo, sino solo los más conformistas al responder la encuesta.

***

Durante la pandemia de gripe de 2012, como el Instituto Nacional de Salud no tenía infraestructura suficiente para hacer las pruebas a todos los casos sospechosos, el Gobierno creó la categoría de "probablemente enfermo". A los que morían, los declaraban "probablemente muertos".

***

Entre las certezas y las dudas, prefiero las dudas, al fin y al cabo, nadie ha ido a la guerra en nombre de una duda, nadie ha quemado herejes y brujas en nombre de una duda, nadie se ha hecho volar en pedazos en nombre de una duda, nadie paga diezmos en nombre de una duda.

DEL EMPIRISMO

I

Guillermo de Ockham es considerado por muchos como el padre del empirismo. Al contrario de Santo Tomás de Aquino, Ockham creía que Dios estaba por encima de la razón humana y, por ende, no se le podía conocer por la razón, solo por la fe, ya que su existencia era indemostrable. En otras palabras, pensaba que la teología era una pérdida de tiempo.

Pero tal vez, su aporte más importante al método científico fue la formulación del principio de la navaja de Ockham, según el cual en condiciones idénticas la explicación más simple o con menos pasos causales es la más probable. Este principio, resultó fundamental para abandonar el pensamiento mágico, los prejuicios y la superstición. Durante los juicios de brujería, por ejemplo, si dos testigos afirmaban que una persona había estado en dos lugares al mismo tiempo, el juez asumía que esto era prueba de brujería por parte de la acusada, pero de haber usado la navaja de Ockham, el juez habría debido concluir que uno de los testigos estaba mintiendo. La navaja de Ockham les habría salvado la vida a millones de mujeres durante la gran cacería de brujas de los siglos XVI y XVII, pero por supuesto esto habría arruinado toda la diversión del populacho y las ganancias de los jueces católicos y protestantes que inundaron de hogueras la Europa de la primera modernidad.

La navaja de Ockham también es útil para tratar de evitar ser un idiota clasista. La Universidad donde estudié quedaba en los cerros de la ciudad, cerca de algunos barrios populares como los Laches y Egipto. Para llegar y salir de la universidad en carro había que atravesar una carretera de montaña sinuosa y peligrosa, que los estudiantes tomaban a toda velocidad. Cierta vez un estudiante, célebre por ser un juerguista incorregible, y por largar carreras completamente borracho en horas de la noche, agarró su carro en la más plena ebriedad cerca de la noche, tomó la carretera y terminó muerto y despeñado a unos pocos kilómetros de la universidad. La explicación más probable para su muerte era bastante sencilla, este distinguido miembro de la comunidad, completamente alicorado y a toda velocidad, había perdido el control de su carro en aquella carretera traicionera y se había precipitado por un peñasco, punto. Pero la navaja de Ockham no es muy popular cuando uno está cegado por el prejuicio; familiares y amigos del difunto, crearon una teoría de su muerte que tenía los siguientes pasos lógicos: los habitantes que rodean la universidad son pobres, como son pobres son resentidos, como son resentidos odian a la gente con carro, como odian a la gente con carro les gusta tirarles piedras a los carros, como les gusta tirarles piedras a los carros le tiraron piedras al carro del difunto, razón por la cual no importaba que estuviera caído de la borrachera, si perdió el control fue por culpa de las piedras que le tiraron los pobres. Como consecuencia de este brillante razonamiento, los familiares y amigos del muerto empezaron una campaña para mejorar la seguridad en los barrios aledaños, en lugar de iniciar una campaña en contra de beber y conducir.

II

En realidad, Guillermo de Ockham no es muy popular en nuestras vidas, Sandra del Pilar Castro, una compañera de trabajo en un banco, creía que estaba predestinada a participar en un milagro. De la noche a la mañana había pasado de una completa indiferencia religiosa a convertirse en una católica ferviente, involucrándose en un grupo mariano que se reunía en una casa grande por el parque de Alcalá, que poco a poco se había convertido en un pequeño anfiteatro, y en el cual la Virgen se manifestaba misteriosamente todos los miércoles a las nueve de la noche, en una muestra fehaciente de que, la virgen no solo era una madre amorosa, sino puntual.

Con fervor de conversa, Sandra del Pilar Castro no se contentaba solo con un acercamiento intelectual a la religión, sino que fiel a nuestra herencia hispánica, ella necesitaba algo más visceral y melodramático, algo que se pareciera a los éxtasis de Santa Teresa de Ávila o de San Juan de la Cruz, más de cuatrocientos años atrás. El acontecimiento dramático que la condujo al entramado barroco que tanto estaba buscando, llegó en la forma de un brote encarnado y tupido que le invadió la cara una mañana dándole una configuración monstruosa, acompañado de una insoportable piquiña en todo el cuerpo. Su transformación en esa masa sanguínea fue tan brutalmente rápida, que los que la vimos no pudimos disimular nuestra impresión y nuestro desconcierto.

Después nos enteramos de que ella había sufrido una reacción alérgica a las fresas. Cualquier otra persona se habría bastado con esta explicación clínica banal, pero Sandra del Pilar Castro andaba buscando una explicación escatológica, que iba forzosamente a encontrar en todos los sentidos de la palabra, detrás de este acontecimiento tan pueril. Esa misma noche, su madre le entregó un laxante, ella se sentó a la mesa del comedor, leyó las indicaciones en la etiqueta del frasco, y se tomó una dosis doble del laxante, puso la Biblia en la mesa, y empezó a alternar su lectura con la recitación de una serie de oraciones marianas. En pocos minutos sintió el primer retortijón, un ardor indescriptible le asaltó en el estómago, le recorrió los intestinos de manera instantánea, y la mandó directamente al baño, donde estuvo padeciendo por un largo rato, que aprovechó cuanto pudo para leer la Biblia. Al terminar el asalto inmisericorde de la diarrea, Sandra del Pilar acusó una fatiga enorme, se quedó unos segundos contemplando las baldosas del baño, mientras sus ojos jugaban con la simetría de los azulejos. Luego de un rato, se sintió un poco descansada. Puso la Biblia abierta a la orilla del lavamanos. Se puso de pie, se subió los pantalones, y mientras se lavaba las manos, comprobó en el espejo que el brote infernal se había ido. Casi sin creerlo, ciega de la dicha, cerró la llave del agua, y se dispuso a coger nuevamente la Biblia, cuando observó que una gota de agua había salpicado justo el versículo 5 del Salmo 76: "Tu eres glorioso, oh, ¡Dios! ¡Eres más grandioso que las montañas eternas!" Atónita ante la transformación milagrosa de su apariencia, sorprendida por el fenómeno extraordinario de la gota en el versículo, Sandra del Pilar Castro, que no conocía nada de Guillermo de Ockham, concluyó sin albergar ninguna duda que el milagro había sido operado, no por la dosis doble de laxante que la había desintoxicado, sino por la palabra de Dios, y por la intercesión de su dulcísima madre.

Al día siguiente, Sandra del Pilar, tan inmaculado el rostro como la concepción de nuestra venerada madre la virgen María, corrió a contarnos la manera milagrosa como había operado su transformación física y espiritual, por la gracia de Dios y la intercesión de María Santísima. En medio de mi estupefacción ante la falta de rigurosidad de sus conclusiones, le dije pausadamente:

-Sandra, no quisiera bajarte de tu nube mística, pero a mí me parece que ahí no operó ningún milagro, simplemente fue un laxante haciendo efecto.

Sandra del Pilar Castro me miró con reprobación como si acabara de decir la mayor de las estupideces.

-El que tenga oídos que oiga, la voz de Dios y la Virgen purísima no es para los incrédulos.

Yo solo atine a decir:

-Sandrita, yo no soy muy creyente y tampoco sé mucho de teología, pero tengo la impresión de que ni Dios ni su purísima madre tienen voz de pedo.

III

La primera juventud es un período perfecto para el empirismo, nadie puede llegar a la edad adulta sin intentar poner a prueba los prejuicios o las leyendas que oyó de sus mayores. La primera máxima que pusimos a prueba era la que decía que no se podían comer patilla y licor el mismo día, porque esto podría ocasionar que la patilla sufriera una reacción química que la convirtiera en cianuro. Así que nos sentamos una tarde con unos amigos a tomar aguardiente y bajarlo con trozos de patilla y descubrimos que no estábamos muriendo. De hecho, al día siguiente ni siquiera me dio un poquito de guayabo.

Por supuesto, la inquietud científica no podía terminar ahí, no creo que nada sea tan tentadoramente objeto de investigación empírica como la leyenda colombiana de que, si una pareja tiene sexo en viernes santo, fatalmente o se vuelven pescados o se quedan pegados. Todavía no entiendo por qué, si todos hemos tenido evidencia empírica en contrario, la gente sigue proclamando esta superstición.

El viernes santo en Colombia está lleno de rituales y comportamientos, que generalmente difieren de casa en casa. Por ejemplo, en casa de una novia, el jueves y el viernes santos eran días de abundancia culinaria, en los que se comía y se seguía comiendo y hablando durante horas. Sin embargo, el viernes, la celebración social no estaba acompañada por música sino por el sermón de las siete palabras, que generalmente sonaba en la radio, leída por algún cura u obispo. De todas las siete palabras, la que más gustaba en esa casa era la de "tengo sed", porque a eso de las dos de la tarde del viernes santo, ya había varias botellas de vodka y de vino vacías, y yo por lo menos solía estar bastante contento.

Pero no todas las celebraciones de viernes santo suelen ser tan razonables. En la casa de otra novia, la costumbre era diametralmente opuesta. El viernes a las 3 de la tarde toda la familia se sentaba en la sala y se quedaban inmóviles y callados por 10 o 15 minutos. Yo que siempre soy un yerno obediente, los acompañaba en ese ritual forzado que me hacía acordar de cuando éramos niños y mi mamá nos ponía a jugar congelados para tenernos quietos durante un rato. La primera vez que participé de esta ceremonia, no pude resistirme a preguntar por qué y mi suegra me contestó que hacía mil novecientos y tantos años, justo a esa misma hora había muerto Jesús. Por supuesto no perdí de vista que mi suegra estaba pasando por alto que la pascua judía y el viernes santo están sometidos al régimen lunar, que además no necesariamente coinciden el mismo año y que cada año se celebran en una fecha distinta, así que el aniversario de la muerte de Jesús no tendría por qué coincidir con el viernes santo de cada año, pero como me gustaba salir con la hija, yo no articulaba palabra ante esa pretensión de exactitud histórica milimétrica, y me quedaba allí en actitud estática y silente durante esos quince minutos eternos justo a la supuesta hora de la muerte de Jesús, mientras me mordía los labios porque sabía que de hacerles caer en cuenta que a esa hora en Jerusalén ya eran las 11 de la noche, y Jesús llevaba ocho horas de muerto, tal vez podría terminar con el candor un tanto majadero de mi suegra.

IV

Lo bueno de la esperanza es que nunca decepciona a nadie. Al principio, les da una ilusión a los optimistas, y cuando no se cumple, les da la razón a los pesimistas.

DE LA IDENTIDAD

I

Antes de venir aquí, nunca habíamos cocinado. Aquí aprendimos a hacerlo como familia, desarrollamos nuestros propios sabores, y nuestra propia idiosincrasia en la mesa, así que la comida no nos genera mucha nostalgia. De hecho, después de viejo conocí el placer de crear sabores, de deleitarme al imaginar el resultado y ver los ojos satisfechos de mi esposa y mis hijas cuando prueban lo que cocino.

Hace unas semanas vino mi suegra de visita y trajo a colación uno de los problemas filosóficos más importantes en la cocina popular colombiana: la sustancia. Su mayor preocupación era que a nuestra comida le hacía falta sustancia. Entre la mayoría de las mamás y abuelas colombianas es muy importante que la comida tenga sustancia. Aprendí con Mafalda que realmente no tiene mucha importancia que los niños se tomen la sopa, porque normalmente son principalmente agua.

-No mis sopas. Solía decir mi suegra. Las mías tienen mucha sustancia.

Algunas madres colombianas almacenan un caldo bastante espeso y dicen cosas como:

-Acabo de separar la sustancia.

Algunas incluso atesoran la sustancia durante días. Pero, para ser justos, la sustancia es esencialmente un caldo lleno de grasa. Ese culto por la grasa tiene sentido histórico en la medida en que se origina en nuestros ancestros campesinos que gastaban enormes cantidades de energía y muchas veces tenían deficiencias alimentarias que tenían que compensar con grasa, pero, a decir verdad, en mi pequeña familia hemos perdido el gusto por la grasa en el caldo.

La idea de darle sustancia a la sopa o al arroz con pollo, irremediablemente me hace pensar en Tomás de Aquino, el sabio dominico que cristianizó a Aristóteles. La idea de que en todas las cosas concurrían materia y forma sustancial, o materia y sustancia, atraviesa en buena medida la concepción del mundo a fines del medioevo y principios de la modernidad. Con el hilemorfismo aristotélico, Tomás de Aquino es capaz de explicar la dualidad entre cuerpo (materia) y alma (sustancia), o de explicar por qué en la misa el pan deja de ser pan y se convierte en cuerpo de Cristo, como quiera que la forma o sustancia de Jesús entra en el pan durante la consagración.

Esta narrativa tomista tuvo importantes efectos en la alquimia, ya que, si la esencia de las cosas no está en la materia, sino separada de ella, alguien podía tomar un material cualquiera como el plomo y convertirlo en oro, si lograba aplicarle la sustancia correcta a esa materia vulgar. No es casual que en el proceso industrial hablemos de materia prima y de producto terminado, como si en la mitad del camino alguien le hubiera aplicado la correspondiente sustancia.

También afectó la concepción de artes como la perfumería, ya que los olores fueron identificados como la sustancia de las materias que emitían el olor, por eso aun hoy en día cuando hablamos de perfumes, decimos que son esencias, y por eso, no falta el que venda, por cifras desproporcionadas, agüitas aromatizadas que tienen el supuesto poder curativo de las esencias florales. En la película 'Scent of a woman' (pobremente traducida como 'Perfume de mujer'), Al Pacino baila tango con una mujer hermosísima que en la escena termina deshumanizada en la medida en que lo único que le interesa al protagonista es su olor, es decir, su esencia, su sustancia separada del cuerpo que baila.

La separación radical entre cuerpo y alma implica que el cuerpo sea objeto de desprecio, sobre todo el cuerpo femenino, y que la muerte y no la vida sea el momento culminante en el desarrollo del alma humana. Cuando Baruch Spinoza declaró que la división entre materia y sustancia no tenía sentido y que, por ende, el alma no tenía vida más allá del cuerpo, fue expulsado de la comunidad judía de Ámsterdam por ateísmo, lo mismo le sucedió a Galileo frente a la iglesia católica cuando puso en duda el hilemorfismo tomista y con ello, el dogma de la transubstanciación que implicaba la idea de que el pan pudiera convertirse en cuerpo de Cristo.

En todo eso pienso cuando mi suegra dice que le va a poner sustancia a la sopa o al arroz con pollo. ¿Acaso la sopa no era sopa, antes de que le pusieran sustancia? ¿Acaso antes de la sustancia, el arroz con pollo no era nada más que materia primera? ¿Qué pasa con la sopa si me la tomo sin sustancia? ¿Quedo con hambre? ¿Si desayuno sopa sin sustancia significa que estoy en ayunas? La respuesta podría ser que la sopa sin sustancia podría ser cualquier cosa, incluso un lingote de oro, si un buen alquimista fuera capaz de aplicarle la correcta sustancia.

II

Se supone que el cuerpo humano reemplaza el 95% de sus células cada cinco años. Esto plantea un problema aristotélico profundo, y es el asunto de la identidad. Es decir, si los trillones de seres celulares que me componen no son los mismos hoy que hace cinco años, ¿cómo puedo estar seguro de que yo soy el mismo de hace cinco años? Evidentemente, yo no soy el mismo, he perdido mi identidad. Y si el yo de hoy es distinto del yo de hace cinco años, significa que mi esposa no está teniendo sexo con el mismo hombre con el que se casó, lo cual quiere decir que mi esposa me está poniendo los cuernos conmigo mismo. El problema es que mi esposa tampoco es la misma que se casó conmigo, porque sus células también se han reemplazado casi por completo, así que en realidad no solo yo no soy yo, sino que ella tampoco es ella, así que en realidad nosotros no venimos siendo nada el uno del otro.

Es decir, no solamente no me puedo bañar dos veces en el mismo río, sino que la segunda vez ya ni siquiera soy el mismo que se bañó la primera vez. En últimas, nosotros mismos somos el río de Heráclito. Es más, cuando terminó de decir lo que dijo, Heráclito ya no era Heráclito.

De alguna forma, acaso para no caer en la locura, el cerebro se las arregla para hacernos creer que la identidad existe, que seguimos siendo los mismos, mientras nos transformamos en otro. Ante esa transformación imperceptible los que nos amamos hoy no somos los mismos que se amaban hace tiempo, aunque respondamos a los mismos nombres y carguemos los recuerdos de esos otros ('Nosotros los de entonces, ya no somos los mismos', dijo Neruda). Eso tiene una importancia menor en el caso de un matrimonio, al fin y al cabo, si siguen casados los que siguen casados será porque se sienten mejor juntos que de otra manera. Pero ¿qué sucede en los países donde se ejecuta a un homicida veinte años después del crimen, y los verdugos descubren que el condenado ha cambiado tanto que hace mucho tiempo ha dejado de ser el asesino?

Esa supresión paulatina de la identidad es inevitable, pero a la vez convierte a la identidad en una ilusión independiente de mi cuerpo, porque mi cerebro simplemente se engaña a sí mismo contra toda evidencia. Si ello es así, entonces no necesito de mi cuerpo para tener la ilusión de ser el mismo individuo, y así los cineastas juegan con esta ilusión de la identidad que no coincide con la individualidad. Por ejemplo, en la película 'El sexto día', un clonado Arnold Schwarzenegger descubre con horror que no necesitan de él, de su específica individualidad, para que ese mismo individuo exista. Así que ve a un otro sí mismo, que en realidad es otro, a través de la ventana desde el jardín de su propia casa, que también es la casa de ese otro, que ni siquiera es consciente de que es el otro, por lo que nos queda la duda de si el uno que está fuera de la casa es de verdad el uno y no es el otro, y que tal vez ninguno de los dos es el uno, sino que los dos son otro, porque quizás el uno original ya se encuentra en otra parte.

En 'El dormilón' de Woody Allen, esa paradoja va más allá, cuando los funcionarios del régimen deciden clonar al dictador, usando el lóbulo de su oreja, y entonces ese cartílago inerte se convierte en un potencial tirano que a la vez ya existió, pero todavía no existe, y es a la vez el déspota que ya no es, y el déspota que lo reemplazará, pero aún no ha sido. Ahí es donde la clonación de la ficción encuentra su profundo sinsentido para el clonado, porque qué valor puede tener que me reemplace un clon, si ese nuevo yo es idéntico en todo a mí, excepto en el hecho de que ese nuevo yo no soy yo. En otras palabras: ¿de qué me sirve que mi clon viaje a conocer las cataratas de Iguazú, si yo me quedo en casa?

Desafortunadamente, en la vida real, esta supresión paulatina de la identidad tiene lugar en circunstancias bastante menos fotogénicas, como en el caso del cáncer cuando ese otro yo que surge de la constante transformación celular derrota al primer yo y en lugar de reemplazarlo como sucedió tantas veces a lo largo de su vida, simplemente lo asesina.

Probablemente la más cruel supresión de la identidad sucede en el caso del Alzheimer, en el cual el cerebro ya no puede sostener la farsa de la identidad y simplemente se diluye lenta, penosa, pastosamente. Los abogados, al igual que los médicos, somos testigos de todo el espectro que puede tener el comportamiento y el corazón humano. He sido testigo de lo que puede afectar esta discapacidad a la pareja y a los hijos. Y no es solamente la incapacidad del enfermo para reconocer a los suyos, es también el cambio en la personalidad, cuando la afectación del cerebro hace que a veces, el padre amoroso se vuelva un patán, por ejemplo. Entonces viene la pregunta que también se ha planteado cuando hay daño cerebral por accidentes, y es saber cuál es la verdadera identidad de la víctima: ¿la primera o la segunda? Y si se es una persona religiosa, también debería pensar: ¿qué pasa con el alma del enfermo?, ¿cuál es la verdadera alma, la de antes o la de después?, ¿qué fue del alma bondadosa, que ahora no aparece?

En la comedia 'His Folks' (Cómo sobrevivir a la familia), Don Ameche, al descubrir que tiene Alzheimer, decide suicidarse para no ser una carga para su hijo, finalmente, después de muchas peripecias, no logra cumplir su cometido y pasa el resto de su vida bajo el cuidado de su hijo, interpretado por Tom Selleck. A pesar del final un poco dulzarrón de la película, la verdad es que, la película plantea una pregunta filosófica legítima:

¿Acaso no es preferible acabar con mi identidad por mi propia voluntad, con la actitud estoica de quien ejerce de manera soberana su propia libertad, que dejar que mi cerebro cada vez más espongiforme la desdibuje hasta el extremo de que mis hijos ya no puedan reconocerme en mi propia conducta?

Mi abuela Teresa, que en realidad era mi tía abuela, no tuvo el final apacible y silencioso de mi abuela Lola. Durante meses y años, su salud mental se fue deteriorando a tal punto que su cuerpo se fue quedando tieso sin que hubiera una razón muscular para ello, y llegó un momento en que no podía reconocer a nadie, y se encontraba en un limbo incomprensible, del que no podía decirse ni saberse nada. En sus últimos días cuando ya estaba en un hospital esperando la muerte, mi mamá me decía que tenía que despedirme, pero yo no sabía de quién despedirme, si para mí, su identidad ya se había disuelto, si su cerebro la había traicionado hacia tanto tiempo que, para mí, mi abuela Teresa había muerto años atrás, solo que nadie había querido reconocerlo. Entonces, yo era incapaz de ver lo que los demás parecían ver en ese cuerpo, ellos veían a su madre, a su abuela, a su tía, y yo no podía ver nada.

Algo parecido me pasó con mi papá cuando cayó en un delirio profundo en sus últimos meses, del que solo salió unas pocas horas para comer helado por última vez con mi hermanita. Yo ya no podía verlo, y me sentía tan majadero por no poder reconocer a mi papá en ese moribundo incapaz de alguna respuesta, que tal vez no lo amaba lo suficiente para poder hacerlo. ¿Hacia dónde van las almas de los que se han ido, pero todavía no se han muerto? podría uno preguntarse. Pero es una pregunta inútil, porque sé, como Spinoza, que las almas no van a ninguna parte, ni antes, ni después de la muerte, porque están irremediablemente atadas al cuerpo cambiante que tarde o temprano va a matarlas.

DE LA INSIGNIFICANCIA O DE LA TRASCENDENCIA

I

Hace unos 2 millones de años, un cambio climático convirtió las selvas del sur de África en sabanas semiáridas, y obligó a nuestros antepasados a bajar de los árboles, a caminar erguidos y a comer carne, y las tres cosas hicieron que nuestro cerebro creciera más de la cuenta. Hace 60 mil años, otro cambio climático estuvo a punto de extinguirnos; éramos tan pocos, que todos los seres humanos actuales descendemos de la misma mujer. Parece seguro que un cambio climático, tarde o temprano nos va a extinguir, como les ha pasado a tantas otras especies. El clima nos trajo, y el clima nos va a llevar. Cuando llegamos, los tiburones y los cocodrilos llevaban más de 60 millones de años sobre la Tierra, y seguramente nos sobrevivirán otros 60. En el fondo, no somos más que un fenómeno climático pasajero, meteoros con ínfulas de venidos a más, como un ventarrón que hace mucho ruido y de repente se va.

II

La vida es como un tren que te gusta pero que no va a ninguna parte. En cualquier momento te pueden bajar de él sin ningún motivo, no importa si te has esforzado, o si haces el viaje más agradable para los que van en tu mismo vagón, o si alguien depende de ti, igual te van a bajar. A algunos los bajan agradablemente, pero a otros prefieren dejarlos colgando sobre las vías varios kilómetros, para que la bajada sea memorablemente cruenta. Esto hace que, en sentido estricto, la vida como hecho biológico y como hecho moral, no tenga ningún sentido. Lo anterior lleva a muchos a tratar de encontrarle un sentido trascendente filosófico o religioso, y se consuelan pensando que, al bajar del tren, por lo menos seguirán en el vagón sus maletas, o que caerán en un tren mejor del que nunca los van a sacar. Pero esto tampoco tiene mucho sentido, ni siquiera para los que se quedan en el tren. La verdad es que la vida no tiene sentido en si misma, solo tiene aquél que somos capaces de otorgarle nosotros, a través de nuestra capacidad para ser felices y hacer felices a los que amamos. Por eso me gustó, que los que conocieron a mi papá lo recordaran con una sonrisa. Probablemente esos recuerdos agradables que dejamos en los otros sean lo más cerca de la eternidad que podamos llegar.

III

Cuando leí por primera vez 'El Extranjero' de Camus yo tenía 15 años, y lo que más me impresionó fue el hecho de que Meursault no lloró en el funeral de su madre. La parte final del juicio es dominada por el reproche que se le hace por su depravada indiferencia. Esos reproches a Meursault me afectaron particularmente, porque mi abuela paterna acababa de morir y yo no había podido llorar, y tenía el temor de que fuera víctima de su misma depravada indiferencia, al fin y al cabo, ese es uno de los grandes dramas de los adolescentes, creer que son los únicos que experimentan lo que sienten y que son una especie de bicho raro y depravado.

Ese temor de sufrir la misma indiferencia de Meursault me ha acompañado siempre, por eso, cuando mi abuela murió y finalmente me derrumbó el llanto en su sepelio, en medio de mi tristeza sentí un profundo alivio, porque pensé finalmente que tal vez no era el vicioso personaje de Camus. No obstante, con el paso de los años, comprendí que no podía esperar de mí la misma reacción en los entierros que se podía esperar de otra gente. Desde entonces, he asistido a varios funerales, aunque últimamente procuro ir a menos, en ellos he estado más o menos triste, pero nunca he vuelto a llorar. Cuando murió Josefina Gómez, por ejemplo, estaba muy triste, pero el miedo era más fuerte que mi tristeza. Cuando murió mi papá, sentía tristeza sobre todo por mi hermanita, pero en general sentía una profunda inconformidad con el cosmos, parecía que en los meses de su agonía se había concentrado toda la irracionalidad de la existencia humana. Mi papá soportó tanto dolor, se dejó torturar tanto a cambio de tan poco, que me encontraba por fuera de toda comprensión, acaso haya sido un héroe por afrontar semejante tormento solo por unos días más con mi pequeña hermana.

Hace un par de años, murió mi prima Myriam. La primera vez que creímos que moriría fue en 1977, cuando en sus tempranos veintes le encontraron un cáncer linfático, en una época en la que ese diagnóstico casi siempre significaba la muerte. Aún recuerdo a mi abuela llorando todos los días. Myriam no trabajaba y mis papás decidieron llevarla a Cartagena con nosotros a despedirse del mar y de la playa. Aun la recuerdo, tomando baños de mar, mientras se cubría la piel del sol y jugueteaba con nosotros. Pero Myrian no murió, sobrevivió para tener una hija y criarla y verla crecer. Sin embargo, veinte años después del primer cáncer, la volvieron a diagnosticar, esta vez con cáncer de seno. La primera vez fue algo tan dramático que en esta segunda yo sentí que no corría ningún riesgo, lo cual era un alivio, porque su hija era una niña pequeña, y en esa época mis tíos abuelos, ya eran una pareja de viejos. Nuevamente pudo lidiar con el cáncer y siguió adelante. Sin embargo, Myriam tenía una debilidad: le gustaban los pájaros. Durante su infancia, en la casa grande de los padres había tenido pájaros en el patio, pero cuando murió mi tío abuelo y ella se cambió con mi abuela Teresa para un apartamento, los pájaros se acomodaron en el cuarto de lavado. Los pájaros en ese espacio cerrado resultaron letales para Myriam, y por cuenta del excremento que se pulverizaba y volaba por los aires, Myriam se fue enfermando poco a poco, hasta que, hace unos años la diagnosticaron con enfermedad pulmonar obstructiva crónica EPOC. Poco a poco las vías respiratorias se le fueron cerrando, hasta que finalmente, después de algunos años, simplemente se apagó paulatinamente, como la vela bajo la escafandra en nuestras clases de física que se consumía poco a poco, a medida que iba desapareciendo el oxígeno. Cuando Myriam murió yo estaba de viaje, haciendo entrenamiento para Procolombia, al sur del país, en Pitalito, y sin la más mínima posibilidad de cancelar las conferencias para volver a tiempo.

Recuerdo que cuando mi mamá me llamó a contarme que Myriam había muerto, hablamos de que no la había podido matar el cáncer y la había matado la cagada de un pájaro. Así que me volví a acordar de Camus, pero esta vez por 'El mito de Sísifo', entonces sentí todo el peso de la enorme roca que simbolizaba el absurdo sobre los hombros del héroe y le dije a mi mamá a través del teléfono:

-¿En serio mamá? ¿De verdad, eso fue todo?

IV

El domingo pasado estaba con mis hijas paseando dentro de la Catedral de San Martín, en Utrecht. De repente, las dos se quedaron mirando las lápidas del piso, algunas en mármol negro. Así que les conté como los notables de las ciudades eran enterrados en las iglesias, y los pobres eran enterrados en fosas sin nombre. En algunos lugares de Europa, los clérigos convertían el enterramiento en un negocio, y había iglesias cuyo olor era insoportable, debido a la cantidad de muertos en descomposición que se encontraban en las criptas o directamente bajo las baldosas de las naves. La idea de que estábamos pisando sobre antiguas tumbas les fascinó y empezaron a tratar de distinguir los nombres, pero la gran mayoría de ellos estaban borrados. La gente había pisado tantas veces esas lozas durante los siglos, que a duras penas quedaban trazas de las inscripciones. Así que ellas se divertían tratando de identificar lo que quedara de algún nombre o de alguna fecha. A duras penas pudimos distinguir un par de cifras, o el contorno de algún escudo.

No sé qué habrán pensado ellas, quizás se hicieron alguna reflexión acerca de la vanidad de esos seres humanos que gastaron fortunas para estar enterrados allí con la esperanza de no ser olvidados y hoy no son más que osamentas cubiertas por una lápida borrada. Yo, en cambio, pensé en nuestra vanidad política, en cómo crecimos pensando que nuestras libertades de verdad eran nuestras y que estaban inscritas en piedra, pero después de tantas veces que han sido pisoteadas, corren el peligro de desvanecerse si no las seguimos escribiendo cada día, en cada generación. Al fin y al cabo, la libertad es tan precaria como la vida

V

No es que los hijos le den sentido a nuestra vida, sino que la ocupan de una manera tan amplia, que no nos dejan tiempo para recordar que la vida no tiene sentido.

***

En 1924, Alfonsina Strada se convirtió en la única mujer que ha corrido el Giro de Italia, para lo cual se hizo pasar por hombre, durante la inscripción. Una vez descubierto su secreto, los organizadores permitieron su participación; estaba en el puesto 50 cuando se salió de la carretera hacia un abismo, y debido al retraso llegó fuera del límite de tiempo. Fue recordwoman de la hora durante más de 20 años, y ganó varias carreras compitiendo contra hombres en Francia e Italia. Cuando se hizo mayor, había abandonado el ciclismo, pero seguía compitiendo en carreras de motocicletas. Murió de un infarto mientras corría en su motocicleta a los 68 años. Así debería ser siempre, morir como se ha vivido.

***

A las personas que no nos arrebata la muerte, forzosamente nos las arrebata la vida.

***

Nietzsche decretó la muerte de Dios bastantes años antes de que Dios decretara la muerte de Nietzsche: ha sido el único que tuvo el buen juicio de adelantársele, aunque al final, el resultado fuera el mismo.

***

No sé si entristecerme de saber que la vida no tiene sentido, o alegrarme por estar en lo cierto.

DEL TIEMPO

I

En la Montaña Mágica, mientras Hans Castorp va de camino al sanatorio, Thomas Mann hace una serie de reflexiones acerca de la naturaleza del tiempo. Para cuando escribió la novela, los seres humanos acababan de descubrir la relatividad del tiempo en la Física. Pero el viaje de Hans Castorp le sirve para descubrir la relatividad del tiempo en el mundo filosófico. Así, el tiempo que pasamos viajando o el tiempo que ocupamos aprehendiendo el mundo o conociéndonos a nosotros mismos, si bien es cierto parece transcurrir más rápido, en realidad tiende a volverse infinito. El tiempo que colmamos de sentido se llena de recuerdos trascendentes y parece mucho más largo de lo que ha sido, por eso, cuando volvemos de un viaje de tres semanas parece que hubiéramos estado fuera durante un año. Pero lo contrario también es cierto, el tiempo que pasamos superfluamente, termina vaciado de sentidos y recuerdos, y entonces, muchos años pueden terminar reducidos a un recuerdo muy corto. Esa es la imagen que tengo del cambio de siglo. Tengo que hacer un enorme esfuerzo para vislumbrar algún recuerdo de los cinco años que pasé con Luisa: en mi memoria, no parecen más que una misma parranda larga y feliz, desprovista de sentido.

En cambio, ese largo año 2003 cuando me divorcié es, en realidad, una canasta insondable repleta de recuerdos de esa jornada inefable que representaron mis días al lado de Marcela Peláez. Ese prolongado año que recorrimos juntos fue el interminable viaje de regreso a mí mismo. Ese fue el año en el que almorzamos juntos todos los días, el año en el que cada casa, cada edificio, cada calzada, cada centímetro que caminamos por las empinadas calles del centro, adquirió un sentido inefable en mi recuerdo. Esos fueron los días en que ella me llevaba de la mano y yo la seguía con los pasos apurados de un niño. Ese fue el año en que ella me hablaba de sus sueños, y yo mientras tanto la encontraba en los museos, la reconocía en cada friso, en cada arco, en cada dintel, en cada piedra de ese pequeño enclave centenario. Durante meses la busqué todos los días, y todos los días la encontré, aun aquellas veces en que no pudimos vernos, porque en realidad ella era mi guía de camino a mis adentros. Claro que estaba enamorado de ella, pero además estaba enamorado del yo que yo era cuando estaba con ella. Ella me dio el más grande regalo que alguien podía darme, me desveló el ser humano que yo quería ser por el resto de mi vida.

Mis recuerdos de Marcela Peláez son abigarrados y complejos, están llenos de pinturas y de versos, de sabores y de ensueños, forman parte del largo camino al tiempo infinito que buscaba Hans Castorp en su viaje al sanatorio del

Berghof. Por eso mis memorias no se han disuelto, por eso recuerdo las comisuras de sus labios, las curvaturas rizadas de su pelo, sus palabras y sus gestos. Así de fructíferos fueron mis días con Marcela Peláez, así de afanosos y de buenos. Marcela Peláez nunca me dio un beso, nunca me dio nada más que un fugaz abrazo, y si alguna vez pensó en que hubiera un nosotros, nunca me dio la más pequeña señal y, sin embargo, ella es una de las mejores historias de amor que tengo que contar.

II

En Éfeso la casa de María es visita obligada. A pesar de que era una mujer muy pobre y su hijo Jesús no trabajó nada durante los tres últimos años de su vida, lo cierto es que María tiene por lo menos tres casas. Aunque como en los sitios donde están estas tres casas, se reivindica que se trata de la casa auténtica, podríamos decir que estas casas funcionan como la trinidad, es decir, tres casas distintas, pero solo una caseidad verdadera. Así que esta misma casa de Éfeso puede ser visitada en Loreto (Italia), donde los habitantes dan testimonio de que, la casa original de María fue tomada en hombros por los ángeles, quienes la transportaron desde el medio oriente y la depositaron allá. Y finalmente, esa misma casa se encuentra en Nazareth (Israel). Como puede verse, la casa de María tiene problemas para ajustarse a nuestra idea del espacio y de la identidad, según la cual una cosa no puede estar en dos lugares al mismo tiempo, pero eso no es problema para la cosmovisión cristiana, donde entre las pruebas de que una mujer era bruja estaban los testimonios divergentes de varias personas que la habían visto en diferentes lugares al mismo tiempo. Y hablando del tiempo, sucede que la casa de María tampoco se ajusta a nuestro concepto ordinario del tiempo. En efecto, la casa de María en Nazareth se encuentra en un pueblito que fue fundado un par de siglos después de la época de Jesús, aunque Jesús y María se las arreglaron para vivir en aquella aldea todavía sin construir.

Allí no terminan nuestros problemas con el continuum del espacio-tiempo, porque según la tradición local, la casa de María en Éfeso fue el lugar donde María habitó hasta que tuvo lugar la asunción de María en el siglo I, el problema es que según los padres de la Iglesia y la tradición eclesiástica, durante quince siglos no hubo asunción de María sino dormición, es decir la primera asunción de María no fue aceptada por la doctrina de la iglesia, sino hasta el siglo XVI, es decir que la primera asunción de María no ocurrió sino hasta mil quinientos años después de que ocurrió. Esta distinción entre dormición y asunción se puede apreciar en la diferencia que hay entre el arte gótico y el arte manierista o el barroco, mientras que, en la dormición gótica, la ejecución de la imagen es bastante aburrida, y todos los protagonistas parecen presas de una expresión hierática, en la asunción de Correggio que se encuentra en la cúpula de la catedral de Parma, hay tanta espectacularidad, movimiento y dramatismo como en una escena de la saga de Jason Bourne. Además de esta pequeña brecha de tiempo de quince siglos, el origen de la casa de María en Éfeso también desafía nuestra estúpida idea del tiempo lineal y el espacio geométrico, ya que tan solo apenas 1800 años después de que María viviera allí, a principios del siglo XIX, la beata Ana Catalina de Emmerich, quien, sobra decirlo, nunca estuvo en Éfeso, descubrió el lugar donde se encontraba la casa. Para comprobar la autenticidad de este descubrimiento y desmentir a los envidiosos y a los incrédulos que desconfiaban de su hallazgo, tenemos el mismo testimonio de Ana Catalina quien explica que el descubrimiento le fue revelado en sueños. Ana Catalina de Emmerich, como buena cronista, escribió unos diarios donde consignaba sus sueños: con base en este documento histórico de incalculable valor, un equipo de arqueólogos alemanes descubrió en 1891, la casa que hoy visitan los turistas. Como ya a estas alturas, lo que menos importa es la cronología, debe mencionarse que la casa en la que vivió María en el siglo I no fue construida sino apenas en el siglo V, y, en realidad, tampoco es una casa, sino más bien una pequeña iglesia consagrada a la Virgen. Los arqueólogos dedujeron científicamente que debajo de la iglesita debía haber una casa del siglo I, pero desafortunadamente, al hacer la excavación no encontraron trazas de ella. Como resultado de ello, el gobierno Otomano decidió superar este impasse académico aceptando por decreto la tradición de que allí había vivido la virgen, y declaró legítimo el lugar, usando como base el Concilio de Éfeso de 426, en virtud del cual se declaró dogma de la Iglesia que el apóstol Juan se había llevado a vivir consigo a María a la ciudad. Los obispos del siglo V que participaron del concilio, casi que habían sido testigos directos de tales hechos, porque apenas habían transcurrido 400 años desde el acontecimiento. Todo este procedimiento científico exhaustivo, me hace acordar de cuando llevaba a mis hijas a Sesquilé, el pueblo de mi abuela, y escogía al azar una casa cualquiera muy viejita en medio del campo, y siempre les decía:

-Yo creo que en esa casa debió nacer mi abuela.

III

Durante el siglo III de nuestra era, los grandes críticos latinos y griegos del cristianismo señalaban, entre otras cosas, que la doctrina cristiana carecía de originalidad ya que era la síntesis del culto de Mitra que tenía más de 2000 años, de las enseñanzas de Zoroastro, que vivió en el año 1000 a.c., y de las doctrinas de Sócrates y de los filósofos cínicos y estoicos que estuvieron de moda en el mundo greco romano desde el siglo IV a.c.

Los padres de la Iglesia, desbordados por las evidencias históricas y documentales, encontraron una manera ingeniosa de demostrar que los evangelios y las epístolas de Pablo, eran fruto de una verdad revelada por Dios a los cristianos a finales del siglo I, a pesar de que, durante los siglos anteriores a su composición, muchos grecolatinos y persas habían dicho lo mismo.

A este fenómeno lo llamaron presciencia. Según esta tesis, la existencia de textos y cultos precristianos con contenidos iguales a los del cristianismo no se debía a que éste los hubiera tomado prestado de aquéllos, sino a que los antiguos persas y griegos presintieron el mensaje revelado que Dios entregaría a los hombres varios siglos después.

Esto implica una peculiar manera de entender el tiempo, de modo que, aunque los antiguos nacieron antes que Jesús y que Pablo de Tarso, llegaron al conocimiento de las verdades evangélicas después, de modo que cuando sus opiniones o enseñanzas coincidían con el mensaje cristiano o paulino, en realidad lo que estaban haciendo era plagiándolo aun antes de haberlo conocido, como si la línea de tiempo de las ideas fuera diferente a la línea de tiempo de la historia, algo del tipo: 'sí, es cierto Jesús y Pablo nacieron después que Zoroastro y que Sócrates, pero sus ideas se les ocurrieron primero a aquéllos.'

Así que en la idea de presciencia de que hablaban los padres de la Iglesia, para referirse a las ideas cristianas anteriores a Cristo, hay un anacronismo conceptual que, a menos que se dé un salto de fe, no puede asimilarse, porque desde el punto de vista lógico y físico solo produce estupor. Ese mismo estupor fue el que llegué a sentir cuando me separé de mi segunda esposa. Porque cuando descubrí que ella me andaba poniendo los cuernos, lo más difícil de manejar fue entender las líneas de tiempo. Finalmente, pude comprender exactamente que los amables caballeros, con los que ella pasaba animadas veladas, habían estado en su vida mucho más tiempo del que yo había compartido con ella. Cuando me contaron que ella tenía un amante y decidí confrontarla, Luisa estaba tan involucrada sentimentalmente con él, que me contó todo sobre el señor Carlos (la forma respetuosa como yo lo llamaba): cómo habían sido novios en la adolescencia, cómo él la había dejado abandonada, cómo se habían vuelto a encontrar, cómo se encontraban a escondidas y cómo en ese momento estaba completamente enamorada. Desafortunadamente, lo que me habían contado terceras personas, no tenía nada que ver con el señor Carlos, sino con otro hombre llamado Jorge Mejía (no sé porque a él no tengo la buena educación de llamarlo don Jorge), quien era su amante habitual de muchos años antes de haberla conocido, y con quien se seguía viendo, algunas veces en nuestra propia casa. Fue en ese momento en que descubrí que yo era un anacronismo, una presencia anómala en la línea de tiempo. ¿Cómo podía hacerle un reclamo, si esos dos señores ya estaban allí cuando yo aparecí, si, a pesar de ser el marido, en realidad, el intruso y el recién llegado era yo? Es cierto, yo me había casado con ella, jurídicamente había llegado primero que ellos, pero materialmente ellos habían llegado antes; en un momento casi que sentí pena por ellos, porque si uno se pone a ver con atención, los cornudos eran ellos, no yo.

Había recibido tanta información en un lapso tan corto, que cuando ella terminó su confesión, yo lo único que atiné a decirle fue que no tenía ni idea de quién era el señor Carlos, porque las historias que me habían contado tenían todas que ver con Jorge Mejía. Entonces, ella me aclaró todo con una frase lapidaria:

-Por Jorge no te preocupes, que con él no es nada serio.

A lo que yo solo supe reponer:

-No sabes lo mucho que eso me tranquiliza.

IV

A muchos de mis amigos los papás les decían cosas como "estudie mucho para que pueda trabajar y tener mucha plata". Mi papá en cambio me decía, "estudie mucho para que pueda ganar lo suficiente para tener mucho tiempo". Esa visión hedonista del trabajo y del tiempo es contraria al sentido común capitalista donde lo importante es la acumulación del capital, y donde el tiempo solo es productivo cuando se transforma en dinero. En cambio, para mi papá, la verdad se encontraba en una cosmovisión contraria, el dinero solo es productivo cuando se transforma en tiempo, pero no en tiempo productivo, sino en tiempo libre. En la película '*In time*' con Justin Timberlake, la idea de que el dinero compra tiempo se torna en una distopia capitalista, cuando la posibilidad de vivir más allá de los 25 años depende de la capacidad que tiene cada quien de comprarle tiempo de vida a una enorme corporación que se ha apropiado del tiempo vital de las personas a través de la ingeniería genética. Esta película es en realidad una metáfora de lo que hace el capitalismo con los trabajadores, a los que no solo les roba el trabajo, sino que les quita el tiempo, el reloj en la fábrica o el reloj en la estación del tren, y luego los relojes perfectamente sincronizados de la realidad virtual y del mundo en línea, se convirtieron en un instrumento implacable para apropiarse del tiempo de los seres humanos. Porque ¿de qué le sirve al hombre ganar al mundo entero, si al final del día ha perdido su tiempo?

V

Hace 100 años, Einstein formuló su Teoría General de la Relatividad. Bueno, hace 100 años más o menos, depende de la velocidad del observador.

***

Los viejos también tienen todo su futuro por delante, lo que pasa es que es más
cortico.

***

A principios de 2013, las FARC dijeron que iban a firmar la paz en 6 meses,
pero que los 6 meses no habían empezado a correr, y tampoco sabían cuándo
empezaban (¡!). (...) No sé ustedes, pero yo creo que lo que jodió a este país, fue
haber visto tantas películas de Cantinflas.

***

Para Occidente, el tiempo es una flecha que siempre corre hacia adelante, aún
más, en la modernidad, el liberalismo y el marxismo, lo entendieron como un
ascenso de eterno progreso, es decir como una flecha ascendente. Por el
contrario, para algunas visiones orientales, el tiempo corre de forma circular,
como en el mito del eterno retorno que tanto fascinó a Nietzsche, aunque en
algunos casos uno podría pensar que se trata de un tiempo que corre en espiral.
Para Colombia, en cambio, el tiempo es una bicicleta estática que se quedó en
el siglo XIX.

DE LA LÓGICA FORMAL

I

Tenía un amigo judío que solía hacerse una pregunta legítima: si somos el pueblo elegido, ¿por qué Dios permitió la Shoah? Era la misma pregunta que se hacía mi primera esposa, pero, en otros términos. El papá de Fanny había muerto cuando ella tenía seis años, y constantemente se preguntaba: ¿si Dios es absolutamente bueno, por qué le había quitado a su papá, cuando más lo necesitaba? Ahora que soy padre, entiendo que no puede haber nada más atroz para un niño de seis años que perder a uno de sus padres. El monoteísmo conlleva en si mismo una inmoralidad irreductible, y es la de que un Dios infinitamente poderoso, pero a la vez infinitamente bueno, sea capaz de permitir el sufrimiento de las criaturas que dice amar. Esa paradoja insoluble estaba resuelta en el dualismo y en el politeísmo, porque el dolor y el mal y el sufrimiento se le podían achacar a los dioses malignos, pero en cambio el bien era patrimonio de unos pocos dioses benignos. En su famosa entrevista con James Lipton, Norman Mailer le dice que él cree en un universo con dos dioses, uno bueno y amoroso, y otro sádico y maligno que, por cierto, va ganando la partida. El problema del Dios bueno que hace cosas inmorales está representado de la manera más cruda en el libro de Job, en el cual Jehová se muestra como un demiurgo caprichoso y orgulloso, capaz de permitir las mayores atrocidades a un hombre bueno, solo para regodearse en la fidelidad y la lealtad del pobre Job. Por supuesto, los teólogos cristianos podrán hacer toda una serie de interpretaciones alegóricas, pero ninguna puede soslayar la inmoralidad de ese Dios embebido por la soberbia de su propio poder. Cierta vez alguien me preguntó por qué era ateo, y yo le contesté que aparte de que la existencia de Dios era poco posible y poco probable, el ateísmo me parecía un imperativo moral, porque el monoteísmo implicaba la constante justificación de la atrocidad con la que se dirigía un universo en el cual Dios exigía a los hombres una moralidad que él mismo no practicaba.

La tensa relación entre razón y religión no es algo nuevo, está presente en toda la obra de Santo Tomás, quien tratando de conciliar el cristianismo con Aristóteles terminó describiendo un Dios racional que poco tenía que ver con el Jehová bíblico, y también está presente en el empirismo de Guillermo de Ockham, que termina siendo una especie de materialismo cristiano en el que la razón se desentiende de Dios y lo relega al mundo de lo no racional con sus contradicciones escatológicas. Mi mamá siempre estuvo marcada por esa misma dicotomía, con sus ganas de tener fe y su certeza racional de que la fe era un ejercicio inútil. Mi mamá tenía una apreciación cruda y descarnada de la realidad que normalmente le dejaba pocas posibilidades al optimismo, y sin embargo creía que la educación era la única ventana en un mundo oscurecido por la ignorancia y la superstición. De forma que su amor por la educación y su talento enseñando, me hacían pensar en la tarea de Sísifo. Enseñar era su forma de creer en el futuro, de tener un optimismo con pocas esperanzas.

Esa misma racionalidad sin llamarse a engaños, fue la que nunca le permitió estar en paz con el dios judeocristiano, que permitía que sus ministros oprimieran a las mujeres y a los niños, y que a ella misma la discriminó de diferentes maneras cuando era una niña y estudiaba en la escuela normal regentada por monjas. De modo que pasaba del enojo contra Dios a la indiferencia, y cuando sus hijos estaban enfermos, acudía directamente al soborno, pagando misas y haciendo promesas, a ver si en medio de tanta desidia hacia el bienestar del mundo, de pronto Dios tenía, aunque fuera, la gentileza de curar a sus hijos por plata. Mi mamá odiaba las películas de la Biblia, con sus castigos atroces a los adoradores del becerro de oro, y sus guerras genocidas, y sus anatemas y sus lapidaciones. Le parecían incompatibles con el dios misericordioso que nunca fue, pero que debería haber sido. Así que, con el paso del tiempo, se convirtió en una atea convencida que, paradójicamente, conservó la costumbre pagana de encender un cirio cuando necesitaba una gracia, eso sí, rodeado de agua en el lavaplatos, para evitar que ese rescoldo de confianza en el cirio atávico y en el pensamiento mágico se conviertan en una fe incendiaria. Ese cirio en el lavaplatos es un poco como la fe del matemático y filósofo racionalista Blaise Pascal, quien enfrentado a la posibilidad de que el Dios judeocristiano existiera y fuera un poco rencoroso, decidió creer en él por si las moscas.

II

Reflexiones sobre mi vasectomía:

1. Hay conceptos a los que solo se puede acceder de manera plena a través de la experiencia, uno de ellos es la expresión: ¡Que dolor de huevas!

2. ¿Si Aristóteles tenía razón y el alma humana reside en el esperma, significa que, a partir de hoy, soy un desalmado?

3. ¿Al cortar mis vasos deferentes, significa que si ahora quiero conectarme con mi masculinidad me toca buscar una red inalámbrica?

4. ¿Por qué será que el cirujano siempre tiene un umbral del dolor más alto que el paciente?

5. ¿Si yo creyera en la homeopatía, a partir de la fecha debería empezar a tomar solo leche descremada y deslactosada?

6.¿Si yo entrara a un banco de esperma, me podrían meter a la cárcel por andar girando sin fondos?

7.A partir de hoy, mis testículos son como las acciones de las aerolíneas: están en la bolsa, pero no generan mayores expectativas.

III

Hace unas tres semanas Valeria me hizo una de esas preguntas que ponen a los papás en evidencia:

- ¿Por qué si no crees en Dios, dices que crees en Papá Noel? No me parece muy lógico.

Así que tuve que reconocer que no era muy coherente. Luego me preguntó si de verdad creía en Papá Noel, y le contesté que la pregunta era lo que ella pensaba de Papá Noel, porque los seres humanos suelen crear historias para explicar el mundo, y que la invitaba a que reflexionara sobre si ella creía que era real o no. Después me dijo:

- Bueno si Papá Noel solo existe en las historias que contamos de él, los mismo puede pasar con nosotros, ¿qué tal que solo existamos en la historia que está contando alguien?

De forma que yo le conté que ya a otros se les había ocurrido algo así, y que un señor llamado Borges había escrito un cuento de un hombre que había descubierto que en realidad era el sueño de otra persona. Después de varios días de reflexión y preguntas, ayer finalmente me preguntó directamente si los regalos de Papá Noel los entregaba yo, así que le dije que sí, que yo los entregaba.

- ¿O sea que he vivido engañada todos estos años?

- Más que engañada, digamos que creamos una historia para que pudieras disfrutar la Navidad con algo de magia, le contesté.

Y me hizo la pregunta más fundamental del conocimiento humano:

- ¿Y entonces cómo voy a saber para distinguir lo que es verdad de lo que es mentira?

A lo que le contesté que esa incertidumbre formaba parte de nuestra aventura como seres humanos, y que su deber era dudar siempre de todo y tratar de comprobarlo todo por ella misma. Luego hice lo que cualquier padre hubiera hecho y leímos juntos el mito de la caverna. Entonces, de repente, su cerebro dio un salto de liebre y me dijo:

- No puedo dejar de imaginarme que Platón es un platón de ropa con manos y pies que camina por las calles de Grecia.

IV

Según la Iglesia, la mejor forma de prevenir el Sida y las enfermedades de transmisión sexual es la abstinencia, bueno, y me imagino que no volar en avión es la mejor forma de evitar los accidentes aéreos.

***

El día que cumplí 40, amanecí deseando tener 40 por el resto de mi vida. Al principio me pareció una idea plácida, pasar el resto de mis días con las ventajas de ser un cuarentón, hasta que caí en la cuenta de que para que se me cumpliera el sueño lo único que necesitaba era morirme antes de cumplir cuarenta y uno.

***

No entiendo por qué la prensa titula que una persona determinada resultó muerta por una bala perdida; es evidente que, si la persona fue alcanzada por la bala, la bala ya apareció.

***

A lo largo de la historia, las epidemias siempre han sacado afuera lo peor de las personas; en el caso de una epidemia de cólera, esto es literalmente cierto.

***

En los 60.000 años de historia del homo sapiens todo ha cambiado continua y dramáticamente: el clima, el color de la piel, el paisaje, la ecología, las religiones, lo único estable ha sido la estupidez humana.

***

Maquiavelo para borrachos: el fin justifica las medias (de aguardiente).

***

Luego de haber reflexionado en su cama de oro, mientras caminaba entre los tesoros invaluables de los museos vaticanos, usando sus zapatos rojos de 3.000

255

euros, el papa Benedicto XVI declaró que nadie puede servir a dos señores, a Dios y a la Riqueza, así que tiene que escoger a uno de ellos. Esto es histórico, se trata del primer papa en 500 años que se declara públicamente ateo.

***

Algunos creen que la plata es el dios de estos días y que los bancos son su templo. Estuve mirando el saldo de mis cuentas bancarias, y llegué a la conclusión de que, en esta religión, también soy ateo.

***

Tomás de Aquino tardó más de dos décadas tratando de demostrar la existencia de Dios, y luego de un arduo trabajo logró demostrar la existencia de Aristóteles.

***

¿Si la sumatoria de la materia y la energía es constante en el Universo, y la materia se transforma constantemente en energía y viceversa, significa que tarde o temprano todo materialista se transforma en electricista y viceversa? ¿Quiere esto decir que, de acuerdo con el marxismo, el materialismo histórico se transformará tarde o temprano en electricismo histórico? ¿Es esta la razón por la que, a los guerrilleros marxistas de las Farc, les gustaba derribar torres eléctricas?

V

Paradojas políticas

Una pared en mayo del 68: "Prohibido prohibir"

***

La intolerancia es intolerable.

***

La libertad de limitar las libertades debe ser limitada al máximo.

***

Reprímase toda represión.

256

***

La única diferencia que no debe ser aceptada es la que pide no aceptar la diferencia.

***

Toda censura es censurable

***

El comunismo es la instauración de una iniquidad que pretende terminar con todas las iniquidades.

***

El liberalismo radical proclama todas las libertades sin limitaciones, incluyendo la libertad de limitar las libertades para proteger las libertades.

***

El libre albedrío cristiano señala que el hombre es libre de elegir sus actos, pero, si elige la desobediencia, ha elegido libremente el castigo de sus actos, es decir que el hombre es libre, en tanto que no ejerza su libertad.

***

DEL LENGUAJE

I

En la televisión de los setentas y ochentas, un periodista conservador tenía un programa llamado 'El día histórico', donde pasaba constantemente documentales sobre el medio oriente. Me costaba trabajo comprender la idea de que los palestinos eran un pueblo sin patria. No puedo borrar la imagen de Yasser Arafat en los noticieros, con su Kufiya atada en la cabeza, llevando tras de sí a un pueblo errante que no tenía a donde ir, ni donde quedarse, del Líbano a Siria, de Siria a Jordania, de ahí a Palestina y de vuelta al Líbano. Fanny, mi primera esposa, que tenía unos inconfundibles ojos moros, decía que Arafat era idéntico a su abuelo, con su prominente labio inferior y sus profundas ojeras. Eran apátridas, me decía mi papá, no tenían un país donde vivir, y nadie los quería en ningún lugar, ni siquiera los otros árabes, no tenían pasaporte, así que tampoco podían viajar legalmente, gentes desprotegidas, gentes de ninguna parte. En las películas gringas era muy común que cuando alguien estaba en algún paraje remoto y desconocido exclamara: *"Oh God, we are in the middle of nowhere"*: 'en la mitad de ninguna parte'; cuando era niño esa expresión significaba para mí: en el país de los palestinos.

En Colombia, hay una expresión parecida para designar a los pobres y a los desposeídos, esa muchedumbre de seres humanos que son despojados de su tierra cada año: de ellos se dice que 'no tienen donde caerse muertos', aunque en realidad, son los que más caen muertos por las balas, se diría que son más bien apátridas en su propia patria.

Esa imagen recurrente en mi memoria de lo que era un apátrida, se concatena inmediatamente con una entrevista que James Lipton le hizo a Norman Mailer, ese escritor maldito cuyo desprecio por el matrimonio lo llevó a casarse varias veces. Mailer, sentado con su mirada ladina, confesaba que, para él, un redomado mujeriego, cada mujer era un país distinto.

Por supuesto, esta idea me hacía pensar en Neruda, con su gusto por lo telúrico, porque convierte a las mujeres en paisaje, en lagunas, en montañas, en cuevas, en playas, en tabernas, en cafés, en iglesias, en escuelas, en calles concurridas o solitarias, en ríos torrentosos, en cielos tormentosos o agitados, dependiendo del clima. Pero lo más encantador de toda la idea es que convierte a las mujeres en lugares para habitar, en trozos de tierra sobre una montaña donde construir una casa, en parajes bajo la sombra de un árbol donde dormir una siesta, en patrias por las que dar la vida, en sueños de vuelta cuando se está lejos de casa.

Visto así, es como si cada vez que uno visitara el alma de una mujer, se adentrara por algún país desconocido. Así que era fácil para mí, relacionar lo uno con lo otro, la imagen de Arafat con la imagen de Mailer, porque antes de encontrar mi lugar en el mundo, yo era tan desarraigado como esa multitud de palestinos, de país en país, de mujer en mujer, preguntándoles a todas, si alguna quería ser mi patria.

II

Cuando los conspiradores del Senado asesinaron a Julio César estaban convencidos de estar salvando la República y creían que serían recordados como héroes. Pero como la historia la escriben los que triunfan, sucedió que Marco Antonio y Octavio derrotaron a los republicanos y el nombre de éstos se llenó de infamia para siempre. Desde entonces el nombre del conspirador Bruto, en todos los idiomas es sinónimo de salvaje, de estúpido, de poco refinado y de bestia de carga.

César había cometido múltiples crímenes, había ocasionado un genocidio en las Galias, había desconocido el derecho romano, había sido declarado dictador perpetuo, y según los rumores, pensaba hacerse rey, coronar a su amante Cleopatra como reina, nombrar heredero a Cesarión el hijo de ambos, y llevarse el Gobierno y la capital de Roma a Alejandría en Egipto. Bajo César, las libertades públicas de los romanos estaban en peligro y los asesinos se veían a sí mismos como libertadores. Pero el crimen convirtió a César en un mártir, y fue hábilmente aprovechado por Octavio, para sobrepasar las ambiciones de su padre adoptivo, y concentrar en sí mismo todo el poder político convirtiéndose así en el primer emperador romano, inaugurando tres siglos de grandeza material y decadencia política.

Pero si Bruto hubiera triunfado, y se hubiera restaurado la República, el idioma habría cambiado para siempre y el nombre lleno de ignominia sería el del tirano. En ese caso a los insumos de la industria se les llamaría 'materia julia', los países tendrían 'producto interno julio', después de junio, vendría el mes de 'bruto', un cantante español se llamaría 'Bruto Iglesias', un centro de convenciones en Las Vegas se llamaría el 'Brutus Palace', y el enemigo de Popeye se llamaría Julio. A cambio de eso, la infamia ha caído para siempre sobre su nombre, ni siquiera un republicano como Dante dejó de incluir a Bruto en el noveno círculo del infierno, al lado de Judas. De hecho, algunos académicos y teólogos han defendido filosóficamente la traición de Judas, incluso Borges, pero nadie se ha puesto del lado de Bruto.

Así, mientras el republicano Bruto se revuelca en la merecida infamia que le confirió su crimen, cuando se visita el Foro romano se encuentra uno con la imagen surrealista de que aun hoy, veinte siglos y medio después, todos los días alguien pone flores frescas sobre el sitio dónde la leyenda dice que fue depositado el cuerpo del divino Julio, en una muestra diciente de que la naturaleza humana siente una depravada afición hacia los tiranos. Ha de ser que la libertad es una carga muy pesada, y siempre se tiene la tentación de entregársela a alguien para que la administre.

III

Lo único que me ha dado más felicidad que el lenguaje, son mis hijas. El lenguaje ha sido mi amigo, mi amante, mi compañero y mi descanso toda mi vida. Después del español, el francés es la lengua que más amo. Es un amor de vieja data, se nutrió con las pocas palabras en francés que me enseñó mi abuela cuando yo era un párvulo, creció con las clases de Stellita Isaacs que eran una fiesta de libertad y posibilidades. Si hace 30 años, mi amiga Claudia Torres, hubiera correspondido a mis requiebros de enamorado, en vez de enseñarme francés, seguramente me habría hecho mucho menos feliz. Ella no me abrió su corazón, pero permitió que Hugo, que Proust, que Yourcenar, que Rostand me hablaran al oído. El año pasado decidí averiguar si era capaz de pasar el C1. Así que con la ayuda de mi amiga Claire Osty, que se dio a la tarea de corregir mis textos macarrónicos, obtuve mi *attestation*. No sé si me sirva para algo, por ahora solo me ha servido para ser muy feliz.

IV

La economía es una doctrina que desarrolla un método para obtener un retorno monetario. La filosofía es una religión que renuncia al retorno económico, para desarrollar una doctrina alrededor de un método. En cambio, la religión es un método que desarrolla una doctrina para obtener un retorno económico.

$$***$$

Los políticos siempre me han generado un gran problema semántico. No sé en qué momento dejan de ser cínicos para pasar a ser ridículos.

DEL ESTOICISMO

I

En Navidad siempre recuerdo una célebre frase de Séneca: rico no es el que tiene más, sino el que menos necesita. Séneca lo dijo gracias a dos cosas, en primer lugar, a que era un estudioso, un amante del saber, un filósofo educado en la sabiduría de la aceptación estoica, y en segundo lugar a que no necesitaba muchas cosas ya que era uno de los hombres más ricos del imperio romano. Quien fuera Séneca para conformarse con tan poco.

***

Querido Diógenes: no apagues tu lámpara, porque aún no lo hemos encontrado.

II

En una comedia gringa llamada 'New Adventures of Old Christine', la protagonista, encarnada por Julia Louis-Dreyfus maneja un 'Prius' híbrido, tanto por razones económicas, como por la pretensión de ser políticamente correcta. En su rivalidad con dos mamás de la escuela que son el arquetipo del éxito económico y el despilfarro consumista, Christine les echa en cara que sus camionetas 'hummer' gastan más gasolina de la que produce una torre petrolera, y les dice que, por culpa de gente como ellas, la Tierra se está calentando. Marly, una de las mamás, le contesta que no hay de qué preocuparse, porque lo más probable es que los científicos encontrarán una manera de arreglar ese problema sin tener que cambiar su estilo de vida.

Esa idea de que, ante la debacle no es necesario adaptarse, porque tarde o temprano la tecnología salvadora vendrá en nuestra ayuda, forma parte del mito del progreso constante propio de la modernidad. La fe ciega en los avances tecnológicos, en la genética y en los modelos econométricos hizo que las clases medias y altas del mundo globalizado creyeran que los seres humanos no estaban sujetos a las presiones ecológicas de las demás especies; la hambruna, el dolor, las epidemias y la angustiante lucha cotidiana por la supervivencia no podían tocar a los ganadores del capitalismo globalizado. Los futurólogos más optimistas empezaron a preguntarse cuántas décadas hacían falta para que la genética y la robótica eliminaran la muerte de la existencia de los hombres. El temor atávico de los dioses griegos y del dios de los hebreos se había hecho realidad: los hombres habían robado el fuego, habían probado el árbol del conocimiento del bien y del mal, y estaban a punto de robarse el árbol de la vida y convertirse en dioses. ¿Qué otra angustia podía perturbar la plácida existencia

261

de los hombres, aparte del desasosiego por comprar el nuevo iPhone o esperar la nueva temporada de una serie de Netflix?

Así que cuando llegó la pandemia, todo ese ejército de despreocupados que se sentían viviendo en un mundo intocable, amanecieron un día y descubrieron que eran vulnerables. La precariedad de la existencia, que se suponía superada, les dio de improviso una bofetada, y empezaron a coincidir en una idea: la incertidumbre había llegado de repente. De modo que las redes se llenaron de maravillosos ejemplos de estoicismo, y de adaptabilidad a la crisis: ingenio, arte y solidaridad desde los balcones, el mundo virtual desplegó toda una gama de fulanos ejemplares que nos enseñaron a todos cómo enfrentar la incertidumbre con la aceptación filosófica de un maestro estoico del siglo I. Y es en ese momento en que debo decir que las redes sociales me hacen pensar en 'El balcón' de Manet. Esas mujeres atractivas y esos hombres altivos, que miran el mundo pedestre desde el balcón de sus privilegios, así, con el marcado histrionismo de los que se afanan por hacer aparente su superioridad de espíritu y de condición. Cualquiera que haya estado en el Museo de Orsay habrá experimentado esa sensación que produce la pintura verde de las barandas que parece proyectarse fuera del cuadro, y que remarca la separación entre los afortunados que están dentro de la ventana, y los que están afuera, tal como sucede en las redes sociales, donde se pontifica sobre lo banal y lo sublime tras una ventana que funciona como una plataforma para ver a los demás mortales desde un poco más arriba.

Por eso la idea que se reproduce acerca del modo en que la precariedad y la incertidumbre nos llegaron intempestivamente por cuenta de la propagación de un virus, lo único que demuestra es la completa desconexión entre los que ven el mundo desde la ventana, y quienes tienen que sufrirlo con los pies en el barro. Y pues claro que todos tenemos miedo a morir, pero las imágenes de los vecinos cantando ópera desde balcones llenos de geranios en un edificio renacentista, tal vez no sea la más adecuada para entender lo que es la incertidumbre. La incertidumbre real, la precariedad cruda y cotidiana tiene que ver con otras cosas, es la de los millones de refugiados atrapados en un campamento en alguna frontera inestable, o la de un inmigrante ilegal arriesgando la vida de su hija mientras atraviesan el mar en una patera durante una noche de tormenta, o la de una comunidad indígena que lucha contra la deforestación en un bosque o una selva en peligro y que sabe que su cosmovisión y su forma de vida están irremediablemente condenadas al olvido, o la de un líder comunitario amenazado de muerte, que sabe que su única alternativa real está entre huir en silencio o morir protestando, o la de un pueblo en la mitad de la nada que lucha contra algún oleoducto, o la de un trabajador informal que no alcanzó a reunir para pagar el crédito paga diario o para llevar la comida. Esa precariedad y esa angustia estaban allí desde muchos años antes de que llegara la pandemia. De hecho, estaban desde siempre, porque para dos de cada tres personas en el mundo no ha habido Ilustración, ni mito del progreso infinito, ellos son los perdedores de la globalización y del capitalismo, y la incertidumbre es su cotidianidad sin respiro.

Para los que se jactan de su estoicismo heroico en las redes frente a una situación que les llegó de repente, su incertidumbre y su heroísmo tienen fecha de caducidad, y se acaban cuando termine la pandemia. Para los demás, para los que no están en el balcón, la incertidumbre todas las mañanas de su vida ha sido y será como el dinosaurio de Monterroso: cuando despierten, todavía estará allí.